名师名校名校长

凝聚名师共识
回应名师关怀
打造名师品牌
培育名师群体

陪明远影

『语』爱同行
静待花开

邓爱华 ◎ 著

北京燕山出版社
BEIJING YANSHAN PRESS

图书在版编目（CIP）数据

"语"爱同行 静待花开 / 邓爱华著. — 北京：
北京燕山出版社，2022.5
ISBN 978-7-5402-6494-9

Ⅰ.①语… Ⅱ.①邓… Ⅲ.①小学语文课—教学研究
Ⅳ.①G623.202

中国版本图书馆CIP数据核字（2022）第070117号

YUAI TONGXING JINGDAI HUAKAI
"语"爱同行 静待花开

著　　者　邓爱华
责任编辑　满　懿
出版发行　北京燕山出版社
地　　址　北京市丰台区东铁匠营苇子坑138号C座
电　　话　010-65240430
邮　　编　100079
印　　刷　北京政采印刷服务有限公司
经　　销　新华书店
开　　本　170mm×240mm　16开
字　　数　306千字
印　　张　17
版　　次　2022年5月第1版
印　　次　2022年5月第1次印刷
定　　价　68.00元

序 言
PREFACE

"语"爱朵朵成芬芳

（代序一）

2014年，陕西省教育厅开展首批中小学学科带头人培养工作，我得以认识《"语"爱同行　静待花开》的作者邓爱华老师。不长不短的8年时间，伴着细"语"清风一路奔跑，她从普通教师成长为省级学科带头人、名师工作室主持人、全国优秀教师、全国教书育人楷模候选人。

2022年春天，她将这一路清风书写成墨香朵朵，一朵一个瞬间，一朵一个故事。那是一名小学语文教师从教二十四年来教育日常中的岁月，是教学实践探索中的智慧，是基础教育教科研故事叙事的芬芳。

故事朵朵，初心滚烫。《初心：热爱的、亲爱的乡村教育》是初入教坛的期待；《和孩子在一起的那些最美时光》是师爱的时光；《"画"出孩子最美诗心》是对语文和课堂的一腔深情；《一个"教二代"写给父亲的散文诗》是"长大后我就成了你"的骄傲，亦是父辈们扎根乡村的教育变迁史和回忆录。爱学生、爱语文、爱教育、爱生活……没有爱，就没有教育。做爱的教育，做有良心的教育，做对得起家长、不负学生的教育。

故事朵朵，见微知著。教语文，邓老师是认真的。在讲台上一站就是20多年的她，在书中翔实地梳理了自己对语文课程的认识，她用教育叙事、案例反思、课例分析、教学感悟等多种形式，展示了自己教育理念和教学主张的变迁与升华，真实触摸专业提升和破茧成蝶的心路历程。她希望学生通过语文学习获得精神成长；她也在成人达己的过程中，收获了自我提升和不断积淀的专业厚度。语文赐我半生欢喜，我还语文一世长情。

故事朵朵，昂扬生长。"名师梦"是每位教师朴素的追求，条条大路通罗马，却未必通向成功。如何面对教师成长路上的挫折？故事朵朵里有答案。《破茧：有的故事一开始是个事故》轻松幽默地呈现了她的感悟：机会是留给有准备的人，更留给准备的特别充分的人。林清玄先生曾言："种树的人不再来了，桃花心木也不会枯萎了。"昂扬生长"静待花开"，是教育智慧，是成长无尽的教师心态。

故事朵朵，阔步向前。教师是兴教之源，立教之本。无青春，不奋斗，马不停蹄奔向自己想要的远方，不管其间的道路有多少风雨。像邓老师一样的无数中国教师们写下了"成长"的宣言。赛教失利、评优落榜，种种坎坷，我自向前。坚持不懈，梦想不灭，通过课堂实践、团队共进、读写不息等多种方式"加压"，在过去20多年中呈现的教育追求，让人深思。

陌上花开，可缓缓归矣。人生要慢，教育更需要慢功夫，希望邓老师的朵朵故事，能让阅读和思考变得诗意、幸福，以一朵墨香种出满园芬芳。

当前我国正处于构建高质量教育体系的关键时期，越发需要一支高水平的教师队伍。真诚祝福邓老师能够继续在专业发展的道路上踔厉奋发，笃行不怠，早日成为习近平总书记所期待的"大先生"；更希望她引领一批秦巴山区的青年教师成长为"四有"好老师，为中华民族伟大复兴的中国梦贡献更多智慧与力量。

是为序。

牛文明

2022年1月

最美的风景在哪里

（代序二）

不知是第几次读邓爱华老师的成长故事了，但每次读，都有不一样的感动，更有不一样的激动。

以前是一个故事的聆听；现在是一本书的讲述。"'语'爱同行 静待花开"，这看似风轻云淡的八个字，她却用脚步丈量了二十四年，人生最美的青春。

和爱华结缘本身就是美好而幸运的故事，她也把这个故事写在这本书里。我，我们，就成为了她的书中人。2015年，陕西省实施中小学名师工程，我有幸成为首批教学名师工作室主持人。"做有突出贡献的教师，建卓有成效的工作室"成为我的美好目标。于是，我带领工作室成员主动承担了省级社科规划重大课题"中小学名师成长规律及专业提升有效途径研究"的子课题"小学优秀教师成长案例研究"。在研究过程中，引导鼓励工作室成员积极撰写个人成长案例，并向省内外的教学名师约稿，进行电话、网络交流。就这样，千里缘分一线牵，她走进了我的世界里。

《"语"爱同行 静待花开》，从开篇《初心：热爱的、亲爱的乡村教育》，那个不满十八岁的"教二代"踏上讲台，到后记《今生种花，来世漂亮》，那个在教育园地里种桃种李种春风的姑娘，已经成长为陕西省颇有影响力的小语教学名师。成长是一趟充满期待的奇妙旅行，旅行不在于目的地，而在于沿途的风景、遇见的人、经历的故事、精神的成长。

教育最美的风景在哪里？用她的叙事来作答。

最美的风景在梦想中。

我想，大概就是爱华老师身上有太多让我们学习的东西，有太多和我们相似的但又高于我们的东西。"不想当元帅的士兵不是好士兵，从未曾想过成名的老师成不了好老师。"这是邓爱华老师的铿锵之志，何尝不是我们大多数教师的美好心愿呢？邓老师这样说着，也这样做着。她醉心于自己的事业，享受着自己的奋斗，从山村小学一路走来，追梦不止。她说，心若在，梦就在，一直有梦，一直追梦，并且努力圆梦。八年乡村的教学生涯造就了她的初心，让她拥有最单纯的想法和最朴实的做法。这是一段艰辛的岁月，也是一段浪漫的时光，更是一个"孤独沉潜"的阶段，她绘画、弹琴、读书、写字，在平静表象之下，生命的能量、教师的使命、梦想的力量却在不断贯注、不断强大，让她的教育梦想扎根在最朴实无华的大地上。这是一种积淀，一种历练，让她有了而后的质的飞跃。其实，作为一名教师，我们都需要这种沉静的历练和积淀，独居一隅，静心教书，静待花开。这样的经历，无疑会是一笔最宝贵的财富，让我们拥有梦想起航的原动力和满满的自信，以及向梦想进发的无限激情。

最美的风景在课堂上。

　　机会，常常垂青于有准备的人，更垂青于准备得特别充分的人。邓爱华老师就是后者，机会一直垂青于她，而她也一直在准备着。新课程改革是她的机遇，也为她提供了展式自我的平台，一只"菜鸟"的主动追求让她成为一名真正的小学语文教师，实验年段的连任连教，无数次的公开课、送教下乡课、赛课，和名师同课异构课，她没有怠慢过一节课，深入地钻研着、痴痴地学习着、研读、反思、磨砺、锤炼，为伊消得人憔悴！她在书中列举的代表性课例，其中有两节我有幸现场参与并进行了点评。《渔歌子》是在教育部首批领航名师马晓霞工作室启动仪式上，与北京市特级教师张海宏同台切磋，诗情画意图文并茂，信手拈来粉笔简笔画——"桃花流水"便跃然眼前，令人眼前一亮。《普罗米修斯》这一课，是在教师报"阅见教育之美"武功县的研讨活动中执教，拨茧抽丝、层层递进、情感饱满、环环相扣，我手写我心深情表达，给予笔记式阅读全新的注解。扎根在课堂，成长在课堂，这是她的成功密码，更是千千万万青年教师成功的必经之路。在她眼中，课比天大，素质为上。

最美的风景在成长里。

有收获的喜悦，更有失意的艰辛，但她坚定而又自信，因为在这条路上，没有一夜成名的童话，有的只是水滴石穿而成就的智慧与能量。为梦执着，你就会拥有破茧成蝶的欣喜和激动，你就会华丽逆转，你就会超越梦想。自然，这背后是沉甸甸的付出和无数个日日夜夜的默默坚守。纵观她的成长之路，既有个人奋斗的汗水，更有无数重要他人的温暖与鼓励。她写道：学生、同伴、师傅、导师、朋友、家人……那些重要的他人，也就是这样出现在我们每一个人的生命里。你，读着读着，是否看到自己的影子，和来自他人的力量。

被他人温柔以待，便学会了温柔待人。于是，便把赠人玫瑰作为己任，致力于青年教师的成长，成为她的使命和担当，邓爱华老师为我们做出了楷模。永不停歇的脚步里，有对自己的更高要求，有对山区教育事业的博大情怀，更有对年轻教师的殷切关注和帮扶。"鹰"一样的个人，带出"雁"一样的团队。"一花独秀不是春"，她要用自己对教育的热爱和忠诚，二十多年如一日，在那片中国最美的油菜花海的土地上，换来教育"百花齐放春满园"的人间胜景。

最美的风景在路途间。

行是知之始，知是行之成。最好的风景在脚下，最好的教育在路上。她是一个心中有远方，富有诗意和浪漫情怀的人。作为教师，见天地见众生见人生，是她的眼界和格局。虽然身在一隅小天地，陕南小县的山清水秀成为她向下扎根的肥沃土壤；心中美好的向往，又让她的心灵如家乡的朱鹮鸟在蓝天上飞扬。她勇敢地走出去，从小县城到上海、北京、走出国门，不断学习充电，也跟着课本去旅行。读着读着，我很羡慕她并沉浸其中，似乎跟着她的笔触在经历一场场教育的头脑风暴。是的，如果一个教师，想要真正获得精神的成长，身体和灵魂总有一个要在路上。"读万卷书，行万里路。"我们都应如此。正如她写道："行走，是为了更好的回家。"

教育人生是一场忙碌且充实的旅行，我们一路成长着、成熟着、感悟着、感恩着，热爱着，也记载着。成长可以平静如水，平和而充实；也可以如诗如画，精致而美丽。只有悉心播种，才能迎来繁花似锦；只有经历风雨，才能看到缤纷彩虹。但无论如何，这终究是独属于自己独特的成长，我们都不一样。也愿更多像她一样有梦想、有奋斗、有爱心、有情怀的好教师，都在成长道路上书写属于自己的故事。

最美的风景在哪里？

在，静待花开中。

马晓霞

2022年1月

做语文老师，我是认真的

（自序）

语文是什么？

有人说，语文是潺潺的小溪，语文人就是溪边的漫步者；也有人说，语文是一片花海，语文人就是花海中的徜徉者；还有人说，语文是巍峨的高山，语文人就是执着的攀登者。

语文就是这样一个美好的、包罗万象的词语。而语文教师，也便成为我们自身一张文艺浪漫而优雅动人的名片。一枝一叶，一花一草，一山一树，一星一月，都跑到了我们的课堂中、落在了课本上、洒在了文字间、走进了孩子明亮的眼眸里。

语言的建构与运用，思维的发展与提升，审美的鉴赏与创造，文化的传承与理解。作为一个语文老师，我非常乐意看到儿童在精神上的成长。"独立之精神，自由之思想"，这句话放在小学教育里很合适。因为，灵魂的塑造，就应该从小萌芽，在每一间教室里成长。

当语文老师，我是认真的。您呢？

一、认真，教好语文

1996年夏天，我从城固师范学校毕业，成为一名山区小学老师。一根摇摇欲坠的旗杆，两排砖木结构的平房，九个老师，五十多个学生，离县城一百多里的洋县花园乡完全小学，成了我当老师的第一站。

那年，我还不满十八岁。

山区教师少，学校为我排了两个年级的数学。可是，我朝思暮想教语文，时不时就去找校长。"那你就带复式班，二年级语文、四年级数学，可以

7

吗？"就这样，我成为20世纪最后一批复式班老师，同时，也成为一名正式的语文教师。

为什么这么想教语文呢？我想，这应该和我的成长经历有关。我出生在洋县农村，从小乡间相传的民间故事和童谣，是我最早接受的语文载体。我的父亲，也是一名乡村语文教师，在特殊的半教半农的民办教师时代，他的带娃模式就是：他上课我在教室后面听讲；他教朗读，我就跟着牙牙学语；他写板书，旁边就是我的歪歪扭扭的儿童粉笔字；据说口齿伶俐的我，两三岁的时候，就常给五六年级的大孩子们背古诗、讲故事。

幸运，伴随着改革开放出生长大的我，因为有了当语文老师的爸爸，并不富裕的家里从不缺少书。记忆中被父亲视若珍宝的三本书就是《百家姓》《三国志》《中外文学作品集》。我在乡间小镇度过了童年和少年，当时镇上唯一一家可以租书的小书店是我最爱去的地方。我在那家书店里读了《简·爱》《红楼梦》《平凡的世界》这些文学著作，也认识了琼瑶、三毛、张爱玲。那些人物和台词在我的精神世界里所添加的一笔色彩，成为我生命中重要的一部分。

一个平凡普通的女孩如何获得灵魂的厚度和精神的愉悦，以及对自我的认可呢？我觉得，语文对我的滋养，功不可没。

所以，我义无反顾地想做一名语文教师。并想和我曾经遇到过的语文老师一样，上好语文课，带领孩子；带领他们幸福，走向精神的成长。

所以，长大后，我认真地教语文，敬畏我的讲台，热爱每一个属于语文教师的40分钟。教一年级识字课《菜园里》，我前往菜市场，将黄瓜、豆角、南瓜搬进讲台，讲"豆角青青细又长，黄瓜身穿绿衣裳"，又把孩子们带进菜园，看"茄子高高打灯笼，萝卜地下捉迷藏"；语文教材的知识面很广，美食美景美文，为了做好体验，我和他们一起跟着课本去旅行，讲完《望庐山瀑布》，我亲历三叠泉；《黄山奇石》成为孩子们假期打卡的热点；《索溪峪的"野"》真有那么"野"吗？不妨去走走；为了一解《藏戏》的秘密，坐着火车去拉萨；《山中访友》，村子后的那座山就是最好的体验，住着大自然最亲密的朋友……

学语文，跟语文学，我一直与众不同地认真。

但现实很快就给我泼了冷水。我被投诉了，原因是我要求学生天天坚持阅读、写日记，家长觉得难度太大。回头看那个时候，其实我可以理解自己，因为我真的从读写中得益太多，也因此我太想把这种收益分享给学生。初心是没错，但当时的我却不知道，教育要循序渐进，不可拔苗助长。

比如，给高年级的学生布置作文题，每个孩子都要写《这一次，我真感动》这类作文，写多了，他们就写疲了。很多孩子在与作文的爱恨纠葛中还常常胡编情节，妄图以此感天动地，从而获得高分。比如说，作文里常见的雨夜看病情节，关键词如下：大雨、夜晚、我、高烧、没车……妈妈们总是这样被"安排"。这种作文的主人公，都虚构上了各种悲惨人设，就是怎么惨怎么来，这就是孩子们眼中的"以情动人"。

除此之外，为了写好作文，小学生的素材套路更是全国统一：天南海北都在扶老奶奶过马路、公交车上都在给老爷爷让座、公共场合都在拾金不昧……不管在哪里，不管在做什么，孩子都有一个共同的目的——让胸前的红领巾变得更加鲜艳。

怎么办？怎么教？没有学会，却学废了。我是语文老师，我们要真情实感，我们要的不是文字游戏。别让"套路"套路了语文。

认真教、认真改、认真练是我的坚持。这些年里，我不仅带着孩子们写了很多有趣的作文，也尽力让孩子们在语文课堂上感到这门学科的博大。在学古诗词时，我们带孩子追《古诗词大会》，唱《经典咏流传》；学习现代诗，我们一起叩响诗歌的大门，出班刊诗集，仿佛回到20世纪末我在师范学校做文学社的美好时光；为了写好想象力科幻文，我们去看《流浪地球》，读刘慈的新《三体》。教学中我采用作文本当面批，在课堂里朗读，编印作文报，制作作义公众号等方法。

同事说："你也太认真了。"

是啊，凡事就怕"认真"二字。谁让我是语文老师呢！

语义老师要走两个极端，一是"要把小孩当小孩"，用孩子的眼光去看待他们；二是"不把小孩当小孩"，在人格上尊重他们，在言谈时倾听他们，在交往时欣赏他们，把他们当成和自己平等的大人那样来对待。

不要小看小孩，他们的灵魂里有值得我们大人为之惊叹的深度。有一个五年级的主题作文是"怀念"，可以写任何逝去的、自己缅怀的事物。有个女生写的是她家那只去世的猫。她是这样描述它的外形的：

在我的记忆中，乱蓬蓬而滑稽的毛发和深褐色而无神的眼睛就是它最后的样子。

她是这么怀念它的。她这样写道：

我再不难过，因为它会在天上看见我，我希望它能有一个更好的生活，有一个真正不被束缚、自由自在、没有流浪的新生活。

11岁的少年尝试对生死的理解，从中流露的温情令我感动。

是这样的，做语文老师，我们常感叹自己不如一个孩子，感叹一个孩子的思考竟然如此盛大。有一次听到一位老师执教四年级童话《海的女儿》，当讲到小人鱼手握匕首，却不忍心刺向王子，而自己化作泡沫时，老师让孩子回答："你从这里感受到小人鱼的哪些优秀品质？"然后匆忙地归结为"善良"并板书。

结果，课堂的意外发生了——有孩子举手说："我不认为她仅仅是善良，因为她爱王子，这是她对爱的牺牲和奉献。"立即，有同学补充："爱，是应该有牺牲精神，但是不能盲目。王子根本不知道她所做的一切，她这种牺牲是愚蠢和不值得的，因为她还有姐妹，还有伤心欲绝的祖母在等她回家。其实，可以有更好的方法。"

此话一出，全场哗然。这就是现在的"小孩"，他们的见解确实超越了老师。见证了少年心灵的成长，而且是最真诚、最勇敢、最渴望知识的心灵成长，并且你还能在其中推动他们。这是身为语文老师的莫大荣光。

做语文教师，我是认真的。

二、认真，修炼语文

你不学习，就会被你眼里的"小孩"拍在沙滩上。

2003年，经历八年乡村教师生涯后，我调入了洋县南街小学。这所县直重点小学，名师荟萃，声名远播，刷新着我的认知，也激发着向一名"优秀"语文教师进发的热情。

那一阵子，我求知若渴，到处去听课，四处奔走：本校的、外校的、公费的，自费的。可听了两年，我发现自己教学水平似乎并没有多少实质性的长进。特别是担任新课程实验班教师以来，并没有"观千剑而识器"的视野，却多了"乱花渐欲迷人眼"的茫然。我常陷入苦恼——为什么，听了那么多课，依然上不好公开课，或是东施效颦，或是浮光掠影？一位专家说，原因就是——你听了太多的课，学了太多人，所以，你失去了自我。

这不是危言耸听。是啊，听太多公开课，犹如矗立在五光十色的舞台——

听这位老师，激情！

听那位老师，诗意！

再听另一位老师，简约！

……

就如同尽享了饕餮大餐的快感，却没有研究烹饪之道的反刍。我醍醐灌顶，开始寻找和自己教学气质契合的课堂，慢慢听，细细想，从模仿开始，走向创造，再回归自我。

2011年，那是一个火热的夏天。中断十年的陕西省教学能手评选赛活动拉开帷幕。我成为这一届的第一批出线选手。学教语文，教好语文，每一个语文教师的成长之路必须扎根在课堂上。而这次比赛，就是对我作为语文教师专业的最好考量。

且不说十年磨一剑的漫长等待，三个月与书为伴的寝食难安；

且不说临阵教材改版，个人准备不及的突如其来；

却犹忆，名落孙山、抱憾而归的身心疲惫和满目憔悴。

于是，从头再来，再战一年——

且不说躲进小楼成一统的自我加压，为有源头活水来的求知若渴；

且不说，二进赛场的道路艰且长、再入古都的踌躇满志；

却犹记，华丽复活，小组夺冠的如释重负和扬眉吐气。

这，就是语文教师的冷暖自知；这，就是语文教师的爱与哀愁。

初恋般的热情，宗教般的意志。把自己当成语文的信徒，是信徒，就要在朝圣的路上不回头。比如：

嬉笑怒骂皆发自诚心，颔首应允亦源于真情，热情拥抱必眼含热泪；因为语文，我们会更理性地选择心灵的皈依，选择了更友善充满爱的世界，选择与所有挫折握手言和。当世界真假难辨的时候，所幸，我们还有语文，有文字，有诗歌，有远方，有那么多同路人——一定是特别的缘分，让我们一路走来成为一家人。

感恩遇见，感恩语文，是你们的陪伴、鼓励，让我有勇气做我自己——从汉中出发，到西安，到上海，到北京，做心中有梦，勇敢追梦、终能圆梦的"语文达人"。

因为，做语文教师，我是认真的。

三、认真，研究语文

2014年9月，陕西省首批学科带头人邓爱华老师小学语文工作坊正式挂牌成立。平台的提升，事业的改变，导师的引领，让我开始走上语文学科自觉的专业研究之路。

通过"校内师徒结对，县内送教下乡，室内培训讲座，省内网络研修，全国交流推广"的五层递进式打开工作思路，努力打造"有理想愿景，有专业水准，有成长阶梯，有辐射效应"的四有团队。在线上，建立网络工作室，开直播课打破地域时空的限制；在线下，我和团队的足迹走遍陕西的山山水水，智慧也洒下了教育的点点滴滴，最远到达榆林神木、安康岚皋和三省交界的宁强青木川，所跑路程共有两万多千米，有近万名教师聆听了我的示范课和专题讲座；开展送教送培、山区支教、教育帮扶等活动，深入乡村山区学校一百余所，十几位教师与我结为师徒。

白雪儒、张静平、刘璐、白瑶、淡辰璐是我近两年带的新徒弟，2019年白雪儒获得陕西省教学能手称号；2020年张静平获得陕西省教学能手及陕西省思政标兵；2018年刘璐顺利考入西安高新；2021年白瑶获得省级教学能手；工作刚两年的淡辰璐在汉中市首届创新课堂大赛中获得一等奖，并将代表汉中市出战省赛。现在，因为工作关系，我们没有在一所学校，可但凡有什么活动，有什么困惑，有什么教学的问题都会第一时间"问师"。有时，是在清晨一睁眼，有时是在凌晨，有时是在电话里，有时是被堵在路上……每当看到她们取得成绩，每当看到她们在讲台上绽放，我就感到一种说不出来的骄傲和感动，"快乐着你的快乐，幸福着你的幸福。"这是来自教师的另一种职业成就。

因为我看到了语文的传承，看到了新生代的蓬勃向上、积极阳光的语文时代，正在来临。

因工作需要，经常深入课堂听课调研，听课后自然要评课。评课怎么评？是教给老师上好课的一招一式，告诉他们应该怎样教；还是基于课例，和他们讨论"为什么这样教"，我选择了后者。我们一起备课、磨课、观课、议课，开发积累了若干优秀教学案例。这些教学案例是语文教师和学科对话的媒介，承载了我对语文教学的思考和见解。以至到现在，我都习惯于拿具体的课例和老师们对话，如果没有亲自参与研磨案例的支撑，我坐在讲台上给老师们做讲座，点评课，发表言论时，会因缺少底气而惶恐不安，甚至心生愧疚。

尽管现在当了校长，我依然以"主教+助教"的方式坚持带语文课。课堂是我的安身立命之所，身心安放之处——我相信，作为语文教师，身心得安放此处是吾家。

课堂教学二十余年，评课和做讲座亦是轻车熟路，却也容易随意发挥，不严谨的臆断和经验式表达不经意间多起来。于是我开始加快向书本、向理论学习的步伐，申报了主持专业课题，搜集文献、设计方案、分析证据、反思提炼，一路辛劳，一路收获。教育的见地可能浅薄，但思考却在逐渐厚实。

自统编教材全面实施以来，以前的很多从人教版而来的成果、课例、经验面临着挑战；即使看似未变的课文素材，也难免"穿新鞋走老路"。革新、研究、实践，只坐而论道是不行的，要起而行之。其间有苦思而不得的焦灼，也有化解困惑的豁然。做课题时思考过了，读文献时反刍过了，写文本时淬炼过了，于是，与老师们言说交流时的每一句话背后都有研究、每一个观点都有来历。在读、写、做一体化推进中，我确证自己生命的价值，收获职业的尊严和快乐。

无怨无悔，甘之如饴。

因为，做语文教师，我是认真的。

四、尾声

教语文久了，就越会追问：语文是什么？语文教师是谁？要成为一名优秀的语文教师，要认识你自己，认识你所执教的学科，认识这份职业、事业带给你的人生价值。

见语文、见自我、见天地、见众生。曾经我们都是快乐单纯地热爱语文的那个小孩，生活让我们一路颠簸，带走了我们纯白校服、长发单车、校刊诗集、作文本和成绩单。时间苍茫里，幸有语文，让我们永葆诗意和天真，不可辜负。

所以，我想出这一本集子，没有高深的理论支撑，也没有精密的框架结构，只是一个记录、一种叙事、一本普通教师成长的回忆录，一本自我心路历程的点滴凝结。亲自走，亲手写，亲自读，亲自藏。很多故事已经时过境迁，但闪光依旧；很多感动已经飘散风里，却触手可及。因为——语文人生，认真不将就的人生。

正如《经典咏流传》中很语文的开场白——

人生如一场修行，得意时，一日看尽长安花；艰难时，潦倒新停浊酒杯。但生命的跋涉不能回头，哪怕畏途巉岩不可攀，也要会当凌绝顶；哪怕无人会登临意，也要猛志固常在。从语文中，汲取九万里风鹏正举的力量，历练也无风雨也无晴的豁然，待到重阳日，约你还来就菊花！

约吗？老师们。

语文赐我半生欢喜，我还语文一世长情。

"语"爱同行，静待花开。

因为，做语文老师，我，我们，都是认真的！

邓爱华

2022年1月

目 录
CONTENTS

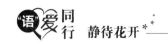

第三章
爱的我们：成长路上重要的他人

第四章
爱的行走：追寻教育的诗和远方

第一章

爱的足迹:
从大山沟里走出来的全国优秀教师

每个人
都愿意做展翅高飞的雄鹰
却不愿意
经历摔打和折翼的过程

每个人
都愿意做翩翩起舞的蝴蝶
却不愿意
忍受做茧和破蛹的痛苦

攀登高山我们懂得了崇拜
俯瞰大海我们收获了宽阔
仰望星空我们心生了敬畏
回首来路我们学会了感恩

千里之行,始于足下
知止而后有定,定而后能静
静而后能安,安而后能虑,虑而后能得
一路走来一路修行

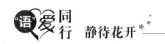

初心：热爱的、亲爱的乡村教育

一、故事从这里开始

1996年夏天，我从陕西省城固师范毕业。我很骄傲，我是一代中师生，是曾经用芳华书写青春的中师生。我至今认为，录取初中毕业生中成绩最好的学生读中师，是一种国家的教育战略，是为了让一代一代的中国乡村孩子接受到更好的教育。

我出生在一个教师家庭，是一个名副其实的"教二代"。从小到大都是那种成绩优异的"别人家的孩子"。当老师的父亲的最大心愿就是我能"女承父业"，很显然，我也很喜欢校园生活，并把当老师作为我中考的第一志愿和未来人生的理想。

和1983年开始到2000年之间的那批中师生一样，德高为师，身正为范，我们来自"师范"，并使用"师范"二字，我们一辈子忠诚于党的教育事业。勤奋学习，中考大捷，我以优异的成绩跨进中等师范学校颇高的门槛。三年琴棋书画学习后，和所有的中师生一样，我们面临成人季、毕业季、就业季。犹如一把把蒲公英的种子，我们被撒在祖国或肥沃或贫瘠的土地上，其中的绝大部分同学，从毕业开始，就一直坚守在偏僻、荒凉的乡村中小学，成了中国当代教育最坚固的基石。

那年的暑假，于我来说特别的漫长，我一直在煎熬中等待分配通知书。根据往届的情况看，女孩子一般都会分配在不太偏僻的乡镇，但现实和我开了一个不大不小的玩笑，我的派遣单上写着：洋县溢水镇花园乡完全小学。

这是个什么地方呢？又是溢水，又是花园，听起来应该是一个小桥流水鲜花簇拥的美丽小镇吧？错了。这是洋县最贫穷的几个地方之一，花园乡有着美丽的名字，掩藏的却是穷乡僻壤。父亲开始各种安慰，倒是母亲豁达得很："能有份工作不错了，总比回乡下和我一起种地好吧？"这样一想，那倒也是，镇上和我同龄的女孩考到高一级学校的凤毛麟角，或外出打工，或在家务农。我可以当老师，有份让人羡慕的稳定工作，路还很长，一切未知，未来可期。

花园乡，我来了；学校，我来啦！

二、从教之路

凭着一辆单车，从花园桥出发，我踏上了漫长的从教之路。爸爸一边安慰我，一边帮我收拾行李，父女俩蹬着自行车开始一次漫长的骑行。穿越平原进堰口，山越来越大，坡越来越陡。刚下过雨，空气倒是分外清新，但入山之后几乎全是泥泞小路。我们的自行车蹬不了几步，车轮就会被塞住。我们不得不下车，折一截树枝掏车轮子的泥巴，两只鞋子早已看不出模样。

刚开始的说说笑笑也在漫长的路途中没了声音。一道道梁，一道道沟，一条条溪，目之所及的苍翠也变成了让人沮丧的单调。我们不再说话，只是朝着下一道未知的山梁努力攀爬，默默前行。长达两三个小时竟然没有遇到一个人，路边站着的一头牛"哞"的一声叫，打破了死寂的沉默，我"哇"的一声，哭了……

就这样走走停停。

夜幕降临之际，我终于看到了人生的第一所小学——躲到大山沟里的，破旧的平房，微弱的灯光，一个操场没有围墙，四面环山没有人家的小学。尽管千百次地想象过那个深山的荒凉和落后，并赋予它想象中最糟糕的样子，但当它如此灰暗落魄地出现在我的眼前，我的心里不由一阵恐惧——这就是我工作的地方？这就是起步的地方？这就是我每月将要拿到238块工资的地方？

安顿下之后，第二天一早，爸爸含着泪走了，把他刚未满十八岁最疼爱的姑娘扔在了这个只有五十多个学生的大山沟里。

三、现实和梦想之差

现实和梦想差之千里，第一要务就是解决温饱问题。20世纪90年代，秦巴山区条件非常艰苦：一捆干柴、二斤米、一瓶咸菜是孩子们每周到校的必备三大件。我很快和学生打成一片，一起劈柴、挑水、蒸饭、刷锅，那时的我，既是老师又是保姆，更是一位贴心的姐姐。

在生活上拓荒——让孩子的饭碗香起来。

正在长身体的孩子可不能顿顿吃浆水菜，怎么办？每回一次家，我的单车上就会绑满"货物"——蔬菜、水果、牛奶等，犹如百宝箱；我带领学生在学校周围荒坡上开辟菜园，那时的我还未曾想到，多年后这样的"开心农场"被称为"劳动课程"，在很多城市学校的方寸土地上悄然兴起。然而那时，天天都在劳动，课间十分钟可能都要下地浇个菜；勤工俭学每周四不用上课，我们一起去山沟里采拔夏枯草和其他的中草药，晒干后在回家时带到坝里镇上收购点卖掉，再换来油盐酱醋茶；遇到农忙，放假一周，顺便收割学校周围自己种的粮食。这才是浸入式生活化的劳动教育吧！仅仅只有一个朴素而强烈的愿望——让山里娃吃上热乎乎的饭菜。

在课堂上拓荒——让山沟的歌声飞起来。

学校多为民办教师，而我，是这所山区教学点第一个专业院校毕业的愿意留下的公办老师。学校一人一个年级包班包课，师资贫乏、专业欠缺，能上完语文、数学课程都成为奢望。师范时兼修的琴法和绘画，难道在这里就无用武之地了吗？我很快找到了解决的途径：角落那架落满尘埃的脚踏风琴，经过我的修理弹奏出山沟里第一缕琴音，把全校学生聚到一起来上音乐课，独创了属于自己的复式教学法。

那情景是如此充满画面感：太阳暖烘烘的，周围是野花、小溪和山峦，学生们围坐在操场上，扎着马尾的小老师弹着琴，仰着脸的孩子们唱着歌，从《小小牵牛花》唱到《让我们荡起双桨》。这琴声像富有了魔力一般召唤山里娃的求知若渴，也召唤着我烂漫盛开的教育梦想。

在校园中拓荒——让学校的色彩亮起来。

因为孩子的笑容和渴望，我仿佛有了用不完的精力。学校第一次参加了镇上的艺术节演出，人们惊叹"山沟沟里竟然出了个合唱团"；我主持升旗仪式，破旧的旗杆上终于升起了鲜艳的国旗；我走家串户将四名辍学儿童劝返回到校园；我组织学生走出大山，坐班车翻山越岭到县城参与活动……青春的我，擦亮了山沟里灰暗的天空。

然而，生活的艰辛和单调，依然会在每一个寒冷的夜里吞噬一个女孩天真烂漫的心灵：蔬菜永远只有洋芋和白菜；放学后无聊的下午，只能一个人爬山摘野花，走在山间的小路上的愉悦，更多的时候是被淡淡的哀愁所代替；空旷的操场上，陌生人的脚步和不知名动物凄厉的叫声常划破夜空，常令人惊恐不已。校长不得不每天叮嘱我，晚上务必锁好门，并用木棒将门死死顶紧；宿舍里的小老鼠经常造访，不仅学会了偷吃方便面，也学会了上蹿下跳逗我玩。我蜷缩在被窝里和它对峙，一僵持就是几个小时……于是，在这样的环境中，我只拥有短暂的快乐，我想家，经常茫然地望着层峦叠嶂的大山，陷入无尽的绝望。我什么时候才能回家？我什么时候可以离开这里？这样的工作我还要干多久？

四、一次家访

真正改变我的态度的，是一次家访。

其实也不是家访，是学生家长请我去吃饭——1997年冬天遭遇雪灾，大雪封山，二道梁严重塌方，我三周没法回家，几乎弹尽粮绝，只好去周围较近的人家买粮食、洋芋和萝卜等维持生计。

那周周末，班上的一个孩子对我说："我妈妈专门去看过了，路还没通，请邓老师来我家吃饭。"质朴的要求我没有假意的拒绝，因为周末的生活确实已经成为问题。风雪中，我们爬上了二道梁。她的家，就在梁上那四间破旧的土坯房里。

推开半掩的木门，屋里燃着柴火，上面吊着吊罐。午饭是热面皮，揭开吊罐的盖子，温水里有一碗油花花、红艳艳、热腾腾的油泼辣子。我边放着辣子，边随口问道：

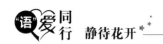

"油辣子为什么要放在吊罐里面啊？"

"老师你别笑话，家里没菜油，就是用猪油炸的，天冷，怕凉了凝固，这才……"妈妈有点局促地说："别嫌弃，趁热，您多吃点。"

我呆住了，瞬间感动了！这已经是山里人招待客人最好的食物了，我低着头，喉咙哽咽着怎么也咽不下去，火光炙烤着我的眼眶，酸涩的泪水奔涌而出。一种责任感萦绕在我脑际：我一定要用心教好这些山里的娃，否则，怎么对得起这些淳朴的山里人。

不是吗？和现在社会上教师吃请、大摆谢师宴等不正之风相比，他们没有半点世俗功利，他们关心的是大雪封山老师们困守的辛苦和艰难，这些才是真正地在疼惜老师、热爱老师、尊敬老师。

许多年后有人问我，你吃过最香最难忘的一顿饭是什么？毫无疑问，那不是某次五星级酒店的豪华大餐，也不是美食排行榜上第一的某个网红餐馆，更不是闺蜜好友约会那些小资情调的美店。那一定是二十多年前，花园乡二道梁的风雪中，破旧的木门角落围火而坐吃的那碗热面皮。

这种感动，成为我在这儿待下去的最强大理由。

我开始真正地喜欢这里，并且以自己的微薄之力来为山区教育做微薄改变。工作一年后，试用期结束我就可以离开这所学校，但是我没有，直至我带的班级六年级毕业，我才同意办理调动的事情。1998年10月，已调入老家谢村镇中心小学的我回去搬行李。

"邓老师回来了！"

全校的孩子闻讯从教室里涌向我，他们将大把的野菊花插满我的自行车，帮我提着被子拎着电壶的小手怎么也舍不得丢开，我在操场上为他们上了最后一节音乐课，歌曲名是《送别》——

长亭外，古道边，芳草碧连天……

是的，我曾经厌恶过大山，我曾经嫌弃过大山，我最终离开了大山，但我永远感恩大山！因为，这就是我的教育之梦起航的地方！那些留在我心中的静和美，足以影响我的一生。

五、乡村教师的初心

后来的几年，我就在老家小镇的乡村学校工作。

在谢村镇中心小学，带过最优秀的两届毕业生；在东韩初级中学转岗为中学语文和音乐老师；在范坝小学重温外婆家的童年时光……我翻开那段农村教学八年的档案看，发现自己除了埋头教书，除了教琴棋书画外，除了享受和学生在一起的单纯岁月，我平凡无奇——没有任何获奖、没有任何大型公开课的记录。这真是一个"孤独沉潜"的阶段，难道，我最美好的青春这样白白流逝吗？

不！这八年里，我经历的故事、教过的学生、上过的课、读过的书、练过的字、画过的画、写过的文章，哪一样是多余的呢？在平静表象之下，生命的能量、教师的使命、梦想的力量却不断贯注、不断加大。我感谢这八年，亲爱的、热爱的乡村教育，让我的教育梦想扎根在最朴实无华的大地上，如果没有这八年青春的悄然流逝，那么就不可能有多年以后沉淀出来的丰沃土壤。

不忘初心，方得始终。扎根乡村以校为家，书声琅琅山路弯弯。习近平总书记说，走再远的路，也不能忘记我们为什么出发，我们从哪里出发。这颗初心，不断地提醒和鞭策着我，用一辈子，践行师者仁爱的诺言，做教书育人的楷模。做爱的教育，做有良心的教育，做对得起家长不辜负学生的教育。

就这么简单，却足以影响我后来的教育人生。

慢行：那山，那水，那琴音

一、美好的心愿

学校不大，两排房子和一块空地，下课后，孩子满世界疯跑，门前的小河和院后的山坡成为他们的乐园。女孩子则在操场的草丛里摘那些永远也开不完的紫色小花，互相打闹着插在凌乱的小辫上。孩子们的生活单调而乏味，我抱着课本站在办公室前面的一排高大的水杉下等待上课的钟声。

一个女孩在一大帮孩子的簇拥下靠近了我，我看清楚了，那是四年级的班长田静。看着这群欲言又止的孩子，我微笑着询问，他们终于说出了想法——想上一节音乐课。有了这个女孩的开场白，孩子们你一言我一语地开始了，我终于明白了他们的主要意思：打扫卫生时他们看到保管室里有一架旧风琴，想抬到教室里用它上音乐课。

简陋的山区学校缺少的东西太多，不单单是一架风琴，还有教师、校舍、实验物品、体育器材、活动用品、图书，甚至课本，好多学生因交不出学杂费而两个人用一套书或者借旧书使用，当然还有那些面临辍学的孩子……

二、久违的琴声

孩子们美好而简单的愿望打动了我，我马上去找校长询问。校长说是有这么一架风琴，还是很多年前教育局配赠的，前些年全乡只有一个老师会用，他调走后再也没有人使用了，扔在保管室被闲置，成了放杂物或攀高的支架，不知道还能不能出声。

一架风琴摆在了操场上，满是尘埃、蜘网。女孩子们端来清水小心擦拭；风琴盖子被压出裂纹合不上，有孩子找来做木匠的父亲用胶重新粘得严丝合缝；脚踏板的拉带坏了，我拿来针线缝得结结实实。我用手一按，琴声如故。就这样，质朴的琴音又出现在了山村校园的上空。

每逢音乐课，大家抢着抬琴，那样子像士兵为凯旋的将军开道护驾。这架风琴就成了孩子们的梦中王子，而我这个小老师成为他们的音乐女神。每周，他们都在盼望仅有的那两节音乐课。

刘畅在作文中写道：我们终于有了一架风琴，它的声音是那么的优美，我最喜欢老师给我们弹奏《白杨和小河》，我们生活多么快乐！卢敏则是这样写的：老师长长的手指一按，便流出很多的曲子，每一首都那么美，太神奇了；王萌说：我要是能弹弹这架风琴该多好啊，我一定轻轻地、小心地，不会把琴弄坏……

三、特殊的奖励

他们微小的心愿像嫩芽一样，需要精心呵护和成全。

音乐课上，我给每个同学两分钟时间，来满足他们想弹琴的心愿。第一个上台的是班长田静，她小心翼翼地轻轻按下，闪过阵阵满足的微笑；调皮的刘畅蹦上讲台，从第一个键按到最后一个键，像是在检阅自己的士兵；害羞的卢敏站在风琴前面，一只脚小心地踩着踏板，两只手不知该往哪儿放，终于按上琴键，声音轻柔，像是蜜蜂的低低吟唱，她被自己的没有调子的琴声陶醉了……

班里最调皮的孩子小越，学习成绩进步了，我向大家询问该以什么方法来鼓励他？有人说奖一朵小红花，有人提议奖他一颗大苹果。小越越在全班孩子的掌声中竟然羞红了脸，弱弱地对我说："老师，您能奖励我弹一下风琴吗？"

于是，班里从此后多了一条不成文的规定：每天表现最好的孩子可以弹风琴10分钟。这真是一个绝妙的建议！我拿来白胶布贴在白色琴键上，标上"1，2，3，……"教他们弹奏简单的乐谱。为了拥有了那光荣的10分钟，大家都那么努力地表现自己，有的甚至早就在白纸上画了键盘练习很长时间，只为某一天可以站在真正的风琴前按下琴键，骄傲绽放。

四、神奇的课堂

很快，我的音乐课红遍了全校。

上课时，经常有隔壁班的孩子趴在窗外露出羡慕的神情，不断有其他年级的孩子来央求我给他们教一首歌。可是，山区老师紧缺，我还带着语文、数学两个课的课程，怎么才能给每个班级都上音乐课呢？我终于想到了一个办法。

那个画面是如此美好——

阳光灿烂，我弹着琴坐在开满野花的操场中央，全校的学生在我身边围成大圆圈（全校也不过七十多个孩子）。一年级到六年级的音乐课上，我会弹的，或者我不会弹但孩子想学的，我一句一句地弹，一首一首地学，再弹着琴和孩子们一起唱。

那段时间多么的快乐！我的琴声并不专业，但每个孩子都崇拜地扬着小脸努力应和；他们的歌声并不优美，但我指尖上每一个音符的落下都力求准确。我们唱《让我们荡起双桨》，也唱《红河谷》；我们唱《小小牵牛花》，也唱《每当我走过老师的窗前》。

依然是每周两节课，但是从一个班的两节课，变成了全校的两节课；从一个班孩子的快乐，变成全校的快乐。我独创了属于自己的毫无章法的音乐复式教学法，而这一切，来得如此水到渠成，不露痕迹。

每当我上大课的时候，操场边路过的行人也会驻足观看，连放牛的乡亲也会把牛赶到操场上听我弹琴。这琴声像有魔力一般召唤着山里娃的求知若渴，也召唤着我做一名山村教师的最美初心。

五、无奈的离歌

然而，我有时候是一个败给现实的人。

在我终于决定要告别这里，哪怕只是去一个地图上都找不到的小集镇、小县城。年少轻狂、不识愁滋味的我，向往城里的一扇窗下的一盏优美台灯，向往夜幕降临可以临风信步的满街华灯。那时候的我，手抚木质琴键，送走眼前的这帮质朴童声，一个人望着层峦叠嶂的大山，脑子经常想到的是宽敞的舞蹈教室，黑白键的钢琴和高雅的合唱团。

可我没有。我有的只是一架破旧的木质脚踏风琴，一群未曾受过任何艺术教育的山里孩子，一座破旧的两排房子的没有围墙校园，一大把一大把无处安放和挥霍的过剩青春。所有的梦想都已经栖落到贫瘠现实的地面上。我和孩子唱《十七岁的雨季》，心里却想的是《为什么受伤的总是我》。偶然，就动了离念。

两年多后，我调离了那所偏远的小学校。记得我走的那一天，正是初秋，大雁飞过菊花满坡，大山用它最丰富的秋的色彩，淡化着我们离别的悲伤。孩子们静静地站着，目光充满不舍和无助。班长田静走到讲台前，向我深深地鞠了一躬，然后坐在木凳子上，踩动踏板，几个简单而熟悉的音符在教室里回荡，是我给他们教过的《送别》——

长亭外，古道边，芳草碧连天……

她的小手像是小心啄米的小鸡，高高地扬起，又重重地落下，琴音笨拙、迟疑、拖沓、没有和弦，没有装饰音，没有休止拍符，节奏也似乎完全不着边际，我静静地聆听着这世界上最淳朴的声音。应说此曲只有天上有，人间少有几回闻，我没有打断他们，给了他们10分钟，再10分钟，一直这样和他们在一起……

六、一生的怀念

此后，我换了很多工作的地方，遁入了一拨拨汹涌的人潮中。为了更好的生活和追寻教育的梦想，开始从一个学校跳到另一个学校，寻求着真正属于我的位置。

然而，奇怪的是，这些学校规范严格而按部就班，紧张有序，再也没有山野沟壑奔跑的自由，再也没有闲云野鹤般自我的随意。每天，我和大部分被称为教师的群体一样，早早地走进学校，忙碌地奔波在校园的几点一线，很晚才拖着疲惫的身子回家。也说是披星戴月，也说是栉风沐雨，也说是岁月如歌。日子，竟然瞬间在指缝中溜走……

不是音乐专业出身的我，根本再也没有机会也没有时间能坐下来弹琴。终

11

于成为一名专职语文老师的我，与琴便几乎绝交了。

我还是老师，我的圈子还在校园。新的环境有很多新的目标和梦想追求，却在闲暇的时光总是怀念起那山谷里的木琴声。

时光变迁，致已经逝去的青春。我忘记了很多该忘记和不该忘记的事情，面对工作的重压和生活的琐碎，我经常陷入回忆。我不知道那里的操场上是不是还开满紫色的小花，不知道我走后那里还有没有再去会弹琴的老师，也不知道现在那些早已经长大的孩子是否还记得我，甚至，我不知道该去如何回忆它，带着笑，或是沉默。

但每当我浮躁不安的时候，每当我迟疑纠结的时候，每当我丧失动力的时候，我的心中便会浮现出那纯美的琴音，没有包装，拒绝虚伪，绝无矫情，那是孩子内心最朴实的回响，那是成人世界中最自由的表达，那是我生命中惊鸿一瞥的静好时光。

那是最质朴的教育，那是天底下最美妙的声音。

起跑：职场"菜鸟"的主动追求

一、拒人于千里之外的初见

2003年9月，在农村辗转五所学校之后，我调入洋县南街小学，也是当时洋县唯一一所直属的重点小学。这一年，恰逢新课程改革在全国轰轰烈烈拉开帷幕。

这是洋县第一次为城区学校公开招聘老师。我的儿子也已经两岁，面临着照顾入托、上学等现实的问题。我抱着试一试的心态参加了招考，通过讲课、答辩、才艺表演、三字一画基本功展示等多个环节，以全县第二名的成绩一考即中。幸福来得太突然。开学几天了，我还在老家门口的东韩中学正常上班，在那个没有网络的年代，得知消息已经是几天后，我甚至来不及跟我的孩子们告别，就匆忙地赶到新的学校报到。

而此时，开学已是一周。

我紧张地敲响校长办公室的门，里面几位领导正在开会，对面桌子前留着短发、目光如炬的一眼就能看出来是校长。

"校长，您好，我是新来的老师……"

"怎么现在才来报到？学校都开学一周了？"还没等自我介绍说出名字，她打断了我，"学校没有工作了，你既然迟迟未到，就回家等消息吧，有工作，会打电话给你。"然后继续开会。

我手足无措，进退两难。想解释一下，却看出来确实不合时宜。默默退出门外，委屈的泪水就夺眶而出了。是啊，这些年我换了很多学校，每一所学校都是那么亲切可爱，所有教师和学生都是那么友好亲热。而现在，当我满怀热情地来到一个陌生环境，希望它给我一个大大的拥抱时，它却给了我一个委婉的拒绝，猝不及防。

二、第一份工作收获的尊重

此后的几天，我天天按时上班。小心翼翼地应对着来自新单位的陌生面孔和无处安放的尴尬，看着别人都进教室上课，我却无所事事。

这一天，德育处赵芝云主任遇到了我，说："你是新来的老师吧？中午没事，来德育处帮忙写奖状吧。"于是，我终于有了在这所学校的第一份工作，虽然是临时工作，但我依然郑重其事，开心了许久。

那一天是星期五，我一整天都在德育处写奖状。听他们说奖状是下周一升旗仪式上召开开学典礼用的。南街小学当时是汉中市甚至全省的大校，每个年级十几个班，一共有七十多个班级，每班二十张奖状，一千多份奖状堆积如山，这是一份艰巨的工作任务。

不知不觉，写得双手发酸的时候，抬头窗外夜幕已经降临，我才发现办公室的其他老师都走了，校园里已是静悄悄。望着眼前堆积的没有写完的奖状，怎么办？要写完吗？该找谁？没有电话？……好吧。我默默地把剩余的空白奖状连带名单，装满两大箱子搬上电动车，驮回家。

那个周末，我们全家都在写奖状。

周一如期而至，升旗仪式和开学典礼的会场已经在布置，德育主任满脸焦虑地正在跟校长汇报着什么，大约是奖状没有写完怎么办，要不先发空白的，仪式完毕收上来再补写。我弱弱地说："已经全部写完，我全部带来了，就在这里。"

赵主任一把拉住我："太好了，太好了！正在发愁呢，周五走得太急把这个事情给忘了，没想到你这么操心。好样的！"就这样开学典礼如期举行，那一卷卷绑着红丝带的、整整齐齐的奖状顺利发放到每个孩子手中。赵主任抱起我就差轮个圈了，我看到，一向严肃的校长在主席台上向我点头微笑。

我心花怒放，我终于用工作赢得了赞赏。

三、一节后补的亮相课

之后，我便接到通知正式到教导处上班，主要任务是顶课和教导处临时交办的教务工作。我再也不用在学校"流浪"了，我有了自己的办公室、办公桌。我的小书架、吊篮、笔筒、花瓶终于和我一样，在这所学校有了自己的"家"。虽然，我依然是一只初来乍到的"菜鸟"。

那段时间，我的主要职责就是各种顶课。谁生病了，去；谁请假了，去；谁出公差了，去。学前班缺个老师，于是，我又到学前班当起了保育员，体验了三个月的幼儿教师的生活……我是一块砖，哪里需要哪里搬！我乐此不疲，也在不同的岗位和课程中灵活转化，收放自如。后来我想，这段经历是多么的宝贵，我可能是语文老师中涉猎最广，教过小学全科的"万金油"吧。我不觉得累，这何尝不是一种别样的体验和快乐。

不知不觉到了学期末，新调入的老师按惯例要进行亮相课，活动安排公布了，我也挤在人堆里查看。我上看下看左看右看，新调入九名教师，只安排了八位。咦，没有我？

我有点失落，我也是新调入的老师啊，虽然在学前班，但总得有个"上课"亮相的机会吧？办公室的老师说："这还不好？多一事不如少一事，不安排才好呢。傻丫头。"

我就是傻，就是这样较真的傻。我找到了主管教学的副校长说明情况。她先是意外，然后是惊讶，然后郑重地问我："真的要上吗？"

"上！"我答道，非常坚定。

"那只能给你排到最后一节，那一节课是周五，要提前10分钟放学，有的班级会打扫卫生，外面会有点吵，你最多上个二三十分钟就行。好好备课吧，加油！"

"没问题，我准备。"

四、终于又成了语文老师

我选了四年级的课文《珍贵的教科书》，非常经典的一个红色教育题材。

怎么上的课我早忘了，好与坏也无所谓了，但这节课却成为我的转折点。

下课后便是放学，等喧闹的学校恢复宁静，我也收拾好准备回家，远远地看到校长在办公室门前的梧桐树下朝我招手。她，在等我吗？我一阵紧张，鼓起勇气向她走过去。

校长微笑地对我说："很遗憾，我今天开会没有听你的课，下课后反响很好，祝贺你！学校想把一个重要的工作交给你……"

2003年全国课程改革轰轰烈烈推进，南街小学一年级更是重要的实验基地。一年级的袁老师临近退休了，实验班的老师要慎重选择，这次新调入教师上公开课，学校发现我课上得还不错，而且人也年轻有精力，让我接袁老师的班主任和语文课。

我太开心了。有课上就好呀！我终于要成为一名"正式"语文老师了。我内心雀跃万分，发现平时不苟言笑的校长其实是那么温和慈爱，在她期待的目光中，我跳跃着走向梧桐大道的林荫里……

明天，一位一年级语文老师的路，我该怎么继续走下去？

首秀：第一次公开课的爱与哀愁

一、新手上路的小挫折

一只"菜鸟"的勇敢追求，让我在进校半学期后，成为一名真正的语文老师，一名新课程实验年级的语文老师。

一年级的"小豆豆"们，你们新班主任和语文老师来了！

兴奋不过三秒，接踵而来的压力超乎了我的想象。

我当上这个班主任不到三天的时间，校长室接到了不少于十个家长投诉。投诉什么？原来，这个班以前的班主任袁老师，是学校的资深名师，很多家长都是慕名而来将孩子放到这个班级，现在突然由一个新调入的乡村老师来接任，家长一百个不放心，一万个质疑，请求学校换老师，或者让学校给孩子调班。

一天工作还没有干，各方面的阻力就扑面而来。家长就这么武断地认为我不能胜任吗？即使我是山区来的老师，谁又能断言山沟沟里就出不了好老师？

但反过来一想，也深深地感受到学校在接任者的问题上，做了多么艰难地选择：家长尚且不信任，学校在人选的问题上又何尝不是慎之又慎呢？家长的要求和期盼，也恰恰表现了他们对孩子的重视，对新老师的严要求和高期待。压力化动力，这正好能成为我前进道路上的助力器。

瞧，一个老师能够换位思考，多站在学生、家长、学校的角度考虑问题，就是心态平和、快乐的源泉。我不煎熬了，我还隐隐有些自豪：看来我接到了一个好班！这时，学校给了我一剂"强心针"，不换人也不为任何学生调班，

17

要求家长无条件信任学校的安排。有这么强大的力量支撑，我还有什么干不好的呢！

给我一个班级，我必能还您一份精彩。

二、新课程改革语文老师上线

从初中语文老师突然成为一年级语文老师，从"先天之忧而忧"的激情思辨，变成"ɑ o e"要讲一节课的有趣呆萌。我可以吗？一年级语文老师正式上线了。

没有经过课改培训，我如饥似渴地钻进学海书山，记录了数十本的自学笔记，写下了二十余万字的体会和反思；拜师傅学技能，虚心向同伴和前辈请教，不断吸纳名师名校的教研精华；看视频学拼音，模仿一年级老师上课的表情动作，学会各种课堂小游戏、手指舞、拼音操和做头饰、卡片、手操报的各种技能。

2004年暑假，全县新课程课堂教学研讨会隆重召开，将有四位来自不同学校的老师执教一年级公开课，南街小学选派我参加，执教的内容是一年级语文识字课《菜园里》。

百年名校，学校有那么多的名师、省市级教学能手，一年级组更是精英荟萃，为什么偏偏选中我呢？我既高兴又担心。校长看出了我的犹豫和不自信，她对我说："新课程、新教法、新思路，所以我们要推出新教师、新面孔来做出可贵的尝试和探索。"

这句话令我很感动。

我思考良久，作为一个新人，我需要为自己加注勇气。这是学校的一种态度、一种认可、一种期待，也是我自己的一次尝试、一次挑战，更是一种提升。

三、难忘的人生第一次公开课

我开始备课，全力以赴。我从乡村刚来，还不太会使用多媒体。对于刚刚兴起的大屏幕投影仪，我全然不知道怎么用，PPT也不会制作，一切从头开始。

为了找到好的展示图，便跑到楼下蔬菜店索要人家的高清海报当"挂图"；为了实物识字，开始了菜市场购物模式：南瓜、茄子、黄瓜、豆角、韭菜……这些便活色鲜香地走上了我的讲台。

这就是我青涩人生的第一课。

我只记得二百多人的大礼堂水泄不通，记得下课后全体师生站起来为我鼓掌，记得同事家长发来暖心的短信，记得我的师傅和校长站在后门处越过众人投来的欣慰目光……初出茅庐的我，终于以小小的成功，成就了"小荷才露尖尖角，早有蜻蜓立上头"的美丽开始。我的人生的第一课告诉我——成功，并不困难；机会，常常垂青于有准备的人，更垂青于准备得特别充分的人。

后来，有人偷偷告诉我：课上得好，但没必要挂那个从蔬菜店要来的海报，有一种软件叫"百度"，搜一搜就会有无数张高清大图供你选择；朗读的时候，不要用教学光盘和磁带，音频下载下来，直接插入PPT，一点就有声；还带视频，孩子们更爱看。我有点羞愧——原来，我是一只"菜鸟"，一只技术盲的"菜鸟"。

学无止境，我不能落后了。加油！

因为这节课，我一头扎进了信息化应用的新领域，很快学会了制作课件、模一、模二、动画、电子白板等各种应用。当年，就在全国信息化应用课例展示中获得陕西赛区二等奖。

不知道是机会一直垂青于我，还是我一直在准备。从此，我的公开课之路一发不可收拾。一个"菜鸟"新人在名师成群的南街小学有了一席之地，也收获了学生的喜欢、家长的认可、同事的温暖。之后，我不停歇地一直在上课，连续六年课改，我成为连选连任的课改达人，而课堂也从洋县走进汉中、西安，甚至全国的大舞台。

学无止境，进步的空间浩瀚无边。

只要心中有梦，那里便是星河灿烂，未来可期。

破茧：有的故事一开始是个事故

我而言

无青春不奋斗——

马不停蹄奔向自己想要的远方

不管其间的道路有多少风雨

甚至是没有诗，只有远方的一个远方

汗与泪足够写满

整个微笑向上的来时路

一、小爱老师也是赛教钉子户

我在八楼住过，我在九楼笑过，我在十一楼哭过……2017年6月28日，我站在望圆宾馆的大厅里，这样对身旁的朋友介绍。

这是一个不大的酒店，却是我非常熟悉的地方，因为每年的六七月份，汉中来参加省级赛教的选手们都会住在这里。房间灯光的彻夜通明，楼道上的匆忙身影，电梯里的相视一笑，没有硝烟的战场，却在短短几天内带来多少爱与哀愁。

放榜之夜，我和选手们一样彻夜难眠。有人欢笑，想把几个月来装在脑子里的所有东西全部掏出来扔掉，语气中是放松雀跃；有人沉默，眼里装满郁闷，满心的辛酸与委屈却只有无语凝噎。她们的今天，又何尝不是我的昨天。这些和曾经的我一样的姑娘们，正在经历着人生的一个小小考验，一次成功是命运慷慨的眷顾，一次挫折也是上天最好的安排。

2011年，陕西省重新开启了搁置十年的教学能手评赛活动。踌躇满志的我一路披荆斩棘，以过五关斩六将的女汉子气质稳稳地进入了省级赛事。决战长安城之巅，我志在必得。

比赛前夜，在望圆酒店会议室，我们接到了正式通知。比赛课程为四五年级，而我准备的仅有四年级。没有一点点准备，我的小心脏一下子不淡定起来。

我：这个咋办？

带队：没事，你赶紧把五年级的教材看看，你记性好。

我：我没带五年级书！

带队：赶紧在西安借一本。

我：西安都用北师大版，我们是人教版，教材不一样。

带队：啊！那赶紧让洋县来西安的末班夜车给捎一本上来。

我：来不及了，拿来就半夜了。

带队：你哪一天上课？

我：默默地摊开手掌，我的顺序签上大大地写着——1。

全省第一节，"好运"都让我遇到了。

在距离上"战场"不到八小时的深夜里。我打开笔记本看电子教材，窗外暴雨倾盆，雷声大作，吻合着我心中的暴风骤雨般七上八下；王清胜校长冒雨打车去城南客运站，用塑料袋包裹着带着体温的珍贵的教科书，交到我手里时，我在凌晨三点的望圆十一楼热泪盈眶。

天刚亮，我坐在清晨上最拥挤的出租车上梳头，给苍白的嘴唇抹点口红，给镜子里的自己一个微笑。盛夏的雷雨噼里啪啦地落下来，我走进高新二小，高跟鞋踩着水滩咔嗒咔嗒小心翼翼地走着，在裸露的丝袜上甩出一个个狼狈的泥点。抽签预备室，坐着七个和我一样的老师，我知道，这就是全省第一节要同时开赛的选手。我暗白观察他们，有两个自信满满，有三个形象好气质佳，有一个睡眼惺忪，有一个满脸愁容。我暗自祈祷，上帝保佑，让我抽到四年级。

我的手一直在抖，手写的题签上赫然写着——五年级下册。我用三个月的不眠不休千锤百炼而打造的四年级的课程，顿时没有了任何意义。没有一点点准备，一个个"好运"就这样降临在我的身边。瞬间，我开始崩溃到怀疑人生。

一个美好的故事，硬生生变成了事故。

86.7分，不是特别低的分数，却在第一届严苛的标准下恰恰成为落榜的分数线。

想起那个夏天的夜晚，我在西安冰冷的大街上走呀走，身边车水马龙，到处是灯红酒绿，衣香丽影，我却不知道该如何安慰自己的心碎和酸楚。怪谁呢？赛制、评委，霉运或是老天爷？不，谁都不怪。怪我！

没有备战充分，没有良好的心理素质，安于现状，恃才自负，侥幸心理……微笑着面对，哪怕心里流淌着一条悲伤的河。从哪里跌倒，从哪里爬起来。我愿重新来过，趁我还年轻，我的梦想还没死，趁泪腺还滚烫。

二、打不死的"小强"和不熄灭的爱

所幸，生活自有天意，兜兜转转千番过后，总能遇到那个对的人，圆了那个未竟的梦。

落榜而归的我，默默地回了家。拉着行李箱，看到万家灯火中那熟悉而昏黄的灯光，看到阳台上盛开的太阳花和挂在衣架上的儿子的衣服，我感到前所未有的温暖。

疗伤，是很迅速的，一顿晚餐后，我就满血复活了。

既然已经走了这么远，为何不往前再走一步呢？总有一条路，能引我走出这无边无际的暗夜。如果不向前走，我确定我若选择平庸和舒适，将会是我下半辈子的一个深深的遗憾。我想，我应该再尝试一次，从头开始，用一年的时间做准备。

我的伙伴们，有人和我一样在咬牙坚持，有人放弃了，有人抱怨了，有人退缩了，有人改行了，有人跳槽了。他们的每一种决定我都尊重并且万分理解。我的选择，他们也给予我同样的理解和支持。那时年轻，总是会为自己的未来担忧，或者也总在想换一种活法。进名校，去大城市，换个清闲的单位，做个普通人，享受生活，多挣点钱，做个贤妻良母等……每一种选择都是千难万难，每一个决定都能轻易地改变我们的人生。

我选择给自己付出的努力一个交代，用一年的时间积沙成塔，积水成渊。读了多少书，磨了多少课，写了多少字，已不记得了。现在已经长大的儿子经常和我开玩笑说："妈妈的军功章有我的一半。"此话没错！那两年，我每天晚上在儿子做完作业后，软硬兼施地把正在上小学四年级的他骗到书房，一课课给他讲，让他当我"唯一的听众"，并且从他的反应来反思自己的教学。一个小孩是如何坚持打着瞌睡陪伴了我两年的日日夜夜？我亲爱的"小白鼠"，应该是因为你对我的爱。

你以为这个世界上，只有你迷茫得像一头鹿，殊不知每个人都曾在夜里辗转反侧，为看不见的未来，为内心小小的冲动与现实。于是，选择相信，便选择了更友善的世界，选择了与所有抱怨握手言和。那些陪伴在我身边的人，一直在给我生活上照顾和精神上的鼓励。

有人说：成长的大门甚至是绿色通道永远为你这样有理想的人敞开。那是给予我"和心一样大舞台"的上级和领导。

有人说：爱爱，我们一起赛！那是一群和我一样在这条路上栉风沐雨的好同事。

有人说：你忙你的，班上的娃我帮你看着！那是一群默默分担我工作的幕后英雄。

有人说：您教我们圆梦，我们祝您梦圆。那是一群和我朝夕相处的"小猴子"。

有人说：去吧！再试一次，无论如何，等你回家。那是我的"定海神针"般的家人。

你们说，我还能不速速地变成打不死的"小强"吗？

就这样，在大家的鼓励帮助下，在家人和朋友无私的支持之下，我踏上了破茧成蝶之路。那一阵子，我案头常放《平凡的世界》，这本朴素无华的书，倒背如流的情节，栩栩如生的人物，成为我最好的"精神向导"。

无论是谁，我们都曾经或正在经历各自的人生至暗时刻，那是一条漫长、黝黑、阴冷、令人绝望的隧道。然而生命的意义，就是在困难面前的不低头、

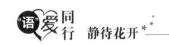

不气馁，就是不断地去战胜困难，战胜自己。只有初恋般的热情和宗教般的意志，人才有可能成就某种事业。

——《平凡的世界》

少平挺过来了，凭借着坚韧不拔和永不服输的精神，初衷不改，保持对理想生活的执着追求，鼓起勇气跨越一道道难关，成为生活的强者、思想的强者。而职业生涯中的我，就如同那些闯荡生活的人们，风雨中这点痛算什么。亦如少平一般，拥有敢于主宰自我命运的勇气，敢于挑战现实困难和未知世界的胆识。

三、有些故事，一开始是场事故

有多少人不知，每一个晦涩难忍的现在，都是你曾经渴盼的未来。它也必将变成若干年后又一个闪闪发光却回不去的过去。

我说说十三楼的故事吧，你一定很感兴趣。

第二年，我以"回马枪"的姿态杀回了西安。虽然我用一年的时间在养精蓄锐、招兵买马，但内心的压力却比山大。因为，谁也无法坦然面临第二次失败。这一年，我抽到了全省最后一节课。临赛前一夜，我突然觉得大脑一片空白，什么都不记得了。这是多么可怕的间歇性失忆。内心的压力、烦躁、恐惧让我夜不能寐。我从被窝里爬起来，披头散发穿着白睡衣、拖鞋来到楼顶上，我想静静，只想静静。

十三楼正有一块巨大的霓虹灯招牌，灯火璀璨，夜风习习。整个城市都在我脚下沉睡，我极目远眺，猜测每一个窗户里可能发生的故事。安静的夜让我很快进入状态，我开始自说自话地模拟各种上课说课，手舞足蹈陶醉其中。忽闻一声惊叫，我回身一看，一个暗黑身影"嗖"地窜进了楼角的楼梯，只留下一阵脚步声和大呼小叫。几乎是同时，我亦大叫一声，头也不敢回地从另外一个楼梯仓皇逃跑。

回到房间，我惊魂未定。不久电话响了，有人关切地问："你没事吧？没什么想不开吧？压力不要这么大，不就是比个赛。"我一脸蒙。什么情况？原来，那个被我这个行为诡异，造型惊悚的怪人吓坏的，是酒店的锅炉工，半夜上来添煤，被我吓坏了，跑下去报告了夜班经理。须臾，各路人马开始来安慰这个"行为怪异者"，对我进行心理疏导和温暖安慰。

我就这样偶然地上了"头条"，得到了四面八方的关爱，我感动得涕泪交加。

我不得不信誓旦旦地给所有人保证：我真的就是上去背个书，没有心理问题。无论结果如何，我绝对不会干傻事。

"梅花香自苦寒来，宝剑锋出磨砺出。"这一次，我最终以92.97分的优异成绩摘得"陕西省教学能手"桂冠，华丽逆袭！并应邀参加2012年的陕西省教师节庆祝及颁奖大会。超越梦想，破茧成蝶！也正是这次赛教的波折经历，使我看到三尺讲台的别样风景，看到教育路上的学无止境，看到了永不言弃的曙光！我用了十几年的努力，用两年的冲刺，换来了与自己不屈灵魂的热情相拥，也换来了全世界的相视一笑。正如这首歌——

海阔天空，在勇敢以后

要拿执着，将命运的锁打破

冷漠的人，谢谢你们曾经看轻我

让我不低头，更精彩的活

最懂我的人，谢谢一路

默默地陪着我，

让我，在这里依然，拥有好故事可以说……

四、故事之后的思考

"惊吓"变"惊喜"，"事故"成"故事"。十二楼的插曲成为我们的笑谈、美谈、趣谈，也成为我在赛场完美复活的一个温暖的记忆。我们从不缺少励志的故事，在被励志故事感动的时候，我们总能从这些故事中找到自己的影子。

人生如一场修行，说来奇怪，经过这一遭，我就像有了一个说不清的质的飞跃。

这一年，虽然也有很多的冷言冷语在我耳边萦绕，可是我不在乎。因为我得到的爱和理解更多，几乎是四面八方。我进而被聘请为汉中市阳光师训团首席导师，而我仅仅是一个落榜的市级教学能手。这也许是对我赛教意外失利的安慰，也许是为了鼓励我不要放弃。通过这个活动我认识了很多人，更多的语文学科的专家；我也到处讲课，还得到了很多老师的支持和喜爱，可谓赛场失利，讲台得意！

没关系，我不在乎这一次失败，教学之路也绝不是因为某一次的成败而论英雄！这不是娱乐圈，这里没有一夜成名的童话，有的只是冰冻三尺而成就的智慧。我又一次有了人生感悟——

真正让你成长的，

一定是你跌倒的时候！

在跌倒的地方，拾起一颗沙子，

放在岁月的贝壳里，让它磨砺成珍珠！

但依然有很多人说，看遍了千篇一律的鸡汤，但在生活中，依然茫然不知所措。普通人的出路到底在哪里？难道非得身心疲惫，才能获得想要的生活吗？不是，所幸，我生活的地方只是一座小城，一座朝九晚五车马慢的小城；所幸，我们从事的工作，只是和孩子们在一起，读读书、写写字、唱唱歌、打打球、跑跑步……就能收获那么单纯的笑脸和爱戴，就能感受那么多的快乐和幸福。

亲爱的人们，人人都愿一路顺遂，可他人无法真正分担你的负重和挣扎，任何的隔岸观火都显得苍白无力，何况连安慰也无从说起。我将这些故事说给你们听，越努力越幸运，如果它能正在给路上的跌跌撞撞、迷茫不知终途的你一点点光亮，一点点勇气，一点点安慰的话，我已经倍感荣幸。

饮完这碗鸡汤，您能够选择相信梦想吗？

像小爱老师一样，一直有梦便会一直有故事。

梦想一定要有，因为，万一它实现了呢！

提速：一个学科带头人的成长"三部曲"

假如时光能够倒流……

2014年6月24日，一个阳光灿烂的清晨，我站在了陕西省中小学（幼儿园）学科带头人培养对象集中研修启动仪式的发言席上，这个从陕南山区小县城来的语文老师这样说——

亲爱的老师们，"学科带头人"这一共同的称号使我们相遇。是对我们过去工作的肯定，更意味着我们的责任和担当，未来一年精心培养，将是桃李渴求开花的雨露，将是竹兰拔节向上的春雷！

那一刻，站在台上的我对未来充满着希冀，对每一双陌生的眼睛充满着渴望。因为，我们有了一个新的名字，我们即将组成一个新的团队。212名准学科带头人就这样诞生了！我也是其中一员。转眼间又是一年盛夏，时光如歌，书写着一个准学科带头人的成长"三部曲"。

第一部曲：沉稳起步

火热的六月，来自全省各地的83名小学和幼儿园学科带头人聚在一起。我有幸成为文科班的班长，在美丽的陕西省学前师范学院，我仿佛回到了学生时代，上课培训、收发作业、去饭厅、吃饭、上机房、安排活动、联系老师，享受着集体生活和学习带给我的快乐。我暗自下决心，一定不负众望，学有所成。

经过首期的培训，我更明确了作为一名学科带头人应当承当的责任。返回后，我就积极筹备"学科带头人工作坊"。为了得到上级行政部门的支持，我冒着盛夏酷热三番五次跑遍了市、县教育局、教研室等部门。在他们的大力支持下，2014年秋季开学第一周，我的工作坊正式成立了。教育局、教研室联合为来自洋县南街小学、青年路小学、八里关中小、华阳中小、贯溪中小的16名工作坊成员颁发了证书；工作坊的开班被多家网站报道。

虽然洋县地处陕南山区，但教育理念并不闭塞，大家对工作坊的建设给予了极大关注和支持。这一切令我感动，又给我信心和勇气，为我——这汉中地区唯一一位小学语文学科带头人的沉稳起步，注入了更加坚定的力量。

第二部曲：加速成长

好的开头是成功的一半，如同一次长跑，加速度势在必行。然而，这一次我不是一个人在奔跑，而是一群人在追梦！

（一）培训学习，提升自我的"动力源"

1. 首期培训

2014年6月，在陕西省学前师范学院参加首次研修。我重新做回一名学生，聆听各级教育专家的专题讲座，没有丝毫地倦怠与疲惫，12天的时间，转瞬即过。王越群教授"陕西骨干教师'三级体系'的构建策略"；牛文明博士"小学教师专业标准语文教师专业发展"；江苏师培中心严华银老师"学科带头人工作规划设计指导"；上海浦东教育发展研究所章建文"名师工作坊的理论与实践"等，一个个精彩的讲座，犹如知识的源泉，滋润着每位老师的心田。

2. 省外培训

2014年11月，在学院组织下，学科带头人第二期培训来到了东方明珠——上海，在华东师范大学拉开了序幕。我被分配到美丽雅致的上海市洵阳路小学实地学习。培训中有各级教育专家的专题报告，也有学员围绕专题进行的各种交流学习；有深入校园的跟岗研修，也有与上海名校之间的近距离接触。对我既有观念上的洗礼，也有理论上的提高，既有知识上的积淀，也有教学技艺的增长。参观学习的过程中，我不时地被专家们谈吐间的那种睿智和沉稳所折服，被他们对教育教学思考的深度、教学视野的广度所震撼，被上海市小学基础教育改革、发展与创新而吸引。上海，这座现代化的大都市，以它崭新、包容、高端、博大的胸怀接纳着我们，用国内最前沿的教育理念感染着我们，用开放的视野牵引着我们，给予我们前所未有的教育体验与创造热情。

3. 三期培训

2015年7月，时隔一年，我们如约而来。一年培养期的考核交流足以让每一位培养对象为之期盼和兴奋。我们像回家一样来到了陕西省学前师范学院，和每个久违的老师同学打招呼——熟悉的教室、饭厅、机房、宿舍，无不记录着一年相处的同窗情谊；精彩的交流、汇报、互动、座谈，无不展示着一年来老师们辛勤工作的累累硕果。这一次培训，既是对每一位学科带头人培养对象的工作考核，也为学员搭建了工作坊之间交流学习的平台。

（二）研究课题，科研能力的"加速器"

2014年10月19日，学科带头人培养专项课题"小学语文古诗词教学策略的研究"在洋县南街小学召开了开题会。

作为课题负责人，我结合校情科学规划、合理安排，积极撰写课题实施方案，确定培训计划，做好调查研究，主动承担公开课，带领课题组老师按照"启动—实施—总结"三个阶段扎实推进工作。调动老师们的积极性，为课题搭建交流共享的平台，让课题研究成为工作坊教师科研能力提升的"加速器"。

课题研究硕果累累。我撰写的《小学古诗词教学之我》发表在《小学教学研究》杂志2015年第4期上，论文《创设情境，感受古诗词之美》、教学设计《秋思》《乞巧》获得国家级一等奖，《忆江南》微课程、任务单及教学设计获得"翻转课堂"成果评选市级一等奖等；教师赵娟、张蓝的课例《回乡偶书》《渔歌子》获得国家级一等奖；赵娟老师《古诗词之回乡偶书》获得第八届smart电子白板交互式课堂大赛二等奖。我们举办了一个古诗词教学专场、打造了课堂教学+课外实践的两个阵地、编撰了《人教版小学语文古诗词教学设计全集》《古诗词课题研究论文案例精编》《诗风词韵润童年》校本教材等三本册子；探索出"诗画结合""诵读悟情""古诗改写""主题整合"四种教学模式。这些成果现均已在校内外推广使用，师生也收获着课题研究带给我们的成长快乐。

在主持学科带头人专项课题的同时，我还参与了教育部"小学语文少教多学的研究""信息技术环境下小学语文'翻转课堂'的研究"两个语文学科课题；也有人说，这么多课题你忙得过来吗？没错，一开始我也觉得很累，千头万绪，渐渐我发现了一个妙法，那就是课题整合。虽然课题不同，研究内容不同，但语文学习的规律是一致的。我们就将这些课题联系起来，打造出教学设计《秋思》《乞巧》《回乡偶书》；微课程《渔歌子》《忆江南》，交互式白板课例《回乡偶书》《清平乐·村居》等，获国家级一、二等奖。这些成果，既激发了实验教师的兴趣，促进了课题间的交流和双赢，也增强了"大语文观"之下的优秀语文教学思想的整合。

（三）扎实工作，校本研修的"领头雁"

工作坊成立后，我在学校的支持下建立了实体"名师工作坊"，成为我们开展坊间活动，参与校本研修，进行专业研究的一方净土。作为校本研修的指导者、参与者、引领者，我从教师专业发展的根本入手，强化了工作坊"学习共同体"的建设，制订了工作坊建设计划，工作坊管理制度、工作坊成员考核制度等，规范管理、科学提升。

我们在坊间积极开展评课议课活动，工作坊教师学期听课均在40节以上；我们还致力于课程的开发，其中读书课、诵读课、课本剧表演课深受师生喜欢；工作坊成员不断反思，积累成果。培养期内，我撰写的论文《让识字教学焕发活力》、课件《黄山奇石》获国家级一等奖，教学课例《去年的树》获全国课堂大赛二等奖；张蓝的课例《生命生命》《圆明园的毁灭》及微课《场面描写》等获得国家、省级一、二等奖；赵娟、杨海琴、刘敬军、牟卫荣等多位坊员的成果在各级获奖。这可以用"鹰"一样的个人、"雁"一样的团队来形容。这些成果的获得，是个人努力的结果，更是工作坊团队力量的凝聚，也让我更坚定了带好这支队伍的决心！

（四）磨砺课堂，小语教学的"排头兵"

立足课堂，钻研教材，研读课标，在课堂教学上不断挑战新高度。我们的课堂分为三个层面。

名师课堂（学——专家引领）

我们走近名师，组织了名师观摩示范课例，从他们的课堂教学中汲取精华，学习经验；同时我们还组织课题组教师外出同课学习活动：第七届"名师之路"观课活动（西安）；2014年全国小学语文青年教师教学观摩活动（桂林）；2015年国际教育信息化大赛（青岛），2014年"少教多学"课题年会（青岛）。先后聆听了王崧舟、窦桂梅、武凤霞、孙双金等名师课例。走出去请进来，聆听专家指导，感受名师的教育理念和课堂教学魅力。

研讨课堂（磨——同伴互助）

为了发挥好学科带头人示范引领作用，我率先垂范执教各级公开课：2104年6月，在西安市东前进小学做观摩课；2014年7月，陕西学前师范学院组织的"陕西省名师大篷车"送教下乡活动，我在安康市岚皋县城关小学执教公开课并开展解疑互动；2014年12月，我和我的团队来到革命圣地——延安，在延安实验小学做学科带头人古诗词专场教学，执教《望庐山瀑布》《清平乐·村居》，并做了《探讨语文教学，徜徉诗风词韵》的专题报告；2014年5月，我被聘请为汉中市名师大篷车小语首席讲师，开始我这一年度的送培下县之旅：龙岗学校、佛坪、镇巴、勉县、西乡都留下了我的足迹。

工作坊的张蓝、陈喜莲被汉中市名师大篷车活动聘请为小语讲师；指导马虹、赵娟参与全国电子白板赛课；牟建娥在县级研讨会执教示范课；课题组省级教学能手张蓝和赵娟老师分别执教县级公开课《渔歌子》《回乡偶书》；2015年赛教以来，我们又在磨课活动中与汉中龙岗学校携手，举行了《望洞庭》四人同课异构活动。这些课堂为打造高效课堂提供了平台，我们在观课中议课，在议课中反思，在反思中再设计，在设计中提高。

常态课堂（做——自我反思）

然而语文教学的改革和提升，不是几节公开课能做到的，我们所接纳的新理念，学习的新方法必须是用来指导我们的常态教学，这才是有价值的。倡导老师一课一思、集体备课、推门听课是我们常用的方式。我们的理念是——把公开课当作家常课来上；把家常课当作公开课来上。也就是公开课时要有家常课的自然朴质之风，切记花哨作秀，要真实扎实，不矫揉造作；家常课时要有公开课的认真专研之劲，定要深入研究，细挖广读，不打无准备之仗。台下细研读，台上多磨砺，课堂成就专业，专业成就名师！一年来，工作坊成员执教各级公开课百余节，我和我的团队就是这样在课堂这方天地中放飞语文教师

的理想。

（五）倾心互助，教师成长的"领路人"

培养期内，我与工作坊的校内外十多位教师结为师徒，对于他们的请教知无不言，言无不尽。我指导马虹老师参加全国smart电子白板课堂大赛，获得优秀指导教师；我两次走访大山深处的八里关中小和华阳镇中心小学，与八里关高树华老师开展同课异构；指导华阳中心的白雪儒、龚妮两位青年教师的备课、上课；高树华老师获得2014年度汉中市教学能手称号；我校牟建娥、马虹老师获得2014年度陕西省教学能手称号；杨海琴、杨小丽老师在2015年教学能手赛教中分别获得90分和88.3分的好成绩；工作坊的陈喜莲、赵娟、张蓝等成长为省级学科带头人。

（六）网络研修，交流提升的"快车道"

2014年6月，我的网络学科工作坊终于开通了。为了落实培养任务，我制订了网络工作坊建设方案，旨在将网络工作坊建设成交流平台、学习平台、研修平台和资源平台。其中有精彩叙事，有优质资源，成功案例，有坊间活动，有成员互动，有坊主沙龙等。学科带头人网络工作室的建设克服了时间和空间的障碍，让来自全省的语文老师轻松交流。我们坚持教学相长原则、线上线下贯通原则、坊主引领与自主研修结合原则，努力实现"建资源、做教研、带队伍、出成果、育名师"同时推进的发展模式。现在，网络工作坊已成为跨市县交流的"快车道"。

第三部曲：静心反思

当我在成为一名真正意义学科带头人的道路上飞速奔跑的时候，我愉快地阅尽路边风景，也艰辛地栉风沐雨。工作的压力和目标的召唤，让我们日复一日地赶路，以至于我们很少停下来用心思考与整理，总感觉一些莫名东西在我们匆匆赶路的身后貌合神离。所以，我必须收住狂奔的脚步，进入我的第三部曲：静心反思。

从2015年6月起，我和我的工作坊进入了这种状态：我们开始整理一年以来上过评过的课、做过的培训、做过的反思、写过的论文、编过的书、指导过的作品、收获过的证书……当这些满满当当集结到一起时候，我们才觉得过去一年的365天是如此充实而值得回味。细细翻阅，每一篇都散发着墨香；轻轻触摸，每一页都充满温度。而这些，只有静心才能感受。

因为静心，我们梳理着一年来课题研究最有价值的成果！

因为静心，我们获得了语文教学最宝贵的一手一线资料。

因为静心，我们看到每一位老师成长的内心轨迹和教育情怀。

因为静心，我们感受到了一个团队凝聚在一起的感人力量。

这就是我，一个准学科带头人的成长三部曲：沉稳起步—加速成长—静心反思。今天的静心反思，又会带给我们更多的思考和启迪，带来一个更高的起点和目标，所以，下一步我又得重新沉稳起步，再成长，再反思。在这个圈中螺旋式上升，重新起航，将更精彩。因为，追求教育真知，永远学无止境。

尾声

假如时光能够倒流……

思绪倒回一年前，那时的我正在踌躇满志地规划着自己的省级学科带头人的美好前景——当时，我把学科带头人比作一条路，我对它的设想是：让路更宽，让路更远，让路更美！

一年时光白驹过隙，这条路上且行且思，我曾有过冥思苦想的求索，有过茅塞顿开的喜悦，有过废寝忘食的付出，也有过求而不得的挫折……常有教育之心，常怀感恩之情。这正是一个语文教师的辛劳与快乐，这更是一个学科带头人的责任和担当。今天，经过近两年培养和磨砺的我，底气更足地说：

相信我，我会成为一名合格且优秀的学科带头人，我们的小语之路一定会更快、更远、更美！

奔跑：幸福而漫长的名师成长流水账

春天的花开秋天的风以及冬天的落阳

忧郁的青春年少的我曾经无知地这么想

风车在四季轮回的歌里它天天地流转

风花雪月的诗句里我在年年地成长

流水它带走光阴的故事改变了一个人

就在那多愁善感而初次等待的青春

……

在陕西省的三级三类规划体系中，是按照"教学能手—学科带头人—陕西名师"梯队逐步攀登的，这是一线老师的成长阶梯和奋斗目标。如果有努力、运气、天时地利人和的加持，直接跨越其中某一步也有些许可能。但一直脚踏实地的我，从2011年参加省赛，2014年评选学科带头人，到2021年授牌名师工作室，用十年完完整整、踏踏实实地丈量完全程，并一直在路上，真真切切地感受到每一步成长的不易和快乐。往事随风，但吹不走的是那些流水般的、依然泛着浪花的光阴故事。

一、十年磨砺出"二战"教学能手

2011年，首战失利。

2012年，第二十八个教师节，我终于拿到了由省教育厅、省人社厅颁发的教学能手证书。虽然没有意外，早在6月28日比赛第二天就知道了成绩，但几次失败，任何在没有变成正式文件之前，我不敢胡乱张狂。现在，已经是2022年，可以向大家摆底了——邓老师当年比赛得了92.97分，以小语五组第一名最佳成绩光荣地成为省级教学能手！此时此刻，写文章翻照片，也是回忆和记录整个赛程的时候——这篇幸福又煎熬的流水账。

这一轮能手赛，是中断十一年后的首次恢复。我一直在希望的田野里奔跑，虽然也偶然被失望绊倒——我曾作为种子选手以身试赛，但得到了个"出师未捷身先死"的悲壮结局，英雄无泪一笑而过。第二年5月，县级推荐的时候，那时我还在犹豫到底要不要再参加一次呢？什么资格？怎么个评法？可否给这个有追求、有激情的老师一次"二战"的机会？结果是，出乎意料我获得免赛权。总之，算是有惊无险、跌跌撞撞、不费功夫过了第一关，被推荐第二次赛教。

此后的几个月，我开始了没有昼夜的自虐式备战。四年级的课文第一届已经备过，无须再占用时间；五六年级上百篇文章，暗无天日地备课、写说课稿，跟"战友"攻守联盟。在茶馆，曾经和掌柜要了三十八块钱一壶的茶，从早上开门坐到下午六点，说到面红耳赤，说到茶都没有色了，服务员都快哭了；也曾三更半夜，躺在床上和爱人讲《凤辣子初见林黛玉》，还要谈谈《草船借箭》中的喜欢谁，也曾把豆儿当成学生，一晚上给他上三篇课文，折磨得他悲怆不已地问为什么全班只有他一个人？这些都是战前……我熬呀，像熬粥一样，慢火细炖，越熬越香。

第二次到二小，轻车熟路，进入战区。训练有素的工作人员真让我大开眼界，每项工作严密而细致，到位准确，客气但不容商量。从抽签到备课到进入讲课教室，每个选手都有专人引领监督。细致到只准携带大会提供的教科书，手机关机封存，随身包专人保管，上厕所有人陪同，需要喝水有人送上，教案有人打印，甚至还有人专门检查教科书有没有夹带。第一次上课这么轻松，教案都有人送进教室。我喜欢这种严格！这样对大家都公平，离开了教案、教参、网络、后援团，较量到终极是人的较量。且先不说上课情况，单说这些老师们的工作状态，让我深深感慨。

抽到的课题是《临死前的严监生》，看题目又是一个悲剧！我的《林黛

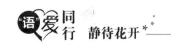

玉》《草船借箭》《渔歌子》《忆江南》……这么多不胜枚举的好课与我擦肩而过。我这一路走来总是这么富有戏剧性、挑战性，不可思议性！备课90分钟，说课答辩10分钟，讲课30分钟，心无旁骛放手一搏。

天热，学生们状态很不积极，也出现过老师控场慌乱的情况。我就以"手势"互动，比出了"耶""OK""真棒""比心"等各种手势，让他们猜猜意思，学生一下子感兴趣了，互动顺畅。"再看看，这个手势是什么意思呢？"我伸出了严监生的"两根手指"，学生一时懵圈……"这节课，就让我们一起去探探这两根手指的秘密。"

就这样的设计和现场感，我的这节课，必须自信地收获"二战"省能的高质量决胜。

二、一鼓作气的学科带头人

2014年6月24日，又是一个里程碑式的日子。

那一天，我站在了陕西省首批学科带头人培养启动仪式的发言席上。

作为第一批学科带头人，当时完全没有太清晰的概念。推荐、填表、考核，然后经历市、省两级的严苛答辩。这次似乎没有太大压力，因为经历几轮赛教磨炼的我，似乎已经百炼成钢、风轻云淡了。机会，一直留给有准备的人，其实也留给运气好的人，不得不说我很幸运。

因为是第一届，所以这一届注定是高手云集；因为是第一届，承办培训的陕西学前师范学院派出了牛文明博士担任我们的导师兼班主任。初次见面，汇总资料时，我发现文科班68人大部分是高级教师、名师，学校的管理人员也很多。

开班第一天，各地市的精英从三秦大地汇聚一堂。记得一个小插曲，要选一个班长，结果一看很多老师都是副校长以上职务，或者学校的主任，事务比较繁忙，最后决定还是选一个年轻一点的、学校工作少，能一心一意为大家做好班务工作的"服务型班长"。于是，就选到了我，我又被幸福的馅儿饼砸中了。

何德何能？名师荟萃的班中我能担此重任。牛博士笑着说："邓老师，先换换思想，班长是干吗的呀，班长就是为大家服务的，民心所向，你可以的！"我懂了，每天来开教室门，放学关灯，关电脑，锁门，培训前联系课程为老师准备讲义，同时负责倒水、端茶、清理垃圾、擦桌子、组织会议、上报资料、收集信息、上传下达、策划活动等。这么能锻炼人的岗位，太好了！

我可以当"班"，我不敢当"长"，就这样，我成为一群准校长的"小班长"。

也许是这个特殊的身份，我开始重新审视自己的"学带"之路，在这个集体中，我来自偏远小城，职称最低、年龄尚浅。这一切让我如饥似渴，虚心求教，认真做好每一件事情。哪怕只是在灯火通明的学习之夜默默留到最后，只为关掉机房的总闸；哪怕只是将专家们的PPT分享制作成简报；哪怕只是在深夜将全班同学的邮件一份份下载，作业一篇篇查阅保存……

我发现我捡着"宝"了。这个过程，我拥有了优先权、审核权、阅读权。专家们的讲义我迫不及待"囊萤夜读"，怎能少了"偷师学艺"？同学们的作业我看的比自己的还仔细，伙伴的课题研究论文著作，我总能先睹为快；和他们沟通、交流、探讨，这个过程让我甘之如饴……都说，与优秀的人在一起，你才会变得更优秀，而就是这一年的"幸运"，堪称"胜读十年书"。

感谢遇见，感谢同伴，感谢语文。我的那些优秀的同学们和小语同行们：被习近平总书记接见过的全国模范教师郁莉，全国师德先进、长安一小校长陈阿莉，延安实验小学校长孙郡霞，陕西小语届领军人物钟维健等诸位老师……我与他们一起上公开课、研讨课、课题论证、论坛主持等。我珍惜每一个和他们共处的机会；我得到了陕西省最顶尖团队的指导，获得培养期综合考核的"优秀"等级。

如果说，我是幸运的，还不如说"越努力越幸运"。

因为团队召唤，我向前的脚步从未停止。

三、从未放弃的名师之路

名师梦，大抵我的心中从入职以来就有的一个梦。

记得那还是20世纪90年代，还是乡村教师的我，一个偶然的机会听到贾志敏、支玉恒两位老师在汉中的现场授课，这是我第一次近距离见到名师。深受感染，并暗暗下了决心，也要像他们一样一辈子做老师，做好老师，做教师中的佼佼者。

第一届名师评选的时候，我以初生牛犊不畏虎的勇气尝试申报，在这个过程中感受了身边名师们的风采；后面又参加过一次，但因为各种原因也终未如愿入选名师。2018年我申报了特级教师，评审在跨年之际。元旦前两天，我拉着行囊，信心满满、意气风发地奔向西安。可结果是事与愿违，自己的职称还是一级教师、学术论文似乎也还有差距，我又一次面临落选的境地。尽管，说"又"这个字的时候，我心如止水，但了解的人知道，我经历过多少次"又"，看似风生水起一路开挂的我，其实背负着"千年老二""赛教钉子户"等头衔不断地加入复活赛，说雅了是励志，说俗了叫倔强。

往事清零，爱很随意。记得那天，在新年的深夜钟声即将敲响的列车上，手机里，我的同事们正在为我分享，因为答辩而缺席的已经排练着的跨年表演《夜空里最亮的星》——

> 我祈祷拥有一颗透明的心灵
>
> 和会流泪的眼睛
>
> 给我再去相信的勇气
>
> 越过谎言去拥抱你
>
> 每当我找不到存在的意义
>
> 每当我迷失在黑夜里
>
> 夜空中最亮的星
>
> 请照亮我前行
>
> ……

那一刻，我觉得他们就是在唱给远方的我听。

2019年12月，我经过数次的磨砺和经验的积累，终于可以自信满满地走向名师的申报答辩席。评选那天，我和孙喜仲、秦丽坐在西安电视塔旁一个暖和的小餐厅里，对着窗前的星星灯许了一个愿。而此刻，一并去答辩的我们，都心绪难平，焦虑万分。给自己一点信心，那信心来自数次失败积累的经验，来自十年磨一剑凝聚的锐气，来自一步一个脚印从未妄想走捷径的踏实。

为了通过这次答辩，我准备了三份答辩稿，背下了十几页的资料，搜集整理了各种成果；录制了精品课例《十月节》，请教专家和老师，从他们课例中凝练自己的教学思想和风格。我买了新衣裙，带着自信的微笑和放松的心态。

答辩结束，一切都是刚刚好。从评委满意的点头和同行答辩者的反馈中，已经有了必过的胜券在握。等待结果间隙，我给师傅打了电话。师傅在洋县说："相信评委，人家专业着呢！别纠结了，睡个觉，养精蓄锐，精精神神地回家！"

对，睡觉，我需要好好睡一觉。

然后，回家，回家！我终于可以回家了！翻山越岭踏上归途。怀念楼顶上的花花草草和老赵那几个规格内的小炒。我到家便晕倒了，开始打吊针，我的身体开始提意见。

很快，第四批名师培养对象名单公示，我看到我的名字——成功上岸。我的战友、朋友、师长、家人等从天南海北发来祝贺。原来，这世界，关爱我的人有这么多。

2021年9月27日，我站在了第四批名师工作室启动仪式的发言席上。回首来路，机缘巧合，三级三类，成就了我在西安三场重要发言：2012年陕西省教学能手颁奖大会，2014年首批学科带头人开班典礼，2021年第四批名师培养启动仪式。

十年历程，三场发言，我为自己代言，更为陕西省的三级三类骨干体系代言。

因为，我一路走来，一路见证，值得！

千言万语，就以我这篇发言稿画个句号。

踏秋起航　逐梦扬帆
——在陕西省第四批名师工作室启动仪式上的发言

千年古都，盛世欣逢十四运；常来长安，古风遍阅两千年。金秋古城魅力西安，吸引着世界的目光；体育健儿拼搏赛场，引领着时代追梦的步伐。

今天，三秦的教育追梦人也如约相聚。心中所盼，是桃李渴求开花的雨露；耳畔所响，是竹兰拔节向上的春雷。以"名师"之任，赓续百年初心；以"教师"之责，担当育人使命。这，是幸运，是机遇，是责任，是教师职业幸福与梦寐以求的荣光，更是一次教育生命的挑战、激励和全新的蜕变。

荀子有云"假舆马者，非利足也，而至千里；假舟楫者，非能水也，而绝江河。"在座的大家，都是我省"三级三类"骨干体系建设的见证者、践行者和受益者。教育厅的引领，专家的指导，同伴的互助，为我们保驾护航，搭建成长快车道。百尺竿头只争朝夕，我们以岁月做磨砺，以书本为阶梯，以教育当使命，以讲台为天地。回首来路，十年光阴，有艰辛、有泪水、有彷徨，但更多的是坚定、是振奋、是感恩。十年磨一剑，陕西省教学能手、学科带头人、陕西名师培养对象，蓦然回首，归来仍是曾经那个少年，心怀教育梦想，永葆青春赤诚。"小自我"的成长，见证的是陕西教育"大发展"，让我如何不为之骄傲和自豪？

"高山仰止，景行行止，虽不能至，然心向往之。"在未来的道路上，我将以"名师"之名高举教书育人之"明灯"。

名在思想引领，做好师德榜样：为师以德，志向恒远。以德施教、以德立身，以德治学。为党育人，为国育才。

名在业务精湛，做好实践创新：坚守学科阵地，领好方向，做好研究，带好队伍，站好课堂，扎根讲台，绽放光芒。

名在责任担当，做好团队建设：发挥示范引领，深入一线，辐射基层，资源共享，智慧众筹，倾囊相助，只为桃李竞相开。

名在学术领先，做好学科研究：以高起点高站位放眼教育，主动求知，博览群书，融会贯通，树立学术自信，永攀科研高峰。

站在"十四五"开局之年的时代大潮中，耳旁回响着"办实事开新局"的铿锵誓言，心中所念是习总书记来陕考察讲话的殷殷嘱托，满怀感恩，我们会珍惜机遇；放眼未来，我们必能创造精彩。

亲爱的老师们，在最美的金秋起航吧！让我们放松心态感受"古城新雨后，天气晚来秋"的豁达；信心百倍怀揣"自古逢秋悲寂寥，我言秋日胜春朝"的激情；踏着"落霞与孤鹜齐飞，秋水与长天一色"的步伐；留下"一年好景君须记，正是橙黄橘绿时"的感动；许下"待到重阳日，还来就菊花"的美好期待；携手前行，踏秋启程，那是"晴空一鹤排云去，便引诗情到碧霄"的豪情；且看岁月更迭，几经历练之时，笑看"霜叶红于二月花"。

来吧，让我们以梦为马，同心同行，以更加昂扬的教育精神和更加奋进的逐梦姿态，为谱写陕西教育的高质量发展新篇章，为新的使命和梦想，扬帆出发！

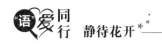

征途：在西迁南搬北上中画了一个圈

2014年9月，我荣获"全国优秀教师"称号，这是本命年的我获得的珍贵礼物，也是作为教师得到的最高褒奖。

当教师成为"名师"，再做回"明师"。教师的爱，给学生，还要给学校，给教育。在这个过程中，对梦想的追求可以让教师的业务千锤百炼，让教师的管理能力、思考能力、执行能力得到提升，成为一名优秀的管理者。

一、西迁

2013年，洋县南街小学工作十年之后，我成为学校的少先队辅导员、德育副主任，正式走向了学校的管理岗位。做好教师，带好团队，更需要为一所好学校而殚精竭虑。那时，真是身兼数职——德育工作负责人、少先队辅导员、年级组长、校园电视台台长、班主任、语文教师，"一个都不能少"。

2015年8月，洋县城西小学正式招生，组织有意向将我派往新学校。有人说："新学校离城市那么远，和乡下学校有什么两样？"也有人说："一切从头开始，肯定累！"家里人也有怨言："这么远，中午还不能回家，你是打算不管娃了吗？"

我想，那是和我一起前往城西的教师都曾面临过的质疑和选择的艰难。最终，组织的信任，领导的期望，使命感、责任感，驱使我义无反顾地成为前往新学校的第一批教师。那，才是真正属于我们的"西迁"故事——顶着烈日，校长带着我们拔草挖地；大汗淋漓，教师们搬桌子扫教室无人喊苦；迎着朝阳，跟着电视台拍视频做节目；夜幕降临，开放课堂迎接家长体验参观；踏着月光，围坐在一起讨论开学方案，经常到凌晨时分……

这，是一个团队的"西迁"；这，是一个发生在洋县热土上的"拓荒故事"。这不是一个人的战斗，这是一群人的艰苦跋涉。没有经验可以借鉴，没有样板可以参考，没有模式可套用，我们在两位校长的带领下，将"南小传统""南小精神"带到了洋县城西小学，一脉相承亲如一家，让洋县城西小学这所崭新的航船顺利起航。

时光荏苒，洋县城西小学发展有目共睹。一群人一条心，五加二白加黑，将智慧与汗水播撒在洋县自己的"西迁"路上。

二、南搬

时间很快到了2017年7月，又是一个夏天，有一所校园在洋县的汉江边画了一个圈。城南学校在等待一批新的开拓者！我该怎么办？再一次的迁徙，意味着一切从头开始的艰辛，我眷恋城西这片热土留给我的记忆，我也向往不再年轻的岁月能一次次被新挑战激发热情。苦不苦，想想长征二万五，累不累，再看南搬大部队。

又是暑假，别人放假之日，正是我们的上班之时。炎热的太阳，火热的工地，飞扬的尘土，飞速的进度，无水无电无路的孤岛，和两年的城西"西迁"似曾相识，昨日再现。有一句电影台词说：有一些难忘的场景，你若经历了一次，那是难忘的记忆；如果经历两次，那就是你人生的财富。而我，庆幸我经历的是两次。

稳定起步半学期之后，我被任命为洋县城南九年制学校的副校长。作为一个副校长，在其位就要谋其事。在王伟锋校长的指导之下，我开始构思城南学校的建设和发展之路：基于学校特殊的地理环境和人文特色，我们打造"汉水汉韵"为主线的校园文化，提出了"润泽教育"的办学方略，以"润德、润智、润体、润美、润心、润行"为辐射，让"城南小水珠，成就大梦想"。

精神立则人格立，精神强则学校强。这个过程艰苦吗？说不艰苦是假的。建校期间我们没有请保洁，整个学校的清理打扫都是校长带领大家亲自完成的；没有水电，就在工地上拉水管牵电线。为了履行好一个校长的职责，我又一次将对自己的"狠"劲发挥到了极致。带语文课，亲自上示范课、做讲座、带徒弟、组织教研；负责教育宣传，很多时候从稿件到摄影再到审核都是我亲自完成。

2017年的跨年之夜，我和学校公众号的编辑吴丹老师是这样度过的——她生着病打完点滴已是深夜，她说不让今年的事推到明年，一定把文案在零点前发出来。就这样，你来我去，当新年钟声响起，我们意外地发现，这是公众号开通半学期以来的第100期微信。多么惊喜的新年礼物，多么百分百完美的注定，我们隔着屏幕互道祝福，热泪盈眶。这样的不眠之夜，又何尝只是这一个呢？

那个新年，我发了这样的朋友圈：纪念微信100期，纪念幸福的奋斗时光：

一个校园，两大学部，立三风校训，经四五个月，组六人团队，创七大栏目，八仙过海显风采，情谊久久难忘怀，十分感动，百般感慨，千辛万苦是浮云，只道万事开头难，待来年，一起再出发。

似水流年忆（亿）往昔，万语千言难道尽，百分之百话完美，十月金秋南风爽，重九登高把门开，八月校园新颜改，七月流（六）火天，五湖四海来，三夏酷热不惧，二话不说，一心干事。

天上的星辰不会忘记你熬过的夜，清晨的朝阳不会吝啬给你温暖，就像祖国不会忘记了不起的"西迁人"。无独有偶，和祖国同频共振。这个新年，总书记在新年贺词中再次提到西迁老教授的来信，告诉我们：

幸福是奋斗出来的。

三、北上

2020年5月26日，是我到青年路小学履新的第一天。

在校长行列，我还是一名新兵。前一天晚上召开的全县脱贫攻坚大会，我已经代表青年路小学做了表态发言，星夜赴任。

洋县青年路小学位于县城青年北路，1998年3月建校，虽然没有悠久的历史，但经过二十多年的发展，学校先后荣获"陕西省首届最美校园""陕西省素质教育督导评估316工程优秀学校""陕西省校园文化优秀单位"等荣誉称号，赢得了社会各界的广泛赞誉。前任校长路秀兰更是我的师傅、楷模和领航人，她是特级教师、正高级教师、陕西省首批名师工作室主持人。在她的带领之下，如何继承并发展好"和美文化"，接好这个闪亮的接力棒，成为我日思夜想的问题。

"和"指教育的追求，"美"指教育的品质。我很快地对校园文化进行了梳理，对应确定了八大内涵。

（1）政通人和、向善唯美的"和美理念文化"；

（2）和而不同、至善至美的"和美管理文化"；

（3）和悦多彩、特色鲜明的"和美课程文化"；

（4）和爱润生、艺精德美的"和美教师文化"；

（5）和乐共进、求真尚美的"和美学生文化"；

（6）自主探究、和谐高效的"和美课堂文化"；

（7）团队合作、阳光健康的"和美行为文化"；

（8）和谐舒心、尚美求实的"和美环境文化"。

我们在此框架下，评选出八大奖项——和美领导、和美团队、和美课例、和美教师、和美学子、和美班级、和美社团、和美家长。作为我校"和美文化"的成果，愿我们的学子伴随"和谐境界，贵在恒远求索；美好心灵，始于点滴求真"来憧憬未来，圆梦幸福。

初到学校，也有人质疑，她这么年轻，可以吗？没有正职校长的经历，城区大校她拿得下来吗？一个弱女子能不能办好一所好学校？曾经一度，连我自己都在怀疑自己，也曾畏难焦虑。可是，我总是记起我人生第一次公开课留下的感悟——

机会总是留给有准备的人，

尤其是准备得特别充分的人。

以和美治校、和美明德、和美健体、和美益智为理念仅半个学期，我们就成功举办了校园四节、首届毕业典礼、致敬少代会、创新智慧节、学科课程开发、班本课程实践等活动。通过全国未成年人教育示范校、市级普法先进单位复验、316第三轮评估、陕西省红领巾大队评选等各种活动，社会的好评又一次激发了我创业干事的激情。

四、圆梦

洋州三校拔地而起，鹮乡教育日新月异。从二十多岁风华正茂到年届不惑，我心依旧，从西迁、到南搬、再到东进，秉承初心，脚不停息，我习惯了在不断奔走中享受创业的幸福，我也向往着不再年轻的岁月能一次次被理想信念激发热情。

是的，花儿为什么这么红？因为它是用奋斗的汗水来浇灌的。

2017年，我被评为首届陕西省教书育人楷模，2019年，我入选全国教书育人楷模评选，陕西省仅有两名教师入围，这是多么值得珍惜和骄傲的荣誉。

全国64位候选人都堪称育人典范、师德标兵。他们当中有白发苍苍的耄耋老人，如中科院院士王越、钟万勰；有把最宝贵时间的给予学生，做了一辈子公益的上海宋庆龄学校校长封莉荣；有36年架起乡村教师与美好世界桥梁的美术老师朱永；有大学毕业放弃大都市生活回到西藏牧区13年如一日的最美藏族女教师拉姆；有最年轻的"80后"，1988年的革命老区特岗教师王雷蕾……与他们同行，我再一次深深地感受到师德的洗礼，每位榜样身上的故事，让我既感动又敬佩。既然选择了教师这个职业，那就等于选择了一种特殊道德的生活方式，就选择了"德高为师，身正为范"的行业标准。

这些年，随着影响力的扩大，省内多所名校或私立学校都对我抛出了诱人的橄榄枝，但却被我一次次婉言谢绝；市县内一些培训机构多次高薪邀请我去讲课，都被我严词拒绝了。我的同学有的到大城市任教，有的改行去了清闲部门，有的摇身一变成为生意人。面对这些我不曾动心，因为我深深地知道，是鹮乡的青山绿水滋养了我，是我亲爱的学生和那三尺讲台成就了我，我扛得住清贫，抵得住诱惑！循师道，守党性，念初心，扎根鹮乡，爱我所爱，我无怨无悔。

成功的背后总有无尽的付出和不为人知的辛酸。可是当了一辈子教师的父亲对我说："教书育人，请坚持做你自己！"山沟启航的梦想对我说："不忘初心，方得始终。"成千上万我教过的学生对我说："邓老师，我们爱您！"

金奖银奖不如学生的嘉奖，金杯银杯不如群众的口碑。

现在，我是洋县青年路小学的校长，但我依然是一位普通的语文教师。使命担当，犹如号角，让我年已不惑再重新起航。我将坚守在家乡洋县并不富裕的土地上，以领跑姿态且歌且行，且行且思。三尺讲台是我最挚爱、最豪迈的事业，是我最浪漫、最钟情的诗和远方。

感恩：爱你的365天

　　也许总该写点什么，于一个特别的纪念日。

　　时至今日，当我奔波数日往返千余公里，时间到了2021年5月26日；北斗坐标落在了汉中洋县青年路小学，东经107度，北纬33度。

　　之于神秘的地球和苍茫的宇宙，这一定是穿越千年时光，与我有着千丝万缕前世今生的地方。今天，正是我来到这里的第365天——爱你，也被爱着的365天。

一、相识，从夏天开始

　　2020年，注定是不同寻常的一年。

　　当除夕的烟花点燃时，没有人想到迎来的是比魔幻小说更魔幻的新年。有人换上了"王冠"，但更多的人认识了"新冠"。按部就班地上班开学、教室办公室两点一线的预期状态，却被前所未有的"宅"生活代替。第一次，超长版寒假。喝茶写字、种花养草、丈量厨房，关心蔬菜肉类和口罩酒精的价格。

　　之于我，更是一种意外的未知生活。

　　就如同，5月26日，开学一个月的时间内，我从城南学校来到青年路小学。出乎意料又似乎在意料之中，踌躇满志却总是忐忑不安。

　　人生若只如初见。

　　周二，晴。初夏的骄阳彰显着热力和激情，让外表冷静内心慌乱的我在阳光下难掩迷茫，甚至充满了离愁别绪。上完早读，我跟学生说要去开个会，一个人一辆电动车穿城而过，来到了青年路小学。门口驻足，我仔细打量了这所无数次来过的学校的大门，我该以怎样的姿态走进它，它又会以怎样的怀抱接纳我？迟迟不敢按下门铃……

"你来啦，欢迎你的加入"，路校长已经和校委会的一众人抱着一大捧鲜花从楼上走了下来。依然是爽朗的笑声，依然是热情地拥抱，依然是亲热地问好。众人，无一例外都是相识十年以上的好友。似乎，他们不是在欢迎一个初入青年路小学的新校长，而是在等待一位久别重逢的故人。

我想，从今日，我们要重新开始认识了。

除了迎接，便是送别。

我走得匆忙，甚至我的学生上完早读还在认真地等着我检查背诵；我的同事们还帮我打了午餐，他们以为我仅仅只是参加一个例会；我的家人在我中午突然回家后才知道我已经换了新的单位（以前的五年都是在学校，午间从来不回家）；许久后我带着礼物回到了班级，一把抱着我的小男孩满含泪水委屈地问我：老师，听说你转到青年路小学去了？

那一周，我每天都会接到很多电话、问候、质询、鲜花、相册、卡片、信笺、多肉、蛋糕等千奇百怪的外卖……它们三三两两过来看我，确认我的安好。让我感到比夏天更暖心的是：这个世界总有人，会因为你的离开而失落、不舍和眷恋。

何其有幸，从一个怀抱，来到另一个掌心。我一直，被珍爱、理解、包容、温暖，从而催生更好的、向上的力量。

总有很多第一次：

第一次在教师大会上做见面发言。

第一次升旗仪式恰逢六一儿童节，我和学生用表演走进三千多名师生的视野。请你认识我，我以特别的方式踏歌而来。

第一次去村小，才知道了城北、梨园、朱鹮湖这些美丽名字，那些校园里的一草一木，一人一景。

第一次周教师大会，那是我来青年路小学的第七天，我以《青小一周行与思》为题，很煽情地讲述了在青年路小学168个小时的心情。

第一次与全体家长见面，我精心准备的文稿成功圈粉。

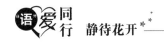

第一次高考、中考推迟了一个月，我们顺利执考。

第一次组织中考，从一名监考直接跨越为主考，万幸考点全程顺利，那一定不仅仅是幸运，而是精心筹备万无一失的小心翼翼，更是大家对于我"新手上路"的全程指导。

第一次全体党员和党旗同框，那一年，党99岁。

第一次送别我的第一届毕业生。DIY创意毕业典礼和秀场，我想用特别的方式，让孩子们记住这个仅相处了一个月的校长妈妈。

......

这个夏天，第一次，总是很多。

岗位的陌生，生疏的业务。还有那么多令人措手不及甚至有些尴尬的第一次：第一次以校长身份汇报学校工作，竟也记不清数据张冠李戴，不得已照本宣读稿件；第一次处理家校纠纷，甚至对簿公堂五味杂陈；第一次学校被投诉，面临调查回复满腹委屈；第一次因为考试综合评定名次提升幅度而彻夜难眠；第一次因为学校建设和周边村组斗智斗勇，再握手言和……

生活不易，送你一朵小红花。

所幸，这个夏天特别美。

二、爱的秋日私语

秋天，会是什么样的呢？

有些问题，也许我们很快将找到答案；有些问题，也许我们永远也不能找到答案。但行好事，莫问前程。

经过一个夏天的熟悉和蜜月般的热度，当立秋第一缕凉风吹来的时候，我更加清晰，也必须要尽快清晰，走出懵懂和新鲜感，在这个收获的季节，我们该如何播种，如何迎接秋收冬藏。

有几个愿望总是要尽快实现的。

首先，创办一个读书会。约读吗？最自由的那种。

于是伴随着"七月流火，八月授衣"的琅琅书声，青蓝读书会抓着夏天的尾巴，在最后一天的一场彩虹雨中成立了。蓝蓝小院的花园很美，青蓝读书会又何尝不是在圆一个秋天的梦。一发不可收拾，这个秋天我们到了城固博物馆，那是一场与汉文化书画艺术相遇的读书会；我们到了茅坪学校，那是一场"柳树下"的诗意山村美读……

研究青年路小学的"和美文化"，作为新校长，我是认真的。九月开学的第一场教师培训中，我的题目就是《和美文化下的青小发展之道》。把和美的理念与发展愿景做了详细规划，寻求共情，期待各美其美，美美与共。

以生为本，让学生站在课程的中央，是我多年所愿所求，这不是一句空话。九月的创新智慧节，十月的七彩语文节，十一月的思维数学节，乃至十二月的快乐英语节。这就是，做课程开发，做实践拓展，做成果分享的最新尝试和最大挑战。

这个过程辛苦吗？辛苦。教师说，很"烧脑"。因为每个年级，甚至每个班级的活动方式和成果呈现，都需要教师的设计和策划。更多的时候，不是一个教师能单独完成的，需要整个年级组备课组的多次讨论，反复协商，共同策划。这，是挑战。

这个过程艰难吗？艰难。学生说，很新奇。他们需要走出教材，走出教辅，走出作业本来完成这些"不可思议"的任务。很多时候，也不是一个人能完成的，需要小组合作，需要教师和家长的辅导，需要查阅大量资料，需要突破固有思维。这，还是挑战。

这，就是整个秋天，让学校沸腾的原因。

记得，那是七彩语文节。三年级组的"秋之礼物"上线了。画秋天、写秋天、拍秋天、诵秋天等一系列探索活动，学生表现出的潜力令人感叹。在北片区第一次联盟大教研中惊艳上线，渲染了整个秋天。

此后的各项学科活动，总是一次比一次让人意外。且不说数学节，数字故事创编的比童话故事还浪漫；且不说五年级的四大名著共读长卷堪称一绝；且不说六年级走进唐诗专项研究硕果累累；且不说英语节师生同台吹拉弹唱演……

我很受鼓舞，我觉得教师有无限可能，学生有无限可能，青年路小学有无限可能，难道不是吗？

这个秋天很美，我忙到忘记安排秋游。

　　但是，在校园里就能看到最美的风景。走着走着，花就开了：从玫瑰的火红，到秋菊的多姿；从银杏的金黄，到海棠的娇艳。我每天都跟花儿一起起床，一起微笑，一起怒放。不是吗？连久违的回家的路也变得像一幅油画那样美。

　　我爱青年路小学，胜过爱秋天的"理塘"。

三、冬天到青小来看雨

　　经年又到雪飘时，未落洋州感真知，

　　数度回首欲望月，笑看微雨坠清池。

　　冬天很快就来了，时间过得就是这么让人心疼地快。

　　这个冬天，朋友圈里显示其他地方下过几场大雪，可是每次到了洋县便成了冬雨。冬至下雨、圣诞节下雨、元旦下雨。我一直没能看到那场"雪"色的浪漫。两处相思同淋雪，也算此生共白头。来年吧。

　　我变得更加忙碌。干饭人打工魂，不仅要管好学校的各项事务，每年秋去冬来又是培训季。送教下乡，青年教师浸入式培训，网上名师直播课，教学能手提升季……我一直在工作之余，尽力而为。一是不愿意因为担任校长而放手业务的发展，二是作为骨干教师的责任担当，三是提升需要不断地自我加压。一个人的工作恰好是她所爱，这种幸运，它不香吗？

　　我几乎没有周末。我在内心抵触舒适区，虽然我很喜欢舒适的慢生活，但常年的自律，让我有度，收放尚能自如。

　　工作半年，虽称不上得心应手，但还好没有出现大问题。领导班子非常团结给力。我外出不在期间，他们总是能分工协作，一心为公；教师群体阳光团结，正能量满满，我们不以"优秀"衡量每个教师，只愿他们在各自的岗位上尽力而为，轻松愉快。我不断总结和分析着索取的人性，也不断权衡自己的执着。让宽容的微笑和合理的理解来平衡工作和生活中的人与事。半年过去了，每当大家将我称作领导的时候，我依然感觉到莫名的羞涩，或者，我还是他们印象中那个最不像校长的教师……

　　这个冬天，万物蛰伏之中，却有很多收获来到我身边。

最大最难最波折，就是从第一届就开始申报的省级名教师工作室。历经四年，因为职称、年龄、论文等多方面因素总是被搁浅，直到这个冬天第四届开始评选。那天，我坐在西安电视塔旁一个暖和的小餐厅里，对着窗前的星星灯许了一个愿，发给一个朋友，他说："你没问题。"而此刻，一并去答辩的几位好友，都心绪难平，焦虑上头。

正如他所说，我真的没问题，通过了审核。

这个冬天，我还见了很多久别重逢的好友。华阳风雪玫瑰庄园里没有玫瑰；临潼见到我的爱徒颜，裹着被子般的羽绒服，吹着瘦子都不敢出门的狂风，我们沿街而行畅聊深夜；在最美山城留坝老街书店，再写四城记文艺女中年们的故事；和巾帼美女优秀女子天团的初见，让我觉得做女人挺好；还成就了那一场"爱在暖冬书韵芬芳"的新年诗会……

对了，新年就这样来了。

那天，和我的青年路小学家人们在操场上跑完风火轮。这个年，我和谁一起跨？还是他们，闺蜜团拖儿带母携娃他爸，跨年夜，我们相约发个同款朋友圈——

一约即定，万山无阻。

时光无悔，春暖花开。

心中有爱，人间无畏。

2021，全糖去冰。

四、春天总比往年来得更早一些

别人的四季，都是从春天开始，而我的故事却要从春天走到暂别的最后一章。

记得冬至来临的一天，有人用外卖为我送了饺子。因为太忙，吃的时候早已黏到一起，但是却看到"冬至春早"的留言。是啊，春天不会远了。

一切都在欣欣然地成长，种植园那些花花草草在成长，连家里的花都在疯长。这就是春天的魅力，你不种花，心里就会长草。

春天是一个开满节日的季节。开学第一周，就是"三八"妇女节。吕姐姐早就和我商定一场属于"女人"的读书会，可又怕开学第一周影响学校的工作。怎么会？这样一个草长莺飞、桃之夭夭的季节，怎么能缺少这样一次女性的文艺大PARTY？见证力量，是这样的春天最美最飒最暖心的开场。

细数一下，这个春天那些情深意长——

开学典礼，致敬百年，全场红旗漫卷，抗战英雄作为嘉宾走进我们中间讲述革命历程时，孩子哭了。

多年之后，不知道你还会不会记起这个特别的节日，我们邀请自己的妈妈们来校一起过节。讲故事，拉家常，拍美照，看电影。反正我会记住，因为，这也是我的妈妈第一次来我工作的单位，第一次听到我带着哭腔在上百人面前向她表白。

最美人间四月天，世界读书日我们去三乘书店开亲子读书会，听教师分享《孩子我还能陪伴你多久》，全场泪流，原来他们已经许久没有以这样的方式跟孩子在一起了。

母亲节，我本想看望一下我到青小后的孕产假妈妈们，怎料一捧鲜花，一张卡片，一块蛋糕，一次交流。带娃上班的年轻妈妈们全被我惹哭了，很难哄。我给她们抱抱，我知道这是母性的光辉和最柔润的地方，她们亦会对所有的孩子温柔以待，如母关怀。

这个五月，我加入陕西省优秀教师宣讲团，每每听到一个故事，每每和新朋故友的一次拥抱，我都会热泪盈眶。我对丁海燕老师说，我不敢看你的眼睛，因为那里面装着千千万万老师欲言又止的辛酸和幸福。

……

含着泪的笑，这是教育人常有的情感。为什么，我们的眼里常含着泪水，因为我们把这片土地爱得深沉。

这些，就是青年路小学给我的爱，满满当当365天的爱。

五、写在最后，感谢是必须的

一定是特别的缘分，让我们一路走来成为一家人。我该怎么感谢你，当我走向你的时候，原想收获一缕春风，你却给了我整个春天。

你说：不要说感谢。如果非要感谢，那就感谢你的学生、同事、朋友、家人，感谢这个美好的时代，感谢那个一直努力追梦的自己。

回首来时路，又是一年过去了。所有的遇见，都是一种偿还。对这一年遇到的每个人，经历的每件事，都要说上一句"谢谢"。

这一年，谢谢你们爱我。

感谢家人。家人是我最坚实的后盾，也是我最脆弱的软肋。无论走多远飞多高，家就像牵着风筝的那条线，是每个人心里最踏实安定的归属。尽管我的豆儿，总是在没有生活费的时候会亲热地连续叫妈；娃他爸总是将我没回家吃的晚饭心疼地倒掉。

感谢同事。在我初来乍到这一年，对我的诸多关照。工作路上难免会遇到沮丧和失落，但总有不期而遇的温暖和善意；默默地大力支持和不计回报地奉献，驱走了日子里的忙碌和疲惫。你们宽容向我，我亦愿意温柔以待。未来的路上，请还多多指教。

感谢好友。感谢你们接受我的过去，支持我的现在，鼓舞我的将来。尽管，在鼓励我不断进步的道路上，你们也在不断地鼓励我进食。每一次火锅、烧烤、奶奶茶、小酒等"绊脚石"背后，都是以另外一种亲密的方式，陪伴我的喜乐，用烟火气息抚慰我的心。

感谢自己。够努力够真诚。"斜杠"中年的执着，让我不断学习上进，从未放弃对自己的要求。愿意为他人改变小毛病，克服小脾气，见贤思齐提升境界；愿以包容之心，仁爱之境，爱工作，爱生活，爱他人，爱自己，爱世间万物。只信人间值得。

……

是这些点点萤火般的爱，永不停歇地给每个人前行的力量。

日子一天又一天，岁月一年又一年。人生不如意十之八九，学会珍惜一二，看重一二。此刻，真诚和祝福，就足够了。

收拾行囊，还要继续前行。

下一个，365天。

第二章

爱的课堂：
教语文，我是认真的

语文是对秦砖汉瓦的向往；
语文是对唐诗宋词的热爱；
语文是对经典名著的崇拜；
语文是对锦绣文章的迷恋；

语文是还看今朝的气势；
语文是怒发冲冠的激情；
语文是大漠孤烟的雄浑；
语文是小桥流水的婉约；

语文是苏轼"大江东去浪淘尽"的格局；
语文是屈原"路漫漫其修远兮"的坚持；
语文是杜甫"安得广厦千万间"的期盼；
语文是李白"欲上青天揽明月"的豪情；

心存敬畏，课比天大，
诗词歌赋，听说读写，
语文课堂就是这样，
诗意浪漫，充满情致，向美而生。

"画"出孩子最美诗心

——诗情画意教古诗《望庐山瀑布》

【教材分析】

　　《望庐山瀑布》是部编版小学语文二年级上册的一首古诗。这是唐代诗人李白的一首脍炙人口的佳作。作者以极其夸张的浪漫主义创作手段，生动地勾画出香炉峰瀑布在阳光照耀下飞奔直下的动人情景，再现了庐山瀑布的雄伟壮丽，表现了作者对祖国河山的深切热爱和赞美之情。

　　"日照香炉生紫烟"，在阳光照射下香炉峰上升起了紫色的云烟。诗的开头就为庐山瀑布先渲染出一幅色彩绚丽的背景图。接着笔锋一转进入主题，"遥看瀑布挂前川"，这是作者远望瀑布的情景：白色的瀑布从峰顶上的紫烟中喷涌而出，直挂在苍翠的香炉峰前面，在阳光、紫烟、绿茵的掩映下，瀑布雪白如练、波光闪烁。整个色彩非常丰富，清丽奇巧。紧接着诗人以夸张比喻的手法写了瀑布的动态，"飞流直下三千尺，疑是银河落九天。"把瀑布的流势之速、声响之宏、气势之磅礴、色泽之鲜明完全地呈现在读者面前，全诗气势雄伟壮阔，构思奇特，体现了李白诗作的风格，可谓古今之绝唱。

【设计理念】

　　中国古典诗词如同一条源远流长的大河，课标总目标中就提到"认识中华文化的丰厚博大，吸收民族文化智慧"，所以古诗教学贯穿整个小学语文教学之中。子曰："不学诗，无以言。"这句话在今天仍有意义。《义务教育语文课标准（2011年版）》中对1—2年级的"阅读"目标中有一条是"诵读儿歌、儿童诗和浅近的古诗，展开想象，获得初步的情感体验，感受语言的优美。"从这一目标，我体会到学习古诗词要淡化"讲"，强调"悟"。"讲"易枯燥乏味，"悟"则有助于发展学生的思维。所以在教学过程中，要尽量避免逐字逐句地教学，要让学生在诗情画意中开展想象，理解诗意，领悟内涵。根据低年级学生的年龄特点，通过诗文图画，声效启迪，背景音乐，为学生创设美的情境，引导他们通过多种形式的朗读来培养语感，领悟古诗中蕴含的意味。通过教师一次次地引导层层深入，让学生一步步走进奇妙的"诗"意，打开幼小的"诗"心，达到身临其境的妙感。

【教学目标】

1. 认识"瀑、布、炉、烟、遥、川"六个生字。会写"炉、川"等五个字。

2. 有感情地朗读古诗，背诵古诗，理解诗句意思，欣赏意境，感悟诗人对大自然美景的赞美之情。

3. 积累古诗，激发学习古诗的兴趣。

【教学重点】

抓住重点词句，朗读背诵，想象画面。

【教学难点】

品词赏句，体会古诗意境。特别是"三千尺""落九天"所蕴含的情感。

【教学方法】

1. 设境想象法：运用画面再现情境，音乐渲染情境，语言描述情境。学生在愉悦的氛围中学习，入情入境，畅学古诗。

2. 品词琢句法：这样设计，意在突出语文学科的特点，进行扎扎实实的语言文字训练，紧抓重点词汇，让学生体会古诗的精练之美。

3. 朗读感悟法：设计背诵读、初试读、细研读、品味读、拓展读等不同层次，不同要求的阅读活动，引导读中解诗意，读中悟诗情。

4. 图文结合法：将诗情和画意结合起来，诗中有画，画里有诗。师生互动，赏诗作画，培养学生的审美和鉴赏能力。

5. 媒体辅助法：在整个教学活动中，我重点应用了两次多媒体资源。一是庐山和瀑布视频画面，二是与古诗的范读和配乐。营造出古诗词的学习氛围，让学生体验诵读的韵味和乐趣。

【学习方法】

诵读和想象是古诗词学习的主要方法和途径。根据以上教学方法，学生可采取"读一读""想一想""议一议""画一画"的学习方法，以师生合作、讨论交流的形式完成本课的学习任务。"读"，即读诗解意；"想"，即联想悟情；"议"，即发表见解；"画"，即为诗配画。这样，学生始终在教师引导下动脑、动手、动口，培养其自学能力和学习习惯，有所感悟、有所发现、有所创新，同时得到情感和认知的自我升华。

【教学过程】

（一）创设情景，激趣导入

（1）以诗会友。背诵李白的古诗《静夜思》《古朗月行》。

（2）解题读题。师：谁来读读。

（3）创设情境：李白少年时就离开了家乡四处游历，这一年，他来到了庐山。你去过庐山吗？它到底是怎样一座山，（点击课件）现在我们就跟随李白漫游庐山吧！

伴随视频，师解说：庐山是我国享誉古今的名山，雄踞于江西省北部，山清水秀，景色优美，这儿的山，这儿的雾，这儿的飞流瀑布吸引了古往今来许多的文人墨客。诗人苏轼漫游庐山时曾感叹：

横看成岭侧成峰，远近高低各不同。

不识庐山真面目，只缘身在此山中。

一千多年前，李白来到庐山，他深深陶醉在庐山瀑布的壮美中，于是写下了这首脍炙人口的不朽名作。

设计意图：以李白诗歌导入新课，创设情境了解庐山，走进古诗学习诗情画意的氛围。

（二）初读古诗，学习生字

（1）学生自由读古诗。

（2）识字写字，通过对比，指导学生识写"庐""炉"。

（3）有节奏地读古诗。

（三）精读古诗，感悟诗意

（1）"书读百遍，其义自见。"接下来，我们就这样走进了庐山瀑布的美丽画卷中读诗作画。

（2）画中悟诗情。

①预设一：日照香炉生紫烟。

我们该画什么呢？画简笔画："太阳""香炉峰""紫烟"。

香炉原指烧香的炉子，寺庙中经常可以见到，点燃香的时候，便云雾缭绕。这里香炉指的是——（结合注释，了解）

香炉峰是庐山上的一座高峰。形状上尖下圆，经常有云雾笼罩，就像正在焚香的香炉一样，所以人们为它取名香炉峰。

紫烟应该画到哪里？（山顶上、半山腰等）

你想看到的紫烟是怎样的？（轻纱一样，理解重点字"生"。）

②预设二：遥看瀑布挂前川。

谁在"遥看"，把他画在哪呢？他在对面的山崖上，这样远远地看。

就是这行诗中的那个词——"遥看"。

③预设三：飞流直下三千尺。

课堂试错：故意将瀑布画成弯的。

问：老师画的瀑布漂亮吗？（学生质疑）

引出"飞流直下"，理解"飞""直"，感受瀑布的高和湍急，师生合作，修改图画。

难点突破：这瀑布该画多长呢？又找到关键词了（三千尺）。"三千尺"是夸张的说法，诗人是为了表现瀑布很高、很长。

拓展延伸：用夸张的数字，就是诗仙李白写诗的一大特点。这样的数字可不是实指。你们看——

他写自己的头发——

白发三千丈，缘愁似个长。

他写房子的高——

危楼高百尺，手可摘星辰。

他写桃花潭水——

桃花潭水深千尺，不及汪伦送我情。

师：这就是李白，这才是浪漫主义诗人李白啊！他的笔下才会出现"三千尺"这么夸张的瀑布。谁愿意用朗读来表现瀑布的高呢！

④ 预设四：疑是银河落九天。

这"三千尺"又高又急的瀑布是从什么地方落下来的呢？

生："九天"是什么地方？

生：我知道，"古人认为天有九层"；九天是指最高的天空。

师：诗人看到的是瀑布还是银河？这瀑布是真的，眼前所看；这银河却是作者的——想象，是作者的心中所想。

拓展补充：此刻李白已经分不清楚，这是银河之星还是瀑布之水，于是他用了一个字——疑。他写过——

床前明月光，疑是地上霜。（《静夜思》）

又疑瑶台镜，飞在青云端。（《古朗月行》）

是的，想象的翅膀一直从地上延伸到九天之上！

此时，老师已经无法用画笔表示"银河落九天"的高度了，只能再画一些紫烟了，让它遮住瀑布的尽头，任凭想象这瀑布有多高，这飞流有多长。

设计意图：设计背诵读，初试读，细研读、品味读，拓展读等不同层次，将诗情和画意结合起来，诗中有画画里有诗。师生互动，赏诗作画，培养学生的审美和鉴赏的能力。

（四）诵读古诗，感悟诗意

师配乐范读：读的是一首诗，又像是一幅画，闭上眼睛，展开你的想象，看看你的眼前会出现什么样的画面。（学生闭眼想象）

师：孩子们，慢慢地睁开你的眼睛，告诉老师你的眼前浮现出一幅怎样的画面？

你仿佛看到了——　　　　　你听到了——

你感受到了——　　　　　你想到了——

小结：此刻，我们就站在这样的瀑布面前，陶醉在这样美的、大自然的交响乐之中。让我们带着诗人的气魄，尽情吟诵吧！

设计意图：运用画面再现情境，音乐渲染情境，语言描述情境。学生在心境愉悦的环境中学习，入情入境，诵读古诗，熟读成诵。

（五）升华拓展，学法总结

"熟读唐诗三百首，不会作诗也会吟。"诗可读、可画、可背，还可吟，可以唱——播放古诗新唱。

课后作业：请大家用古诗配画的方法自学第二首古诗《绝句》。

设计意图：学以致用，举一反三，为第二首古诗的学习做好铺垫。

【课后随写】

一座钟毓灵秀的名山，一挂壮美宏伟的瀑布，一个浪漫洒脱的诗人。让我走出课堂，还沉浸在那香炉、那紫烟、那飞流的跌宕起伏中，回味在那诗情、那画意、那琴韵相伴的琅琅书声中。

新的课程理念之处，古诗词教学的核心价值有三：人文素养意识，奠定传统文化的基石；学生主体意识，珍视学习古诗的兴趣；语文本体意识，突出语文学科的特点。在此理念下反思教学，我最深的感触是：入情入境，润物无声，这是通向学生"诗心"的美丽曲径。

（一）媒体融合营造情境

教学预设中，我使用了两段视频媒体。第一段庐山风光情，出现在课初，播放课件展示庐山的美景，配以教师的解说，对这些没有去过庐山的学生，使之达到了身临其境的效果，为学生创设了愉快的学习氛围，达到未成曲调先有情的教学效果。第二次使用，是让学生闭上眼睛，赏音乐听范读，想象画面。这是我非常享受的一个环节，因为我用心地朗读，把学生带进一个千姿百态的世界中去。果然，他们用一幅幅画面的精彩回答，证明他们也在享受想象带给他们的奇妙感觉。尔后，想象变为现实，欣赏庐山瀑布图片。此刻，你就站在这样的瀑布前，你就陶醉在这样的美景中，你看到什么？听到什么？你在内心赞叹什么？这样的问题，再一次让学生去领略，去感受景美、诗美、情美，突破难点，巧妙结尾，使情景得以延伸和强化。

（二）诗情画意再现情境

古诗词要淡化"讲"，强调"悟"。我选择诗画结合的方式，诗中有画，画里有诗。师生互动，赏诗作画，本身就是一件充满诗情画意的妙事。课堂时效证明，这一环节是学生兴致最高涨，思维最活跃，语言最精妙的环节，毕竟，低年级的学生还是喜欢这样生动有趣的表现形式和问题研讨的乐趣。课堂上用简笔画配合古诗的展开，并随画相继品析"香炉""飞流直下""遥看""疑""三千尺""落九天"等词汇的精妙之处。在品词析句中，体现语文学科的特点，也层层推进、走进诗人的情感。其中，最成功的解析我觉得是"三千丈"和"落九天"两词，学生从中感悟夸张和比喻的写法，也初步感受一些古诗用词的精妙之处。

（三）反复朗读加深情景

课堂预设中，我设计了五步之处：即展示背诵读、初试读、细研读、品味读、拓展读等不同层次，不同要求的阅读活动，引导读中解诗意，读中悟诗情。这些朗读活动的有序开展，我觉得课堂摆脱传统教学串讲古诗的桎梏，在读正确、读通顺的情况下，再读懂诗意，再品味诗情，再领悟诗境。字字句句皆入心，一读一诵总关情，最后发展到激情吟诵，达到熟读成诵的传统要求，用"诵"这种亘古不变的艺术"体验"，再现诗人若干年前的"情"。

（四）语言描述渲染情景

德国教育家第斯多惠说："教育的艺术不在于传授知识和本领，而在于激励、唤醒和鼓舞。"学习语言最怕缺乏语言环境，学习古诗最怕缺少学习氛围，我的"诗心"之一，就表现在精心设计了自己的导语和切入的方式，这些语言，都让学生不由自主地沉浸在诗意中，增强了学习古诗的兴趣和信心，让他们真正从内心喜欢古诗。

用我的诗"心"画出学生的最美诗"心"。这是我在内心为自己定下的一个教学外目标。我觉得自己已经做到了，尽管那颗诗心是幼稚的、天真的、不成熟的，但，至少它已经悄悄发芽。"教学是一门遗憾的艺术"，没有完美的课堂，只有不断地尝试。我深深觉得作为一名小学语文教师，一定要热爱文化，博闻强记，学会鉴赏，拥有诗情慧心。就像本堂课，一首诗，先后引出十余首诗，这也是这堂课给我的另外一种启迪。我本想收获一片绿叶，课堂却给了我一片森林。让我徜徉其中，回味无穷。

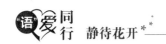

景美　人和　情真

——创设情境读宋词《清平乐·村居》

【教材分析】

《清平乐·村居》是部编版小学语文四年下册第一单元《古诗词三首》中的第三首。这一单元的人文主题是乡村生活，语文要素为"抓住关键词语，初步体会课文表达的思想感情"。《清平乐·村居》是南宋词人辛弃疾的一首描写乡村生活的词作。作者通过对乡村清新秀丽、朴素恬静的环境描写，对翁媪及其三个儿子形象的刻画，抒发了他喜爱乡村安宁平静生活的思想感情。整首词以白描的艺术手法，融叙事、写景、抒情于一体，语言浅显易懂，借"清平乐"之牌，书"村居"之事，洋溢着妙趣横生的生活气息。

【设计理念】

经典诗词的教学就是登山观海，登语言文字的"山"，观言志抒情的"海"。四年级的学生已经有了一定的古诗词积累量，且对"词"也有了一定的了解。课程标准要求第二学段的学生能"诵读优秀诗文，注意在诵读过程中体验情感，展开想象，领悟诗文大意"。学习最富文化底蕴和人文情怀的经典诗词，不能灌输知识，不可串讲诗意，更不可肢解文辞。所以本课教学将以"醉"字为核心，以"诵读"为主线，以"想象"为突破，以"词眼"为抓手，引导学生入请入境，诵读感悟。

【教学目标】

知识目标：学习生字新词，理解"醉、无赖、卧剥、相媚好"等。

能力目标：有感情地朗读并背诵课文，积累古诗词的学习方法。

情感目标：激发学生对田园生活的喜爱，感受词中表现的人情之美和生活之趣。

【教学重点】

抓住关键词语，感悟词境，有感情地朗读并背诵诗词。

【教学难点】

对"醉""相媚好"等词语的理解。

【教学过程】

（一）引——以诗会友，导入新课

中国历来被称为"诗的国度"，我们已经积累许多诗词，今天我们就来"以诗会友"。回忆一下，我们都学过哪些描写儿童生活的古诗？

预设：《牧童》《所见》《小儿垂钓》《村居》等。

1. 对比发现

出示《村居》和《清平乐·村居》。

高鼎的《村居》我们大家都很熟悉。今天我们要学习的也是村居，不过，它是一首词（出示《清平乐·村居》）。观察一下诗和词，在表现形式上有什么不同。

学情预设：

① 多了一个词牌名。村居是它的题目。词牌，即曲调。

② 词分为上下两阕。

③ 句子有长有短，字数不一。所以，我们也把词叫作长短句。

今天，我们就一起走进南宋词人辛弃疾笔下的经典词作——《清平乐·

67

村居》。

2. 读题解题

你还知道哪些词牌名？

设计意图：以诗会友，激活学生诗词积累量，感受到诗人笔下丰富多彩的童年生活，引出学过的一首古诗《村居》。通过对比，感受词的特点，学生以饱满的情绪，主动进入了学习古诗词的最佳状态。

（二）读——读通读顺，体会词韵

1. 自读课文

请同学们读读这首词，结合注释读准字音，要求是读的要通顺。

2. 检查初读

指名读课文。

师：评一评，他读的怎么样？

3. 随机正音

学情预设："剥"多音字；"翁媪（ǎo）"；"亡（wú）赖"。

4. 反复诵读

师生对读，读出节奏和韵律。

过渡小结：词为歌吟，好的词就是一首好的歌，一唱三叹余味悠长。也是学习古诗词最基本的方法。"书读百遍，其义自见"，读着读着，看到了哪些画面呢？

设计意图：本环节以"读得通顺"和"读出节奏"为主要目标，同时完成教学目标中"学习生字"的任务，让学生对本词产生整体感悟。

（三）品——想象画面，感悟意境

1. 交流汇报，整体感知

预设：乡景图、相媚图、锄豆图、织笼图、卧剥图等。

2. 抓住画面，细品词意

学情预设一：茅檐低小，溪上青青草。

① 全感参与，激活想象。

看：这是一条怎样的小溪？

听：置身其中，你仿佛还能听到什么？

闻：在这清新的大自然中用力吸气，你闻到了什么？

② 创设情境，指导朗读。

一读：荷花飘香，溪水潺潺，蛙声虫鸣，我们就是溪边一棵小草。

二读：把我们看到的、听到的、闻到的都从句中读出来。

三读：闭上眼睛，想象着茅屋、青草、小溪的美丽，再来读。

师小结：仅仅9个字，却把这样一幅田园美景留在心中。（板书：景美）

学情预设二：醉里吴音相媚好，白发谁家翁媪。

① 指导看图：由远及近，把目光投向这屋檐下。两个人物是谁？

② 指导写字：出示"醉"字。在古代的篆书中，"醉"字是这样写的。

（课件出示"醉"的演变过程）教师范写，学生书空。（板书：酒浓）

西字稍窄在左边，一个短横藏中间，人字一捺变一点，穿插错让才美观。

③ 自主感悟：文中翁媪，为何而醉？（学生发言：为美景，为杯中酒，为孩子……）

学情预设三：大儿锄豆溪东，中儿正织鸡笼，最喜小儿亡赖，溪头卧剥莲蓬。

① 指名朗读。

② 三个儿子都在做什么？最有趣的是哪个儿子？（最喜）

③ 抓住"卧"字，引发想象：

这个调皮的孩子会怎样"卧"？展开想象，自由发言。

④ 小结：好的词就是一幅好的画，让我们身临其境。一个"卧"字，加上丰富的想象，就让这样一个自由自在无赖小儿的形象跃然纸上，就让这样一种无忧无虑的童年生活画卷展现在我们面前！（板书：人和）

3. 教师小结

这窗外美景，这杯中美酒，这天伦之乐的老夫妻怎能不醉呢？

再读 —醉里吴音相媚好，白发谁家翁媪。

设计意图：这一环节是本课教学的重点环节，品词句，解词意，悟诗境的主要任务要在这一环节展开。通过想象，激发思维，感受意境，达到"读出画面""读出感受"的诵读目标，抓住"溪""卧""醉"等词眼，体会景美、

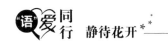

人和、情真之妙境。

（四）诵——交流体验，升华情感

1. 创设情境，想象说话

翁媪之间又有怎样的对话？

（谈庄稼收成、屋外美景、夸夸自己的三个儿子、互相打趣、取乐等，学生模拟角色对话）

2. 情感升华

师：这就叫——相媚好。听着他们聊天的话语，"执子之手，与子偕老""心安茅屋稳，性定菜根香"，这就是平凡中蕴含的最美真情！（板书：情真）

用一个词语来形容，这是一种怎样的村居生活？

世外桃源、一家团圆、安居乐业、无忧无虑、安静闲适……（板书：画房子）

师：这美景、这酒，这人，这情怎能不令人陶醉呢？好词就如同一壶好酒，让我们"沉醉不知归路"，让我们再来读！

3. 熟读成诵

一个"醉"字，醉了画中的老夫妻，醉了词人辛弃疾，也醉了无数的吟诵者。千百年来，人们都在想自己为何而陶醉？（配乐）

也许，我们陶醉于那么田园生活的宁静与美好，

背：茅檐低小，溪上青青草

也许，我们陶醉于老夫妻白首相伴的幸福生活，

背：醉里吴音相媚好，白发谁家翁媪

也许：我们陶醉于一家团圆，父慈子孝的天伦之乐。

背：大儿锄豆溪东，中二正织鸡笼，最喜小儿亡赖，溪头卧剥莲蓬。

设计意图：通过诗画结合，再由"醉"字深入翁媪对话，升华情感，感受到村居生活平淡中的真情，学生由景入情，熟读成诵，达成目标三。

（五）拓——了解背景，阅读延伸

1. 介绍诗人

师：然而，南宋时期的世道并不太平，金人入侵而中原战火连天。辛弃疾十分渴望百姓能过上幸福安宁的日子。21岁参加抗金义军，20年金戈铁马，气

吞万里如虎。

在这段驰骋沙场的艰苦岁月里，多少次——

八百里分麾下炙，五十弦翻塞外声。

面对国破家亡，他也曾经忧郁万分——

千古兴亡多少事？悠悠。不尽长江滚滚流。

面对强敌，他也曾经立下这样的誓言——

马革裹尸当自誓，蛾眉伐性休重说。

师：可是，这样一位满怀爱国之志的词中将军，中年却屡遭谗劾，被贬江西上饶一带，一住就20年。这时的他，身上没有战甲，腰间没有利剑，手中没有兵权，但心中却念念不忘的是他满目疮痍的国家。无奈的他只能这样写道——醉里挑灯看剑，梦回吹角连营。

2. 对比"醉"字

（1）出示

一醉："醉里吴音相媚好。"二醉："醉里挑灯看剑。"

此时，他又为何而醉？

（2）感受

这一醉，醉在世外桃源的美景；那一醉却是内心愁苦，借酒消愁。

这一醉，醉在吴音相媚好的柔情；那一醉只能重温当年的豪迈，叹息现实的悲凉。

这一醉，醉在安居乐业的安适生活；那一醉却是夜深人静，思潮汹涌时不灭的信念

……

师：这样一位爱国词人，他盼望的就是，饱受战乱之苦的天下百姓都能有这样一座房子，他盼望的就是——（看板书）北伐梦碎。这一切在梦中，留下这曲安居乐业之梦，天下清平之乐。（音乐：古诗词新唱《清平乐·村居》）

3. 课外推荐

一起读这首词，了解作者的作品和跌宕起伏的人生故事。相信他的词句，他的爱国精神，他的安居乐业之梦，就像词中小溪，流淌在茅屋青草间，流淌

在永远，永远！

设计意图：课内延伸到课外，可以培养学生课外阅读的良好习惯，激发对古诗的热爱和兴趣，使学生由此及彼，不局限于一节课、一本书，一首词，走出课堂，却走进一个诗词的宝库，走进诗词丰富的背后故事。

【板书设计】

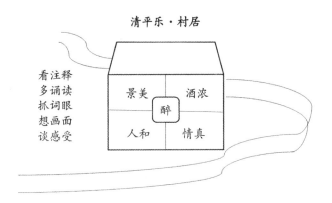

【教学随写】

这节课，是我在陕西省第三届名师大讲堂上执教的公开课。

《清平乐·村居》是人教版小学语文四年级下册第一单元的一首词。"旧书不厌百回读，熟读深思子自知。"作为一名语文教师，虽然面对的是一首家喻户晓的经典之作，我在教材研读及执教过程中，却产生了这样一些思考：

初读：一支充满童趣的乡间儿戏歌

阅读时，我的目光匆匆掠过茅屋和溪草，又见勤劳的大儿除豆，灵巧的中儿正织鸡笼，心中已是欢喜。忽闻一声嬉笑，犹如天籁童音。原来是顽皮小儿席地而卧，手舞足蹈。我不禁轻叹：好一个稼轩先生，好一支浪漫的乡间儿戏曲。在人教版中，四年级下册第一单元的主题正是"纯朴的乡村"，我找到了我的第一个契合点。

再读：一幅着色的温情村居图

抓住一个醉字，辛弃疾笔下的翁媪似乎更加陶醉：窗外有村居的美景，手中有醉人的佳酿，身边有相守的爱人，膝下有懂事的孩儿。言语之中，吴音呢喃，充满着无限的柔情和温暖。这画面，又是在色彩清丽的田园风光中徐徐拉开：金色暖阳，低矮茅屋，茵茵草地，阵阵荷香，潺潺溪流。正是有声有色，有情有趣。

三读：一阕伤感的抒怀感时词

众所周知，辛弃疾的词豪放可比苏东坡。这首词却使人恍入世外之桃源，诉说农家之清平。我们不禁揣度：胸怀大志的辛弃疾为何填词？所醉何事？所托何意？于是，我深入了解了他的生平。曾经金戈铁马，纵横沙场，少年壮志凌云；无奈醉里挑灯，北伐梦碎，终成词中将军。辛弃疾归隐近40年，其大量的田园词，虽是反映归隐情趣，也染上了时代色彩，却多为感时伤怀之作。所以，当他为世外桃源般农村生活陶醉之时，又怎能没有淡淡的忧伤呢？谁又能说《清平乐·村居》，不是爱国词人为中原故土百姓而做的一个天下清平之梦呢？"了却君王天下事，赢得生前身后名。可怜白发生！"我分明看到一个"醉"字，将词人一掰两半，一半"陶醉"，一半"心碎"。

基于这样对教材越来越深刻的认识和解读，我在思考如何把这些认知，用符合四年级学生认知特点、符合语文听、说、读、写教学规律的方式，传递给他们。我的理念是：登语言文字的"山"，观言志抒情的"海"。我坚信，诗情是可以传递的，想象是可以激发的，心灵是可以点燃的。

本课，我着重使用了"朗读感悟""创设情境""想象补白""资料补充"等教学方法。学生的学法，我特别在课堂上做出总结并予出示——多诵读、读注释、抓词眼，想画面，看插图、谈感受等。这样"读、看、听、想、表达"等多种学习方式贯穿始终。一节课，学会什么，是重要的；是怎么学会的，也很重要！

授之以渔，相信在他们更广阔的诗词阅读生活中，一定会"身有彩凤双飞翼，心有灵犀一点通""问渠那得清如许，为有源头活水来"，阅读，思考，实践。我们将在诗词的天地中，在语文的美丽花园里，在中国经典优秀文化的浸润下，只拣儿童多处行，和学生一起成长。

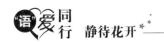

一首词一幅画，寄情山水数落花

——组块阅读学群文《渔歌子》

【教材分析】

《渔歌子》是人教版小学语文四年级下册《古诗词三首》里的一首词。是唐代词人张志和的代表作。整首词描绘了初春时节西塞山的美丽景色，全词动静结合，意境优美，色彩丰富，情趣盎然，生动地表现了渔夫寄情山水，悠闲自在的生活情趣。

【设计理念】

基于笔记式阅读深度学习的相关理论和课题建构，结合古诗词文本特点及学生年龄特点，在课堂上以批注、摘录、体会、搜集、图文等形式初步探索笔记式学习，并以板块式教学的方式进行教学推进。

【教学目标】

1. 正确、流利，有感情地朗读并背诵课文，学习"塞""鳜""箬""笠""蓑"等生字。

2. 体会诗词所表现的情感，想象画面，分享见解。

3. 培养阅读古诗词的兴趣，学习运用古诗词阅读笔记的基本方法。

【教学重点】

想象画面，感悟词境。

【教学难点】

1. 理解"不须归"，体会作者的思想感情。
2. 尝试古诗文笔记式学习方法。

【教学流程】

课前交流：初识张志和

师："有朋自远方来，不亦乐乎。"谁愿意为老师介绍自己的名字，有什么含义吗？谁取的？我来为大家介绍一个人（师板书：张志和）。你来猜猜他的名字是什么意思，他的名字是谁取的。

师：这个名字可了不起呀，这个名字是皇帝给他取的。想知道皇帝为什么给他取名吗？张志和三岁能读书，六岁做文章，比七岁写"鹅鹅鹅"的骆宾王还小，十六岁就中了举人，给皇帝写了一份折子，列了许多治国的良方，于是皇帝封他做官并赐名张志和，希望他心志平和。

板块一：初读导入，一支优美动听的歌（韵律美）

（1）导语：今天，就让我们一起穿越千年的时光，来共读诗人张志和的作品《渔歌子》。

（2）解题：渔歌子，是一个词牌名。我们平时说"唐诗""宋词"，其实"词"并不是到宋代才有，早在唐代甚至更早，人们就开始在诗的基础上创作"词牌"。最初这首词却不叫渔歌子，它叫——渔父（课件出示）。猜一猜，会写什么？

（3）初读：自由朗读，圈画出词中的生字和多音字，勾画注释，读通读顺。正音：西塞山、白鹭、鳜鱼、箬笠、蓑衣等。

设计意图：好的词就是一首好的歌，值得我们一读再读。本板块以"读得通顺"和"读出节奏"为主要目标，以"圈点生字，标注节奏"为主要的笔记方式，完成教学目标中"学习生字"的任务，对本词产生整体感悟。

板块二：诗情画意，一幅鲜活生动的画（画面美）

（1）过渡：张志和不仅诗词写得好，还是一位大画家。词中有画，画中有词。现在请同学们动笔批注圈画，这首词中写了哪些景物？

（2）交流：西塞山、白鹭、桃花、流水、鳜鱼、箬笠、蓑衣、斜风、细雨。谁能把这些景象连起来说一说？

（3）作画：

画面一：西塞山前白鹭飞。

发挥想象，做扩句填词批注，如：（　　　）的西塞山前（　　　）的白鹭飞。

拓展：两只黄鹂鸣翠柳，一行白鹭上青天。（板画：西塞山白鹭）

小结：青青西塞山，白鹭展翅飞，西塞山是静止不动的，而自由飞翔的白鹭为这幅画面增添的生机，让这幅画面变得有静有动。

（板书笔记：有静有动）

画面二：桃花流水鳜鱼肥。

师：桃花是春天的使者，也是古诗词最常见的春的意象。读：

去年今日此门中，人面桃花相映红。——崔护《题都城南庄》

人间四月芳菲尽，山寺桃花始盛开。——白居易《大林寺桃花》

桃花一簇开无主，可爱深红爱浅红？——杜甫《江畔独步寻花》

桃花流水窅然去，别有天地非人间。——李白《山中问答》

笔记：把喜欢那一句摘录到笔记上，并写上感受。

师：是呀，诗情画意的张志和笔下，怎么能没有"灼灼其华"的桃花呢？拿起笔让它开成一片，粉的似霞，花自飘零水自流，映红了这一泓桃花流水。

（板画：桃花流水；板书笔记：有山有水）

教师配乐朗读，学生闭眼想象：

看：你看到了什么？

听：你听到了什么？

闻：你闻到了什么？

听到了美妙的声音，闻到了桃花的清香，看到了五颜六色春天的画卷。

（板书笔记：有声有色）

画面三：青箬笠绿蓑衣，斜风细雨不须归。

师：在这碧波之上，还要画什么？对，是画中的人。一叶扁舟，虽然很小，却也能挡风遮雨。再看渔父，他披着蓑衣，带着箬笠，正在悠闲垂钓，斜风细雨不须归。（板书笔记：有景有人）

总结：这首词将一幅美景如画跃然纸上，这画面。

远处是——西塞山前白鹭飞。

近处是——桃花流水鳜鱼肥。

湖面上是——青箬笠、绿蓑衣，斜风细雨不须归。

好的词就是一幅好的画，有山有水、有景有人、有声有色、有静有动——身历其境，处在这样画卷中的词人，心情如何？

生：赏心悦目、心旷神怡、悠闲自在、自由自在。（旁注）

师：此刻，你就是词人，面对青青西塞山，看白鹭展翅身旁桃花烂漫、流水潺潺、斜风细雨，把身心放到词中间，读！（配乐朗读）

设计意图：这一板块是本课教学的重点环节。以"佳句摘录，图文并茂"为主要笔记方式，拓展深化学习内容，学生笔画的"西塞山""白鹭""桃花流水""鳜鱼"在笔端流出的时候，一幅有声有色，有动有静的美景图跃然纸上，学生被作者寥寥数语所展示的意境画面和诗词内涵所感染，达到"读出画面""读出感受"的学习目标。

板块三：品味诗情，一个悠闲自在的人（意境美）

（1）过渡：虽然人在画中，然而此时已是斜风细雨，你有没有问题问这个老渔翁？（板书笔记：不须归）

（2）质疑：为何"不须归"呢？让我们再回到词中，用"因为_____，所以不须归"选词句填空补充句子，再说说你的理解。找理由、作批注（同桌合作，完成笔记）。

（3）汇报：

预设一：因为"桃花流水""西塞山前白鹭"，所以"不须归"。

生：阳春三月，桃红柳绿，词人在这里一边垂钓，一边欣赏美丽的春光，

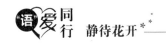

当然不要回去。（春光留人）

　　生：西塞山风光奇特，加上白鹭蹁跹，太美了。（美景留人）

　　预设二：因为"鳜鱼肥"，所以"不须归"。

　　桃花盛开的时节，鳜鱼最为肥美。作者在这里既可以欣赏美景，又可以钓得美味，当然"不须归"。（美食留人）

　　预设三：因为"斜风细雨"，所以"不须归"。

　　生：从"斜风细雨"看出当时的雨并不算大，不是狂风暴雨。春雨蒙蒙让人心旷神怡，正所谓"沾衣欲湿杏花雨，春面不寒杨柳风"，是可以不回去的。（春雨留人）

　　预设四：因为"青箬笠，绿蓑衣"，所以"不须归"。

　　生："青箬笠，绿蓑衣"可以看出词人早有准备，即使下雨也不用担心，当然也不用回去。（有备而来）

　　总结：看来整首词无一字不是在讲"不须归"的理由。有人说，他是为美景陶醉，有人说是为钓得鲜美鳜鱼而执着等待。其实并非完全如此——

　　设计意图：抓住词眼，探究"不须归"，再次感受田园风光之美，山水渔樵之乐。本环节主要采用了"记录感受，圈点勾画"的笔记式学习方式，围绕"不须归"的主题，在相关的语句边写下旁注和感受，作者"不须归"的理由是多方面的，有景有人有情，多层次多角度地走进作者情感世界，解读作者的内心，达到和文本的共鸣。

　　板块四：阅读延伸，一份豁达自由的情（志趣美）

　　（1）拓展（出示：张志和，钓鱼不舍鱼饵。）不上鱼饵，看来目的并不是为了钓鱼。这让我们想起来一个古代名士姜子牙，有句歇后语说：姜子牙钓鱼——愿者上钩。你觉得，这样能钓到鱼吗？（很难），看来张志和是钓翁之意不在鱼，在乎山水之间也。

　　（2）资料：读出词中画，还读出词中人。让我们继续了解张志和。

　　出示：十六岁时"游太学"，以明经耀第，向唐肃宗献策，深受赏识和重用。张志和不仅是诗人、画家，还精通音律，少年得志，春风得意。但福祸叵测，后来因事被贬官，母亲和妻子又相继去世，更让他感叹于宦海风波、人生无常。这回，皇帝又想让他回到朝廷，张志和便写了这首《渔歌子》以表心迹。现在从词来看，他同意了吗？

师：这个"归"字还仅仅是回家吗？

生：不回官场，不回朝廷，远离红尘是非。

（3）升华：他从此再也不做官，隐居在太湖一带，与山水相伴，扁舟垂纶渔樵为乐，自称"烟波钓徒"。他的哥哥张松龄怕弟弟隐居不归，就作了一首词劝解弟弟。

《和答弟志和渔父歌》：

乐是风波钓是闲，草堂松径已胜攀，

太湖水，洞庭山，狂风浪起且须还。

（4）对读：兄弟俩以诗交流，表达志趣。

师：乐是风波钓是闲，草堂松径已胜攀，

太湖水，洞庭山，狂风浪起且须还。

生：西塞山前白鹭飞，桃花流水鳜鱼肥。

青箬笠，绿蓑衣，斜风细雨不须归。

师：太湖水，洞庭山，狂风浪起且须还。

生：青箬笠，绿蓑衣，斜风细雨不须归。

师：狂风浪起且须还。

生：斜风细雨不须归。

师：贤弟呀，狂风浪起且须还。

生：大哥呀，斜风细雨不须归。

师：且须还呀且须还哪！

生：不须归呀不须归呀！

师：这就是张志和，寄情山水的张志和，自由自在的张志和，抛却朝堂争斗、向往自由人生的张志和！他是一个悠然自得的渔夫，是一个高雅脱俗的隐士，更是一个享受天地风光的智者。

设计意图：这一板块的设计主要目的为推进深度学习。学生对作品的情感初步了解之后，以"读词再读人"的方式，结合作者的生活经历，明晰写作背景，才能知人论世，更深入地把握诗歌的思想感情。而张志和的所处时代、遭遇变迁、思想主张等，通过他哥哥的《和答弟志和渔父歌》得到了很好体现，这样既积累了课外的阅读量，又在相关联的文本中提升了学习感悟能力。

板块五：知识拓展，一首流传千古的词（经典美）

（1）拓展：正是因为这样，有很多人喜欢他。因他常超然不在尘世中，唐肃宗曾多次派人寻访无果；此词吟成后，不仅一时唱和者甚众，而且还传播海外，为日本开启了填词门径；宋代的大文豪苏轼谪居黄州时，曾游其地，有云："元真语极清丽，恨其曲度不传，加其语以《浣溪沙》歌之。"

西塞山边白鹭飞，散花洲外片帆微。

桃花流水鳜鱼肥。自庇一身青箬笠，

相随到处绿蓑衣。斜风细雨不须归。

连张志和自己也没想到，这会成为文坛的一段佳话。千年以后，我们师生又在课堂上吟诵，这就是经典的魅力，这就是传承的力量。

（2）作业：

画一画：用上色彩，完成本课的词配画。

读一读：阅读张志和渔父词五首，并积累相关知识完成课外积累。

晒一晒：将获评优秀的《渔歌子》读书笔记展示到学习园地。

设计意图：以"知识积累，探究搜集"为主要方式，拓展资料，了解张志和的人生，引起情感共鸣，从课内延伸到课外，激发热爱经典文化的兴趣，推进深度学习。

【课后随写】

张志和的《渔歌子》以白描手法向我们描绘了一幅桃红柳绿、斜风细雨的美好春景，表达了他寄情山水，流连不归的情怀。我饱含深情地带着学生到诗情画意中走了一回，达到了感性、灵性、悟性交融的诗意课堂；实现了语言、情感、精神层面的和谐共存，更难能可贵的是对笔记式阅读做了尝试。

（一）诗词与画面的整合

词是无形画，画是有形词。我将"诗画图文笔记"运用到古诗词教学中，学生在绘画中不仅理解词意，还体会到"有声有色、有静有动、有山有水、有人有景"的妙境。张志和，是画家，是诗人，是词人，是哲学家。雨中青山，江上渔舟，天空白鹭，两岸红桃，色泽鲜明但又显得柔和，气氛宁静但又充满活力。而这既体现了作者的艺术匠心，也反映了他高远恬静、悠然脱俗的意趣。一堂课下来，留给学生的不仅仅是27个字，还有《渔歌子》背后整个美轮美奂的诗词意象。

（二）文本与课外的整合

基于"深度学习"理念，教学中要在"知识拓展"和"深度学习"上下功夫。从读文先读人，到读文再读人，一次次补充张志和的个人资料与写作背景，人物形象逐渐丰满，也让学生一步步走进作者的心中；在课文内容的拓展上也很有新意：如拓展关于桃花、白鹭的诗句，松龄的《和答弟志和渔父歌》，苏轼、黄庭坚的作品等，让诗词的深度和广度都得到了扩张，丰富了学生的诗词积累及学科素养，点燃了学生深度探究的学习欲望。

（三）阅读与笔记的整合

笔记式阅读是本次研讨的主题，积极思考、勇于尝试，在课堂中对这一理念进行融合。主要采取了"勾画圈点、批注感受、图文并茂、佳句摘录、质疑思考、课外探究"等方式，授之以渔，并将这些方法进行了总结；提前利用课文纸设计了阅读笔记分享卡等，这些方法对课题初期尝试提供了较好的思路，对学生阅读习惯的养成起到循序渐进的引导作用。

（四）组块与品悟的整合

语文组块教学主张删繁就简，在课堂教学设计中体现"简约之美"。本课教学内容含量较大，用组块教学就清晰地彰显出教学的思路和梯度。前后贯通，"听说读写"融为一体，简单明了。板块之间过渡自然，联系紧密，层层递进，水到渠成。学生有了足够的时间和空间，学得更充分、更自主，实现了"一课一得""得得相连"，言语智慧得以充分发展，使学生获得终身有益的语文学习智慧。

"西塞山前白鹭飞，桃花流水鳜鱼肥。青箬笠，绿蓑衣，斜风细雨不须归。"随着孩子们的朗读，一幅色彩清丽的"江南春景图"展现在我们眼前，一个个板块也犹如画卷展开在课堂上，为古诗词教学带来了不一样的体验、尝试与思考。

拨动识字主旋律，唱响中华姓氏歌

——快乐自主巧识字《姓氏歌》

【教材分析】

《姓氏歌》是部编版小学语文二年级下册（春季）第一单元第2课，是根据传统的蒙学读物《百家姓》编写成的韵语识字。将一些常用的姓氏融入了朗朗上口的儿歌之中，渗透了中国传统姓氏文化。第一小节运用了对答的形式，引出了姓氏"李""张"，以及读音上相似的两组姓氏：胡、吴，徐、许。介绍的方式与民间约定俗成的方式相同，主要有分解部件和偏旁称说两种方法。这也恰恰体现了合体字的特点。课后练习中还提到了以组词来介绍姓氏的方式。教学时要借助介绍姓氏的游戏活动达到识字的目的，同时鼓励学生运用于生活实践当中。

【教学理念】

《姓氏歌》是一篇有关姓氏的儿歌，通过问答的方式，告诉了我们一些常见姓氏的写法，培养学生主动识字的愿望和独立识字的能力。本课要让学生感受到不同的识字方法，除了用拆分法、说偏旁法，还可以用哪些方法呢？其一，给孩子思考空间，让孩子拓展自己的思维，设计多元活动，发现语言的秘密，帮助学生建立生字音、形、义之间的联系，加深学生对形声字构字特点的认识，提高识字的效率。其二，拓展引导，关注文化渗透。认识汉字的有趣，适当增补《百家姓》、姓氏故事等课外知识，拓展语文学习途径，激发热爱汉字、热爱传统文化的情感。

【教学目标】

1. 认识"姓、氏、李、张"等12个生字和弓字旁，会写"姓、什、么"等7个字。认识弓字旁、走字旁、金字旁三个偏旁。

2. 朗读课文、背诵课文。

3. 学习用"加一加""说偏旁""组词"等方法识字，并在实践中学会用合适的方法向他人介绍自己的姓氏。

4. 初步感受中国姓氏文化，激发民族自豪感。

【教学重点】

掌握识字方法，自主识字。

【教学难点】

能举一反三，用学到的方法介绍生活中更多的姓氏，进行适当创编。

【教学课时】

二课时。

【教学过程】

第一课时

(一) 谈话激趣，导入新课

1. 互动游戏，自我介绍

（1）介绍导入，认识姓氏。

走进快乐姓氏歌，趣味识字方法多。亲爱的同学们，我是陕西省汉中市洋县青年路小学一年级的语文老师。有人知道我的姓名吗？对了，细心的小朋友从课前信息上认识了我。这是我的姓氏。（课件出示"邓"字）

（2）认识人物，猜猜姓氏。

师：今天，邓老师还带了三位新朋友，想认识吗？

看：这位是砸缸救了小朋友的司马光，猜猜他姓什么？

这位是三国里最有智慧的人，他叫诸葛亮，他又姓什么？

其实呀，司马光不姓"司"，他姓"司马"；诸葛亮不姓"诸"，他姓"诸葛"。像司马、诸葛这样两个字的姓我们叫它复姓。有趣吧？今天，我们就一起来走进《姓氏歌》。

2. 引导质疑，激发兴趣。

读了课题，你想到了哪些问题呢？何是姓氏——（课件出示）姓和氏最初是两个词，是代表有共同血缘关系的种族符号，是一个家族所有后代的共同称号。后来这两个字组成了一个词，就是我们的"姓"。姓，在中国是世代相传的，一般不会更改。

板书课题，随文识字。

（1）随文识字：课件出示"姓"。

（2）指导书写：注意女字旁的书写。

女字旁做偏旁，一横变一提；生字在右边，横要平来竖要直，中横短下横长。（教师范写，动画演示，描红练习）

设计意图：用看人物猜姓氏的小游戏导入新课，激发学生兴趣。随文识字，解读课题，养成良好的读写生字好习惯，为本课识字教学做好铺垫。

(二) 初读儿歌，读准字音

（1）一读：听范读整体感知。（播放视频）

（2）二读：跟着老师一起读。读错的地方摁下暂停键，重读一次，读准字音，读通句子。

① 强调"什么"中"么"的读音。

② 指导书写"什""么"两个字。

什：左右结构单人旁，要写得左窄右宽，横平竖直。么：是独体字，要写得均匀紧凑。

（3）三读：带着问题自己读。请同学自己读儿歌，一边读一边把你找到的"姓氏"圈出来，借助拼音多读几遍。

（4）四读：随文识字正确读。

① 认读姓氏：看，藏在儿歌里的宝宝们，你们找到了吗？让我们大声地叫它们的名字吧——（课件出示儿歌，将姓氏词圈出来）声音真响亮，听到你们的呼唤，它们都来了。

② 游戏巩固：摘苹果，你们能帮它们找到家吗？

单姓：赵 钱 孙 李 周 吴 郑 王 张 胡 许 徐

复姓：诸葛 东方 上官 欧阳

无论是单姓还是复姓，它们都是咱中国人的中国姓。

（5）五读：拍手趣味全文读。现在我们把它们去掉拼音放回到课文里，相信大家会读得更加准确、流利。一来拍手读，好吗？

设计意图：通过"五读"层层推进学习进程，范读，师读，自读，随文读，拍手读，方法多样，层层递进。文不离口，字不离句，句不离段，读通读顺，落实教学目标二。

（三）趣读儿歌，快乐识字

1. 方法一：加一加

（1）**师生对读**：出示第一小节，看，有什么发现？在第一小节里出现了很多小问号，而且是一问一答。（互动问答）

（2）**认识"李"字**：用什么方法记住"李"字呢？把"李"字拆分成两部分，再加一加。木+子=李。

（3）**举一反三**：赶紧看看，这一小节还有哪些姓氏也是用了加一加的方法呢？弓长张、古月胡、口天吴。

（4）**方法拓展**：我们的学习伙伴乂来出题了。

课件出示："孙""郑"，试着用"加一加"的方法来说一说。

2. 方法二：看偏旁

（1）**课件出示**：双人徐，言午许。这样的姓氏又是如何记住的呢？双人徐，言午许，讲的都是这两个字的偏旁。

（2）**识字写字**：指导书写"双"字。

（3）**举一反三**。现在，你能用看偏旁的方法，介绍它们两个吗？

师生对歌：

他姓什么？他姓赵。什么赵？走字赵。

他姓什么？他姓钱。什么钱？金字钱。

（4）介绍偏旁：看，"偏旁"朋友来了。

① 他拿着一张大弓箭来了，他的名字我们讲过，弓字旁。

讲解"弓"字的姓氏故事：在很久远的过去，黄帝的孙子挥很聪明，喜好狩猎，发明了弓箭。看！最早的"弓"字，是被人们画成了弓箭的样子，汉字慢慢地演变，这就是我们今天写的"弓"字。象形字真奇妙，照着样子把字造。这个"弓"字你记下了吗？它还可以做偏旁，做偏旁时，我们叫它"弓字旁"。因为那人发明弓箭有功，黄帝就赐他姓张；就这样，他的子孙世世代代延绵了下来。现在全世界的华人中"张"姓是一大姓，在中国有近九千万人姓张。屏幕前，一定有姓张的同学吧？被老师讲到是不是很开心呢？

② 他迈着大长腿跑来了。他的名字叫——走字旁。

③ 他抱着一块金子来了。他的名字叫——金字旁。

（5）拓展运用。金字旁，都与金属有关。你还能想到哪些字呢？跟着我一起来吧！（出示：银、铜、铁、钉、钢、铅、银、针、铃……）很多偏旁都与意思有关，这也是汉字的小秘密。

设计意图：随文识字，掌握"加一加""看偏旁"两种识字方法，并举一反三进行迁移运用，习得方法，同步解决其他生字认读，全面落实教学目标。

（四）课堂小结，布置作业

1. 课堂总结

亲爱的同学们，这节课我们读通了儿歌，认识了很多姓氏宝宝，学会了"拆部件"和"看偏旁"两种有趣的识字方法。课后我们要完成这些作业——

2. 布置作业

（1）认：认读"姓、氏、李、张"等12个生字。

（2）写：规范书写"姓、双、什、么"4个生字并组词。

（3）读：正确、流利地朗读儿歌。

（4）拓：用今天学到的"拆部件"和"看偏旁"的方法介绍自己和更多

人的姓氏。

设计意图：总结课文，通过不同层面的作业，引导学生落实识字教学正确认读、规范书写的要求，做好知识拓展衔接，为第二课时的学习打下基础。

第二课时

（一）复习旧知，导入新课

1.谈话导入

走进快乐姓氏歌，趣味识字方法多。欢迎再次走进邓老师识字课堂。这节课我们继续来学习《姓氏歌》，小方同学为我们准备了三关挑战，同学们准备好了吗？

2.闯关复习

第一关：生字关，枫叶飘起来。

第二关：词语关，读词语开火车。

第三关：句子关，一起读儿歌。

设计意图：通过三关游戏，营造愉快有趣的学习情境，复习巩固上节课所学知识，生字词语再现，为第二课时的学习打好基础。

（二）学习儿歌，认识姓氏

1.方法三：组词法

（1）这节课，我们要学习新的介绍姓氏的方法。听听，学习伙伴小方同学，是怎么介绍自己的呢？（播放声音）

你姓什么？我姓方。什么方？方向的方。

（2）这又是用什么方法记住"方"的呢？这种方法，我们叫它"组词法"。

（3）指导书写"国、王、方"。

国：大口框里一个玉，要想进去后封口，最后一笔是横。

王：最后一笔也是横，而且这一横在三横中最长。

方：最容易写错的是"方"字笔顺。看笔顺视频，我们一起来书空描红。

2.拓展应用，发散思维

（1）拓展延伸：你会用了吗？比如，课文中的这两个姓也可以用组词法来介绍呢！（出示："周"和"王"）

（2）综合运用

我们一共学习了三种方法，分别是加一加、看偏旁、组词法。我们可以尝试，同一个姓氏用不同的方法来介绍。

你姓什么？我姓李。你姓什么？我姓许。

什么李？木子李。什么许？言午许。

什么李？桃李的李。什么许？许多的许。

（3）方法小结：多有意思啊。加一加、看偏旁、组词法，聪明的小朋友总能找到更多有趣又与众不同的方法来，让他人记住自己的姓氏。小朋友，你的姓氏你能说出几种呢？给大家1分钟按下暂停键，和身边的学习伙伴或者家人交流一下吧。

3.认识复姓，知识拓展

（1）复姓知识我知道。认识完单姓，我们一起来读读复姓。咦，后面用了省略号，就是说复姓还有很多很多……

你还知道哪些复姓呢？让我们来认识这些生活中经常见到的复姓吧！司马、令狐、慕容、公孙、端木、长孙、独孤等等。

（2）知识拓展：认识复姓名人。

复姓的名人也非常多，比如我们课前认识的神机妙算的诸葛亮、砸缸救人的司马光，语文课本上会学到的西门豹，唐宋八大家之一的欧阳修等等，姓氏文化伴随着中华五千年历史源远流长。每个姓氏都有它的历史、来源和故事。

（3）联系生活引导探究。

比如，邓老师。我们的邓氏是一个多民族、多源流的古老姓氏，在当今姓氏榜上位居第二十六位，属于超级大姓系列，人口约九百七十万。清末海军爱国将领邓世昌，新中国"两弹元勋"邓稼先，"乒坛女王"邓亚萍，还有我们最熟悉的邓小平爷爷，我们都姓邓。邓老师可自豪了。孩子们，你们也可以去查阅资料，了解属于自己的姓氏故事。

设计意图：学习第三种识字方法"组词法"，拓展复姓的相关知识，既是对课文的理解，也增长了学生的知识，引发他们通过了解姓氏文化，探寻自己的姓氏故事等，走向课外。

（三）总结全文，指导背诵

（1）朗读全文。跟着节奏读儿歌。

（2）指导背诵。两轮试背，熟练掌握。

设计意图：通过本环节，引导学生通读课文，实现整体—部分—整体的课堂完整架构：通过两轮试背，提供有梯度的背诵方法引导，让学生完成背诵，落实教学目标二。

（四）拓展延伸，布置作业

1. 拓展知识《百家姓》

（1）了解百家姓："赵钱孙李，周吴郑王"是我国古代文化经典《百家姓》前两句。看，这就是我国家喻户晓的《百家姓》。（课件出示）这是中国古代流行最长、流传最广的蒙学教材，给儿童的识字读本。全书共收录当时的姓氏568个，其中单姓444个，复姓124个。其实，如今中国人的姓氏远不止几百个，已逾7000个之多，每个姓氏都有源远流长的文化和故事。我们来读读百家姓的前几句：

赵钱孙李　周吴郑王　冯陈褚卫　蒋沈韩杨

朱秦尤许　何吕施张　孔曹严华　金魏陶姜

（2）质疑激趣，引发探究：

找一找，这百家姓里有你的姓氏吗？爱提问的小方同学又来了，问：百家姓为什么以"赵"排行第一呢？（音频）

是呀，这是为什么？原来现存流传最广的《百家姓》是宋代所编写，宋代皇帝都姓赵，赵为国姓，自然排行第一了。要想了解更多的知识，课后，我们再一起来探秘吧。

2. 课堂总结，布置作业

（1）写：规范书写"方、国、王"三个生字并组词。

（2）背：背诵儿歌。

（3）读：读读百家姓，了解中华姓氏的知识，探寻自己的姓氏故事。

3. 快乐识字，视频结课

走进快乐百家姓，感受中国姓氏美——观看视频歌曲《百家姓》。

设计意图：拓展《百家姓》知识，激发学生对传统姓氏文化的热爱，引导课后探究，共读蒙学经典，传唱经典儿歌，落实教学目标四。

【课后随写】

识字写字是一、二年级语文教学的重点。早在新课程改革的时候，崔峦老师就指出"根基不牢，地动山摇"，这里的根基，就指的是一、二年级的识字教学。在学校，这个现象也表现得很突出，很多孩子上了二、三学段，识字问题一下子就突出地表现为写话、日记、作文、阅读、积累、表达等方面的滞后。下面就是《姓氏歌》一课的教学构想，以及我对识字教学的一些理解和思考。

（一）认识部编，识字革新

部编义务教育语文教科书由人民教育出版社2016年出版。该教材按照《义务教育语文课程标准（2011年版）》的学段目标要求，细化知识的掌握与能力的训练点，将目标落实到各个单元，努力做到"一课一得"。以前我们常用的语文教材，一年级上册一入学开篇就是拼音教学，部编语文一年级上册教材按照主题单元编排学习内容，在"我上学了"之后，安排了两个识字单元。采用了先学汉字，后学拼音的编排顺序，具有以下特点：识写分流，多识少写；合理安排识字写字的序列；集中与分散相结合；文化内涵丰富；识字方法多样；重视识字方法和识字能力。

（二）解析教材，明确目标

一年级下册，也是安排了两个识字单元和六个课文单元。第一单元是本册第一个识字单元，编排了《春夏秋冬》《姓氏歌》《小青蛙》《猜字谜》4篇识字课。内容丰富，体现了识字的多样性。课文编排充满传统文化色彩，富有童趣，有助于激发儿童的学习兴趣，传承中华民族文化。

识字写字是本单元的重点，在本学期我们运用学到的识字方法和已学的生字、偏旁开展自主识字，不断提高自主识字的能力，培养主动识字的习惯。在这个单元中《春夏秋冬》是看图识字；《姓氏歌》是根据《百家姓》改编的韵语识字，将识字与生活紧密结合；《小青蛙》是字族文识字，集中体现了形声字识字的特点；《猜字谜》的内容和前一课的《小青蛙》有密切联系。所以，看上去每一课都是识字，但方法却不一样。本课主要用了三种方法：拆分汉字加一加，偏旁识字，组词识字法。整首儿歌节奏轻快，有问有答，有分有合，读起来富有韵律美，十分适合学生朗读，也易于学生理解和背诵。

（三）板块教学，重在得法

为了达成目标，我安排了三个板块展开教学。

（1）趣味朗读，打开语文素养之门。

（2）多法识字，巩固语文素养之基。

（3）拓展运用，绽放语文素养之花。

我深知，小学生的朗读水平是其语文素养的重要组成部分，切实抓好低年级的朗读教学，从小培养朗读兴趣，对学生今后的语文学习起着举足轻重的作用。而《姓氏歌》是一篇韵语识字的儿歌，也特别适合学生朗读，所以本着"以读为本"的教学原则，我先留出足够的时间让学生自由朗读韵文，读出味道。

《语文课程标准》把让学生"喜欢学习汉字，有主动识字的愿望"列入教学的第一目标。低年级学生年龄小，思维集中持续的时间短，所以我尝试这样做：首先是互相介绍，激发兴趣。在开课时，我先告诉学生自己的姓氏；然后让学生说一说他们的姓氏；然后用新朋友"司马光""诸葛亮"，让学生发现姓氏的丰富性，从而引出课题"姓氏歌"，激发兴趣。接下来是多法识字，授之以渔，我重在指导学生根据汉字的构字特点，用"归类识字"的方法，归纳了三种介绍姓氏的方法：加一加、说偏旁、组词语。清楚明了，学生记忆深刻。其次是拓展延伸，举一反三。识字完成后，再进行语言实践训练：①在加一加、说偏旁和找朋友三种方法中，选择一种介绍自己的姓氏；②同桌用问答的形式进行合作演练；③创设"交朋友"的情景，用适当的方法，介绍自己、同学或者家人的姓氏。这样，通过这些语言实践，让学生逐步将语文知识转化成语文能力。

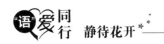

笔记细品，解读英雄之"心"

——笔记读写深阅读《普罗米修斯》

【设计理念】

统编教材四年级上册第四单元是神话故事单元。本课要落实的单元语文要素为：了解故事的起因、经过、结果，学习把握文章的主要内容；感受神话中神奇的想象和鲜明的人物形象。采取笔记式阅读的教学，通过思维导图、圈点勾画、批注感受、想象补白等方法，把握神话大意，感受普罗米修斯不畏强权、勇敢坚毅的英雄形象。

【设计思路】

1. 以故事为线，厘清起因、经过、结果，梳理内容。

2. 以场景为面，品读受罚的部分，创设情境，品味语言。

3. 以想象为支架，回应文本，上勾下连，丰富体验感受。

4. 以英雄为核心，联系上下文，感悟人物形象。

【教学目标】

1. 能按起因、经过、结果的顺序讲述神话故事。

2. 学习通过抓住重点词句交流品味、感受人物美好品格。

3. 使用思维导图、圈点勾画、批注感受等多种笔记式阅读方法，提升语文思维，优化学习方式。

【教学重难点】

1. 能按起因、经过、结果的顺序讲述故事。

2. 通过抓住重点词句，感受人物美好品格，记录学习感受。

【教学准备】

课件，笔记式阅读学习任务单。

【教学课时】

两课时。

【教学过程】

第一课时（略）

（1）趣谈神话，导入新课学习。

（2）初读课文，识写生字新词。

（3）梳理人物，把握故事大意。

（4）走进起因，感受无火之困。

第二课时

(一) 吟诵诗歌，唤起阅读期待

1. 出示诗歌，互动导入

出示诗歌片段《普罗米修斯赞歌》，齐读这首小诗——

是谁？让漫漫黑夜跳跃希望的火苗？

是谁？让蛮荒时代沐浴文明的曙光？

是谁？甘愿触犯天条也要救人类于水火？

是谁？深受酷刑却又无怨无悔？

啊！巨人，是你给人类带来火种。

送来光和热，

送来人类文明的新纪元！

2. **板书课题，导入新课**

这是著名诗人雪莱的诗歌片段，诗中的"巨人"是谁呢？让我们带着敬意书写英雄的名字——普罗米修斯。

设计意图：以诗歌导入课题，激发学生兴趣，为第二课时的学习奠定情感基础。

（二）理清关系，回顾文章大意

1. **回顾人物，思维导图梳理**

故事中出现了哪些神？随机完成思维导图。

	（"盗"）	阿波罗
	（罚）	宙斯
普罗米修斯	（劝、锁）	赫淮斯托斯
	（救）	赫拉克勒斯

2. **因果关系，再练故事讲述**

（1）依据故事的起因、经过、结果，讲讲这个故事。

（2）用"因为……所以……"把主要人物和事件连起来讲一讲。

设计意图：通过思维导图，再次梳理人物关系，落实单元语文要素，既是对第一课时学习内容的复习，又以"英雄"为主线质疑，引起阅读期待。

（三）品读画面，感受英雄精神

1. **什么是"英雄"**

（1）课文中有这样两句话用来写普罗米修斯。

句子一：有一位名叫普罗米修斯的天神来到了人间。

句子二：普罗米修斯——这位敢于从天上拿取火种的英雄，终于获得了自由。

（2）从天神，到英雄，普罗米修斯经历了"盗火、受惩、获救"的苦难遭遇。下面，我们就来看看"英雄受罚"的画面。

2. **画面一：体会"锁之苦"**

（1）引导细读。普罗米修斯在遭受怎样的苦难呢？

（2）学生汇报。

普罗米修斯被死死地锁在高加索山，失去了宝贵的自由。（指导看插图，紧抓"锁"字）

（3）情境创设。

风吹雨淋，他又冷又饿，他不能动弹。为什么不能吃饭？

生：因为他被死死地锁在高加索山上了。

夜晚来临，他为什么无法睡觉？为什么不能睡觉？

生：因为他被死死地锁在高加索山上了。

他还不能做什么？（想象）

（4）教师小结。

死死地锁，悲惨地锁，冷酷无情地锁。锁住了他的身躯，限制了他的自由，却锁不住他要造福人类的决心。这就是坚强不屈的普罗米修斯，他就是我们的"英雄"。

3. 画面二：体会"啄之痛"

（1）出示文字，细读批注。哪些文字深深地触动了你？

（2）创设情境，感受形象。

如果说刚才那幅画面，让大家最心痛的是"锁"，那么这幅画面中，最让人心痛的词语是——"啄"。

白天你看到了什么——

晚上你又看到了什么——

引导想象：这"啄"不是一次，而是永远没有尽头。啄食的不是他的皮肤，不是他的骨头，而是他的肝脏啊！那是天神最娇嫩，最敏感的地方啊！这是一种怎样的痛啊！

永无止境的痛、撕心裂肺的痛、肝胆俱裂的痛、无法忍受的痛……让我们再圈这个"啄"字。

（3）手写我心，想象补白。

一锁一啄，两幅惨不忍睹的画面，烈日如火、狂风大作、暴雨如注、大雪纷飞、鹫鹰啄食、肝胆俱裂……这样的画面，你看到了吗？你听到了吗？你也想呐喊吗？拿起你的笔，完成想象补白。

普罗米修斯的双手和双脚戴着铁环，被死死地锁在高高的悬崖上。

当_____时，我仿佛看到_____，仿佛听到_____。我想说_____。

设计意图：聚焦普罗米修斯受难的部分，通过"锁之苦"和"啄之痛"感受普罗米修斯不畏强权、勇敢不屈的英雄气概。通过抓重点词句、读写结合、创设情境等激发想象，走进人物内心。

（四）聚焦誓言，升华情感共鸣

1. 句式对比，感悟语言

英雄之壮举令我们动容，英雄之言语令我们感动。这样说可以吗？

为人类造福有什么错？我可以忍受各种痛苦，但绝不会承认错误，更不会归还火种。

为人类造福，我没有错。我可以忍受各种痛苦，但绝不会承认错误，更不会归还火种。

顺序可以调换吗？为什么？

为人类造福有什么错？我可以忍受各种痛苦，但绝不会承认错误，更不会归还火种。

为人类造福有什么错？我可以忍受各种痛苦，我不会归还火种，更不会承认错误。

2. 激情引读，升华情感

引读："为人类造福，有什么错？我可以忍受各种痛苦，但决不会承认错误，更不会归还火种！"

沉重的铁镣，紧锁着他的手脚，他坚定地回答——

嗜血的鹫鹰，啄食着他的肝脏，他坚定地回答——

一千年过去，三万年过去了，就是这样的声音，回响在高加索山上，回响在天地之间——

这坚定回答的背后不只是声音，更是普罗米修斯对人类的爱！

板书：万世沧桑，只有爱是永远的神话。

设计意图：品读普罗米修斯的语言，反复诵读，升华情感。

（五）拓展延伸，探究神话魅力

1. 简约结尾，关于英雄

师：普罗米修斯正义大爱与正直不屈的精神，不仅深深地感动我们，也为自己带了救赎之光。英雄的故事，感动了一代代的读者，包括大诗人雪莱，他这样来赞美——

2. 首尾呼应，再读诗歌

高山险峻，铁链加身，烈日如火，暴雨如注……

但沉重的铁链只能锁住你的躯体，

却怎能锁住那颗坦荡无私的心！

难道仅仅是物质的火种吗？

不，你给予我们的，

是生生不息的精神火种！

勇敢、坚强、博爱、无私，

这就是你——普罗米修斯！

3. 对比阅读，课外探究

关于同一事物的神话不是唯一的。就像"火"，在古希腊神话里是普罗米修斯盗火，在中国的神话中又是怎样的呢？自读阅读链接，用表格梳理的方式，探究中外神话不一样的精彩。（表1）

表1

阅读项目	普罗米修斯	燧人氏钻木取火
国家		
取火者		
如何取火		
神奇之处		
人物品质		
共同点		
不同点		

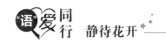

设计意图：以诗歌开始，以诗歌结束，首尾呼应发出对英雄的赞美，通过笔记式对比阅读，拓展课外阅读及学习，激发探究意识。

【板书设计】

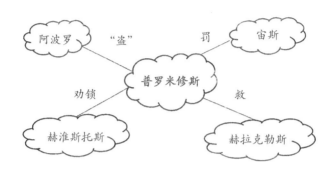

【课后随写】

这是基于笔记式阅读理念下的一节语文阅读课。"不动笔墨不读书"，学生针对阅读文本（或材料），通过摘要、批注、写心得、列提纲、画思维导图等阅读方法，培养思辨能力、阅读习惯、学习知识、理解内容，使之情感审美得到潜移默化地提升。

（一）读情境，进行角色体验

以情境设置和想象为支架，体悟人物精神品质。第一种是让学生站在客观的第三者的角度去分析，比如以自己的能力去理解自己所看到的普罗米修斯"受难"的样子。第二种是让学生站在主观的角度去分析，让学生自己成为普罗米修斯，即在课堂上让学生体验普罗米修斯的角色，根据自己的理解谈感受，如果你是普罗米修斯，你会怎么想，怎么做？

（二）悟品格，质疑补白想象

通过触摸文字深化情感体验，调动想象思维。"锁"束缚的是他的自由，"啄"折磨的是他的身心，一锁，一啄，两幅惨不忍睹的画面，烈日如火、狂风大作、暴雨如注、大雪纷飞、鹫鹰啄食、肝胆俱裂……这样的画面，你看到了吗？你听到了吗？你也想呐喊，你也想呼吁吗？拿起你的笔，让我们和英雄感同身受，感受他不屈的英雄意志。引导学生进行了补白小练笔，融入故事中。

（三）抓要素，思维导图探究

本单元的语文要素在本课体现的有两点：①按照起因、经过、结果的顺序，概括课文的主要内容；②通过品词析句来感悟神话中的人物形象。这也是本课的教学重点。四年级的学生概括文章的主要内容、感悟故事中的人物形象还有些难度，思维导图就成为一个很好的支架，突破重难点，厘清故事脉络和人物之间的关系，概括主要内容，搭起语文学习与思维发展的桥梁。

（四）读场景，活化人物形象

化繁为简，以"哪个部分（情节、文字）最触动你"为核心问题，贯穿品味语言文字始终。课文通过两大场景实现这一教学目标，落实语文要素二。场景一"锁之苦"——普罗米修斯被死死地锁在高高的悬崖上。他既不能动弹，也不能睡觉，日夜遭受风吹雨淋的痛苦。场景二"啄之痛"——凶恶的鹫鹰用尖利的嘴巴，啄食他的肝脏。白天，他的肝脏被吃光了，晚上又重新长了出来。普罗米修斯所承受的痛苦，永远没有尽头。

（五）深拓展，对比阅读延伸

本单元的人文主题是神话，不同国家经典神话文本呈现出来的人文价值各不相同。在浅层上看，是构建文化内涵，感受人物形象；在深层上来探讨，中外神话各有风采和偏重。本课教学中，引出了英国著名诗人雪莱赞美普罗米修斯的诗歌，首尾呼应，升华情感；关于同一事物的神话不是唯一的，就像"火"，在古希腊神话里是普罗米修斯盗火，在中国的神话中却是燧人氏钻木取火；引导学生用图表式笔记归纳梳理，对比探究，构建大语文视角。

第三章

爱的我们：
成长路上重要的他人

人生是一段并不孤独的旅途，
山和山可以不相逢，
人和人却总是相遇。
把握生命中的"重要他人"很重要。

如幼年时期的父母，童年时期的老师，
青年时期的恋人、亲密无间的朋友，
以及成年时期的工作伙伴、前行的导师等
他们，注定一路与你互为风景。

重要的他人，是你前行的力量源；
重要的他人，是你成长的助推器；
重要的他人，是你生命的参照物；
重要的他人，是你快乐的动力源。

无论是因为仰慕而主动追逐靠近，
或冥冥中注定不期而遇撞个满怀。
莞尔一笑，道声——
嗨，原来你也在这里。

和孩子在一起的那些最美时光

故事一：有个女孩名叫小霜

小霜是我带过的最特殊的孩子——那年霜降的清晨，年近半百的单身妈妈在广场的一角看到了快被冻僵的弃婴，并把这可怜的小宝贝抱回了家，才发现她的耳垂下面有点不完整。也许，正是这样的原因，她被放在了那里。

七岁，小霜上一年级了！她的歌声就像百灵鸟一样动听，我成为她的班主任。第一次见到小霜的妈妈，我以为她是小霜的奶奶，和她交谈之后，才知道了这个可怜孩子的身世和故事。小霜的妈妈做零工、捡破烂、领低保，这个家庭的困窘牵动着老师的心。

入校第一次文艺会演，担任领唱的小霜竟然没有一件像样的衣服。我毫不犹豫地给她买了漂亮的演出服。那天，看着她和其他孩子一样穿着喜庆的大红袄，抱着道具糖葫芦在台上唱唱跳跳，小霜妈妈眼含热泪哽咽着说："我这娃可怜啊，我就是再困难，也要把孩子念书供好。这丫头嗓子好得很，学校有啥活动你都让她参加，比她的亲妈还要亲啊！"小霜快乐地抱着我说："您就是我妈妈，就是我的老师妈妈！"

"妈妈"，多么温暖的称呼。面对垂泪的母亲，面对单纯可爱的孩子，我的心中五味杂陈。从此我对小霜的帮助就再也没有停止过——买学习用品、课外图书、衣物、食物，周末把她接到家里补习功课，带她去郊游、去游乐场；为小霜的妈妈介绍工作……很快，六年过去了，我努力用特殊的"母爱"，让阳光自信驱散了一个自卑女孩的心中阴霾，让自立自强扬起了这个特殊家庭坚强的风帆。

初中毕业的小霜通过声乐特长考试，被一所重点高中录取！那天小霜在电话里激动地说："老师，您知道我的参试曲目是哪一首吗？……《长大后我就成了你》！我将来要考师范，像您一样当老师呢！"

长大后我就成了你，多么美好的师生约定！是什么让一个孩子对教师这个职业如此向往？正是师德散发出来的魅力。而我愿意做这样一位用爱滋养爱、用爱教会爱、用爱赢得爱的"爱之使者"。

现在小霜已经大学毕业，即将成为一名音乐老师。她大学期间每年回家，都会跑到学校来看我，约我去那个她小时候我去过无数次的贫寒之家。那样美丽大方、亭亭玉立的姑娘，谁也不知道那些故事，我们默默地埋在心中，相视一笑。那，便是最美的时光。

故事二：撑一船星辉

星辉，是我帮扶的留守儿童。第一次去家访的时候，情况出乎我的意料，租住楼顶小屋狭小黑暗，小姑娘一个人在家。奶奶回乡下收割庄稼，她独自做饭、写作业、睡觉、洗脸，这竟然是一个仅八岁的小女孩经常要面对的状况。孩子的学习、生活、安全等一系列问题萦绕在我脑海中。怎么办？除了自己定期地探访辅导，我想方设法给她寻找"学习伙伴"，还通过志愿者活动帮她找到了三位"爱心妈妈"，奶奶不在的时候，她再也不用孤单害怕了。星辉的学习成绩迅速提高，期末考试语文还得了满分。我通过亲情书信把试卷和孩子制作的卡片，寄给了星辉远在天津的家长。家长的回信，字迹质朴却饱含着感激——

尊敬的邓老师，感谢您以及学校对星辉的关爱，我们远在千里之外，心却和孩子在一起。把星辉交给您，我们放心呀！

撑一支长篙，向青草更青处漫溯，

满载一船星辉，在星辉斑斓里放歌……

看到孩子的笑容，看到家长的嘱托，我的心中又一次激起诗意的浪花，觉得自己有用不完的热情。记得那年暑假，星辉升了初中，再也不是我的学生了。她的妈妈打工回来，拿着一袋自己家的地里产的花生在校门口等我，那天下着雨，旁边站着欢欣雀跃地撑着伞的她。

最美的不是下雨天，而是你等过我的屋檐。

故事三：扶贫路上的小雨涵

今天，是我县第二个扶贫工作日。

大雪初晴，天寒地冻，抵挡不住我们走村入户的热情。孩子们欢欣雀跃地跑在最前面带路，从他们快乐的背影和银铃般的笑声中，根本看不出来他们就是这个楼房林立的城中村中为数不多的贫困户儿童。孩子的世界总是最单纯快乐、最无忧无虑的。我心中不免一阵感慨。

"老师，我们到家了！"孩子兴奋地说道，我的视线被带到了一所破旧的土坯房前面。这，是小雨涵的家。

低矮的房屋，在寒风中摇摇欲坠，屋檐上的积雪仿佛还在倾诉着寒流的肆虐。雨涵的爸爸骑着电动车从远处的村委会匆忙赶来了，凛冽的寒风把他的头发吹得凌乱不堪，一张饱经风霜的脸刻画着与年龄不相符的苍老和疲惫。

我走进厨房，看到灶台上放着冰冷的米饭、剩菜。小雨涵尾随进来，也许是怕家里太乱给老师留下不好的印象，她赶紧站在水池旁清理起碗盘来。唉，家里没个女主人清扫收拾，脏乱一些是小事，重要的是这孩子回家经常需要自己做饭。"去年有一次，我做活回家已经半夜，推开门看到女儿坐在茶几前等我，面前放着一碗已经泡得不像样的面条。她说，爸爸，我会做饭了！这是我给你做的面条……从此之后，她就经常自己做饭……"当雨涵的爸爸动情地向我说起这件事时，我看到他的眼中噙着泪水……

穷人的孩子早当家，那是他的"小棉袄"带给他最大的温暖和慰藉吧？我心头一热，一把把小雨涵搂在了怀里。

我是她的语文老师。刚带她的时候，她比较内向，不太爱说话，第一次考试成绩也只有七十多分；这次期末小测试她的语文、数学都考到了九十分以上。就是这样的一个孩子，她没有漂亮的外表，没有好看的衣服，没有精美的文具，甚至没有来自妈妈的爱；可她小小年龄，心中有阳光、有乐观、有笑声、有懂事、有坚强。这，还不够吗？

我曾走访过很多的贫困家庭，看见过那样的一群人，我能闻到他们身上些许自卑的气息，我能感受到他们弱者的无助。他们走着，或者站立，在城市，在村庄，在山野，在各个角落。他们伴随着瘦弱、苍白、病患或残疾。他们用一双眼睛看着世界，或清澈如水，或暗淡无光，或昏黄躲闪。注视着他们，我便会泪流满面。我又看到，一拨又一拨的陌生人来到他们的身边，像亲人一样减轻他们身上的痛苦，抚平他们心灵的创伤，搀扶他们走出生活的困境。那是这个群体无言无疆的大爱心，那是这个时代兼济天下的大情怀。

走在回家的路上，我满脑子都是这些孩子，这些孩子的家庭，这些孩子的成长。扶贫路上，虽然有时披星戴月，身心疲惫，但我们始终风雨无阻，脚步坚实，收获了丰富的人生阅历和满满的感动。孩子的生活时常牵动我的心，我感觉到像亲人一样的彼此关心。我想，千千万万个小雨涵唯有用知识改变命运而成就其寒门骄子的励志故事。扶贫扶智扶志，他们在艰难的环境中锻造了一双坚强有力的翅膀，磨炼了克服苦难的意志，这就是他们珍贵的人生财富。与他们一路相伴，成就他们更好的人生，对于老师来说，善莫大焉。相信，他们未来的道路会洒满灿烂，因为，孩子——

爱心，会照亮你未来的道路。

陪伴，会照亮你未来的道路。

苦难，会照亮你未来的道路。

故事四：班主任故事日常

从教二十五年来，爱的故事一直在每天平凡的生活中延续——寒冷的冬天，小萌萌肚子疼，拉在裤子里了！我会毫不犹豫地抱起她，打来温水给孩子擦洗，那一刻，完全是个母亲的表情和姿态；"熊孩子"小磊偷偷在放学后将教室打扫得干干净净，那是我用爱的火焰融化了后进生心里的坚冰，原来野百合也有春天。多少个傍晚，当别人阖家欢聚时，我们往返奔波在家访的路上；多少个寒冬的清晨，当别人还在贪恋温暖的被窝时，我们就满头霜化地来到学校，为孩子们的到来做准备……

我教过的孩子散进了各家各户，走向时间洪流。有进入清华北大学习的佼佼者，也有平凡快乐生活的普通人。我参加过很多学生的婚宴，看着他们成家立业，迎娶心爱的姑娘登上人生巅峰；看着她们身披白纱走向红毯的另一端。那一刻是姨母般的傻笑，又像是看着自家孩子一样的泪奔。我又成为我学生的孩子的老师，被小朋友追着喊"师祖祖"，妙趣横生。很多的学生和我一样成为了老师，比如颜佳，那个在大学学着经济和我讨论"理想"的女孩，最后几经波折却成为了临潼一所乡村小学的守护者，我们在深冬夜晚的长街互诉当老师的喜怒哀乐……不是我的亲人，却更似亲人地让我付出爱，用真心，流着泪也愿意。我与他们在人生道路上相聚又分离，又在相遇的时刻彼此拥抱，一句哽咽撒娇的"老师……"，生活的委屈就像小时候一样，便一股脑儿湿了我的肩膀。呵，这些让人不省心的孩儿呀……

正因如此，教过或没教过的学生，在校或已毕业的学生，提起我总是掩饰不住喜爱，都乐于叫我一声"知心姐姐""妈妈老师"。很多家长在孩子毕业之后，依然和我成为生活中的朋友，把孩子的喜怒哀乐的琐事告诉我，把孩子考大学了、读研了、恋爱了、结婚了、工作了、生子了的消息分享给我，我每次都能精准地叫出他们的名字，记得他们上学时的趣事，翻出我尽可能保留的每一张他们童年的照片。他们很惊讶，教了这么多的孩子，您是怎么做到的？

我想，因为我爱他们每一个吧。

那一年，我被评选为"感动洋州人物"，在这座小城登上了领奖台。组委会授予我这样的颁奖词——

她离孩子很近，孩子和她很亲。师者仁心，师爱无疆，她用自己的妙手，用最真诚的微笑，浓缩成奇妙的心灵鸡汤，春风化雨，点石成金。在成就学生的同时，也重塑了自己的梦想！

电影《老师·好》火了，最后一个镜头里，白发苍苍的老师站在教室里，黑板上用粉笔写着——

人生就是一次次幸福的相聚，

夹杂着一次次伤感的别离。

我不是在最好的时光遇见了你们，

而是遇见了你们，

我才有了这段最好的时光。

我们不一样——说说识字课的那些事

世界上没有完全相同的两片树叶，也没有相同的识字课，尽管你们教的都是第一学段，手拿的都是部编版的教材，面对的都是那些拍着小手唱着歌，龇着牙露着憨笑的小豆豆。六节课六种思想，六个人六种风格，以此文来代表我身边的那些可爱的同事们，那些课堂，那些交流，那些成长。

一、快乐互动式

何婉，一个性格温婉、文气秀丽，到了课堂却热情洋溢、活力四射的魔法老师。在第一节课闪亮登场，你从来都不会让我们失望。

当我听到你拿着卡片绘声绘色地和孩子们互动："嗨嗨，我的朋友在哪里？"然后一个个拿着生字卡片的小朋友欢快地跑到你身边喊"嗨嗨，你的朋友在这里"，萌娃们那种满足又有点羞怯的小表情让人忍俊不禁，我赶紧拍了视频发了朋友圈。因为，我一直认为一年级的课堂是快乐的、轻松的、游戏的、充满笑声的，否则，就对不起孩子们这个年龄应该有的聪慧和懵懂。

这节课最有趣、最闪亮的就是形声字识字。这三步走，走得很稳妥，很有层次性。

第一步：小动物们都来了，让我们来叫叫它们的名字吧！蜻蜓、蚂蚁、蜘蛛、蚯蚓、蝌蚪。读着读着，你发现了什么？生：我发现了这些字都有虫字旁。

第二步：去掉偏旁你又发现了什么？（青廷、马义、知朱、丘引、科斗，这个时候要是能用不同的颜色给它标注出来就更直观了）学生发现了蚂蚁的蚂，右边念mǎ，加上虫字旁也念mǎ。这样的字就叫形声字，感知"形旁+声旁=形声字"的概念，很快，学生用这样的方法记住了其他的生字。

第三步：根据形声字的这个特点可以帮助我们轻松地认识更多小动物。（点击课件，看，它们来了：蜈蚣、蚜虫、蝈蝈、蚂蟥、蛐蛐）这些都是形声字，你能试着读出它们的名字吗？不认识的根据形声字规律来猜猜它的读音。这个设计很有趣。

以上三步就从认识形声字、发现识字规律、拓展识字等进行了有梯度地训练和落实。从这些细节设计当中也看到了老师的匠心和思考。

这一课的重点是识字，《动物儿歌》又是朗朗上口，如果能在韵文的朗读中以读准字音、读通句子、读出儿歌节奏为要求，更能体现字不离词、词不离句、句不离文的教学理念，也就达到了识字是为了阅读的学习目标。

板书很丰富，衔接很自然，方法很多样，写字很扎实，宝宝很喜欢。

希望你永葆童心，永远天真。

二、图文并茂式

小梅，一个被美术耽误了的语文老师。

一入语文误终身，却把书画忘红尘。

而当一个美术老师站上语文课的讲台时，你会发现她的课堂多了一份美丽，多了一份色彩，多了一份想象。

《树和喜鹊》正是这样。一个有趣的谜语，就让一只灵巧的喜鹊飞上黑板登上了枝头。嘿！都说，现在没点琴棋书画的才艺都不敢当语文老师了。我记得上次听你的课《四季》，那草芽尖尖、荷叶圆圆、谷穗弯弯、雪人大肚子一挺，哪一个画面不是让学生喜欢得不得了？

学习"窝"字，你很独到。这里有个字宝宝，我们来认识一下——窝，（贴图这个字）它是什么偏旁？穴宝盖表示的是洞穴，是小动物们最开始居住的家。所以，小动物们的家，也可以叫作"窝"。小鸟的家，就是鸟窝。那么，小鸡的家可以叫"鸡窝"，那小狗的家——（狗窝），老鼠的家——（鼠窝），蜜蜂的家——（蜂窝），蚂蚁的家——（蚁窝）。举一反三，最难的一个"窝"字就这样轻松解决了。

一棵树、一个鸟窝、一只喜鹊。体会"孤单"。出示句子：从前，这里只有一棵树，树上只有一个鸟窝，鸟窝里只有一只喜鹊。重点哪个字呢？"只"字。只是一开始学生并没有"着你的调"，感受"孤独"对一年级的孩子来说还确实比较困难。如何让他们"着你的调"呢？顺势而下，去掉"只"字读一读，对比体验，这样就化难为易了。

再大方一点，再活泼一点，再轻松一点，相信你一定会是我们语文组画画最棒，美术组语文最棒的老师。

三、文化熏陶式

第一次听了你上的《拍手歌》一课，我就打算经常去听你的课，因为，你是一棵好苗子。

但事与愿违，我经常是公务缠身，或是近水楼台"不"得月，说来真是惭愧得很。距离那次与你一起送教，恍然又隔了一个秋冬之久。《传统节日》这一课我第二次听你上，上一次还是在去年春天新教师亮相课上，算是个人的同课异构吧。和去年相比，至少多了三种质的飞跃。

理念：根据5+25+10的课堂构建，每节课至少10分钟的练习时间你做得很扎实。课堂上，形近字组词、换偏旁、选字填空、猜字谜这些训练都是学生识字的巩固和检测，少"讲"多"练"的理念得到很好凸显。

字理：特别是"巷"字的教学，你引用了成都宽窄巷子的图片，利用"大街小巷"字理的变化，学生兴趣很高，记忆很深。此时，请忽略宽窄巷子那些美食带给我的片刻走神。

拓展：关于传统节日的古诗名篇《清明》《元日》《九月九日忆山东兄弟》《乞巧》等，都被切入得很巧妙。这些一定要在课后再做功课，让学生去读记，这将是他们课本内外所获得的宝贵知识。

课堂很轻松，歌声、笑声、书声、快板声，声声动人。但有最后一个声音响动大了点，就是朗读时拍桌子打节奏。那些"熊孩子"一兴奋，可就不好掌控。课堂上还有令我感动的一点，让同学说说诸如六一儿童节、五一劳动节、圣诞节、复活节、愚人节等是不是传统节日，然后告诉孩子们传统节日是从我国古代传承下来的节日，是中华民族悠久的历史文化的一个重要的组成部分。让学生带着自豪的感情再来读课文。我们的孩子太需要这样的教育，课后，一定要为孩子们设计组织关于传统节日的探究实践活动。

对了，美丽的她，叫钟丽。

四、情境浸入式

我想，静平一定是一个吃货。

不然，她为什么会选《中国美食》来执教？不然，她怎么会在开场时就让一段《舌尖上的中国》来搅动了全场师生的味蕾？

酸甜麻辣听课记，明知所有美食都在屏幕和课本上，可望而不可即，却深深地抓住五十几双明亮的小眼睛。张老师的套路也很深。

师：孩子们，想要做出美味的食物，有一样必不可少的东西，那就是制作食物的原料，我们称为食材。接下来，老师将出示一些食材的图片，看你们能不能大声地说出它们的名字。（教师出示食材图片，指生认读：蘑菇、菠菜、茄子）

交流识字方法，相继认识"菠""茄""蘑""菇"，重点指导"腐""菇"的读音以及草字头的字大多和植物有关，并引导学生进行拓展：草字头的字还有哪些？

发现了吗，这写字都有什么规律？一都有草字头，二都是形声字。在用形声字识字的过程中，出现了一个小意外。"茄"是形声字吗？学生认为字的下半部分为"加"，不太确定，老师有些迟疑，便搪塞过去了。难道"茄"的另外一个读音不是jiā吗？亲爱的，多音字，了解一下。

聪明的老师总是这样善于"设计"，打乱课本排序，将草字头的字归类认识。这个不错的教法一直延续到教学"烤"字。

师：看看我们的生字宝宝里，还有没有能按偏旁归成一类的？相继引出"烤、爆、炖、炸"。归类识字根本停不下来，"煮、煎、蒸"又排着队来了，引导学生发现带四点底与火字旁的字都与"火"有关。这样归类，不仅仅是因为这些字都带有"火字旁""四点底"，这些也是描述不同美食的不同"做法"的动词，细想之下，还是很妙的。教材编排，也是用心良苦。

《中国美食》这样的课，真是让我欢喜让我忧，因为我的心一面感受着归类识字带给孩子的提升，一方面又要忍受着各种美食在情境中被反复认读、朗诵、配图、交流勾起的食欲。中国美食文化博大精深，大小吃货们垂涎三尺学完本课，难免会在美食的世界里做一番实践探究吧。

这，正是我们想要的。

五、跨界融合式

这一节课，特别。

我看到了一个跨界语文老师的努力。

导入新课比较有新意，出示"编织"一词，联系生活实际，蜘蛛织网、织毛衣等生活情景，知道编织一词与丝线有关系。看，有一群小朋友在沙滩上编织童话——板书课题《沙滩上的童话》，既学习了生字，又导入了新课。

读课文环节，首先是听读，布置了两个问题：①认真听课文朗读；②注意文中的生字和词语，并用笔批画出来。然后提出解决问题的步骤：听得要仔细，边听边用笔圈画。孩子们执行得非常到位，没有长时间的严格训练，二年级的孩子是做不到这些的。这说明，你日常的训练是扎实的。

第二次读是自由朗读课文，要求：读准字音，读通句子。这个环节你说了一句话："一看第一组我就知道都完成了，他们端正的坐姿告诉我的。"这是在肯定一部分孩子的进度来督促另一部分孩子加快进度；这是在肯定一部分孩子积极的学习状态来刺激另一部分孩子保持积极的学习状态。

接着是学习生字，也就是我们识字课的教学内容。课件出现了课文的一类生字让学生认读，达到"我能读准确"的要求。"坐得最端正的×××一定读得最好。"一句话，任务下达、个别表扬、组织教学，三合一。孩子在认读的过程中出现问题，你让同学评价，同学们把问题都说出来了，这说明，一个孩子在认读，其他孩子在倾听。一类生字很多，一共有十六个，一个个认读组词确实有些枯燥了，但接近尾声时，全班同学还是非常热情、非常积极地在努力地认读，坚持着，响亮地读着。很让人感动的情景啊！

这样集中识字，枯燥地认着读着记着，又何尝不是我们最常态的一种识字教学的方式呢？我们在继承，我们还需要创新。如何克服集中识字的枯燥和学生认知的疲惫，还需要我们再深入思考想出对策。你也意识到了这种枯燥，马上注入了新的方法：数字加偏旁法、想象法、形近字对比法等，识字游戏"看谁捡的贝壳多"让课堂气氛活跃起来了，全班都围绕着识字的内容活动着。"无事生非"，孩子们始终有事做，自然没有"非"生了。

从一个中学的政史老师，"跨界"成二年级的语文老师，我看到了你在课堂上的努力，那些适合儿童的教学方法，那些寓教于乐的课堂游戏，那些充满童趣的课堂语言……正在慢慢地走向腹腴内秀的你。

正如，你，郑凤云，正在慢慢地变成一个小朋友们喜欢的小姐姐。

六、能手示范式

说完这些教坛新秀，不得不说的是那些老前辈。识字课的最后一课，通常重量级（不是指体重）选手都是用来压轴的。

马虹，省级优秀教学能手。一个所学专业是信息技术，本科英语毕业，教了二十年语文的"大师傅"。

虽然和钟丽同时上了《传统节日》一课，但不同的是这一课使用了一体机交互式互动教学，果然，精通信息技术的语文老师，在公开课的时候总是要炫一下技的。

很语文：从开课的"车""转"在书写时的笔画变化，我们就被语文课的"严谨"所打动。相机出示的古诗词让课堂的内涵变得厚重，各种朗读、对读、圈点勾画都没有改变一节"语文课"应该有的味道。这，让我隐隐担心的"媒体冲击"的压力缓和了许多。

很技术：交互式一体机，避免了PPT提前设定无法速记预设的缺憾，学生汇报时，根据学生的生成随机就可以将相应内容拖拽出来。特别是在课堂练习的环节，设计了节日和时间的连线搭配，学生可以和多媒体实现人机互动，点击连线纠错，参与度很高，及时、高效地检测了学生对知识的掌握程度。

很生活：最有创意的亮点是本土生活资源进课堂。在讲到春节时，播放的是我县正月十五闹元宵装社火的图片；在清明节的分享中，出示了我校刚刚举行的清明烈士墓祭扫活动，告诉同学们这个节日有祭拜祖先及先烈的习俗；在重阳节中，结合我校的敬老实践活动引导谈话，这些都将课文内容和生活紧密地联系起来。

突然想到，讲《乞巧》的时候，我们今年那个"花开洋州鹊桥相会"网红景点也是很不错的资源呢！这张图不就可以用来导入"乞巧节"吗？有点脑洞大开哈。

作为出道早的学科带头人，她在课堂设计环节，以及执教过程当中表现出来的教学机智、及时评价、课堂调控都是过硬的。虹姐，首先语文的虹姐，然后才是信息的虹姐，整合好了就是大家的全科全能虹姐。

七、全能努力式

最后，我想说说我自己和我们大家。

新校建校，我们一起进入了城南学校，成了同事、新朋友、新伙伴。我很乐意和你们一起成长，包括未来道路上，我会遇到的每一个年轻的老师。这仿佛回到十几年前，看到我上识字课《菜园里》的画面。你，是曾经的我；我，是未来的你。

《大学》说："知止而后有定，定而后能静，静而后能安，安而后能虑，虑而后能得。"含义是：知道应该达到的境界才能够使自己志向坚定；志向坚定才能够镇静不躁；镇静不躁才能够心安理得；心安理得才能够思虑周详；思虑周详才能够有所收获。"老祖宗"认为，"定""静""安""虑""得"是有效学习的五个环节，其基础是"定"。就是坚定方向，也就是我们说的"不忘初心"吧。

可以这样比喻，一、二年级的识字教学就是语文的"初心"，第一学段的识字写字就是语文学习的根基。我很感动大家在课堂上呈现出来的理念、散发出来的热情、彰显出来的扎实。我们所有的人在这个过程当中，既是"渡人"又在"渡己"。

部编版每一册教材，细细地揣摩每一篇课文的选入，这期间经历了多少推敲打磨，最终才成为我们和孩子一起学习的素材。中国的汉字了不起，落笔成画留下五千年的历史，一撇一捺都是故事，跪举火把虔诚像道光，四方田地落谷成仓，古人象形声意辨恶良，汉字的美、汉字的意、汉字的韵，值得我们三思六想。我们的课堂上，何婉教"网"，钟丽教"巷"，哪个汉字不传承着文化之内涵，想象之神奇，造字之精妙。所以，我们更应该带着一种情怀来教学汉字，亦来和学生一起重新当一次学生，因为在博大精深的中国汉字面前，我们永远要心怀敬畏和虔诚。

不服，你读读这些生僻字。跟我一起读——

茕茕孑立沆瀣一气踽踽独行醍醐灌顶

绵绵瓜瓞奉为圭臬龙行龘龘犄角旮旯

娉婷袅娜涕泗滂沱呶呶不休不稂不莠

咄嗟蹀躞耄耋饕餮囹圄龇龉觊觎龃龉

狷轭黼轩怙恶不悛其罍觇觇腌臜孑孓

陟罚臧否针砭时弊鳞次栉比一张一翕

是不是需要注音版才能勉强读出呢？不得不服，是折服，是叹服。在汉字汉文化面前，让我们一起当学生，永远当学生。一撇一捺书写成字，一平一仄谱写成诗。教好汉字，是一份浪漫的工作，一份精致的追求，我们，应当感到幸福。

小仙女们，盛开吧，都挺好。

一句话，一辈子，一生情

九月微雨，在书院中学的校门口遇到了他。

人群中，他精神矍铄，一件白得发光的衬衣笔挺展拓，头发依然如以前一样纹丝不乱。一回头，他便认出了我，唤我名字。

这一天，是2020年的教师节。

他作为退休教师的优秀代表，出席今年的颁奖大会。已是两三年不见，我分外惊喜，那熟悉的唤我的声音，那张脸依然挂着慈父般的微笑。我一把拉住他，鼻子一酸就想落泪，竟然就像一个大孩子见到久别重逢的亲人。

一、这个丫头我曾经见过

2003年，在乡村工作八年之后，我调入了洋县南街小学。在这所百年名校中，我初来乍到，默默无闻。后来机缘巧合，我成为一年级实验班的语文老师及班主任。

那一年，正是新课程改革在汉中地区轰轰烈烈实施的第一年，教研员和学校的领导会经常到一年级来听课调研。暑假，一场全县范围内的新课程课堂研讨活动正在筹备，学校推荐我上语文公开课。我有点惊讶：学校有那么多的名师能手，我新手上路经验尚浅，何以选择我代表学校"出战"讲台？当时的常校长似乎看出了我的心思，对我说："没有关系，新课程、新理念，我们需要新老师、新面孔和新教法。我们会给你联系教研室专业教研员来手把手指导你。"

就这样，我见到了我的师傅。

初见，在校长的办公室。

"这个丫头我在哪里见过。"他想了一下，"对，在谢村镇中心小学。"他肯定地说。那几年，他们常去乡下学校推广快乐教学和习作专项，我虽然没在这个课题组，但也许在活动中有过一面缘。

这就是和他的正式见面，也是他成为我师傅的第一天。在他的指导下，我执教了《菜园里》这节识字课。我印象很深，写"菜"字的时候要认识草字头，要说"你看，它顶着大草帽来了"；写"圆"字的时候，认识大口框，要说"你们看，它挺着圆圆的大肚子来了"。我偷笑，咦，我这位师傅，咋还挺会卖萌的。

二、明天你会出现在这里

可不，这只是会卖萌的师傅刹那的高光时刻，也许，只有我这样的一年级老师才有机会见到他这"可爱"的一面。大部分时候，他严苛、严肃、严格。

每一次评课，他必谈课标。比如：在新课程标准的第几页写到，小学语文第一学段的阅读要求是……我偷偷在抽屉里翻着，神了，真有！那时候，敬仰之情犹如黄河之水，我心想：一定要好好读书，不然栽到师傅手上，可得落个不学无术的恶名。又比如：你上课的时候，写某个字，他会说这个字的笔顺错了，不信去翻字典。一看，毫无悬念，师傅果然是师傅。

谈道论课，他洋洋洒洒；引经据典，他神采飞扬；旁征博引，他信手拈来——他的笔记本上全是密密麻麻的手写稿，写在本上记在心里再表达于口中，他成了我们的偶像"活课标"，行走的"张字典"。于是，这样一位师傅让我们既敬佩又害怕，我想，这就叫——敬畏吧。

那一年研讨会上，我又接到师傅的"密诏"，要给全县教师完整展示一篇课文两个课时的示范课。我们选择了三年级的《秋天的雨》。下午放学后，冒着秋天的雨，我去教研室给他看教案。两课时的教案我写得苦不堪言，如何取舍课时内容，又要很好地全方位展示教学过程，我熬了几个晚上，也不知这份作业，师傅是否满意？

他看得很仔细——戴着眼镜，拿出笔，一字一句，时而勾画圈点，时而翻看教材，时而闭目沉思，时而笔敲桌面……窗外的雨，滴答滴答；墙上的钟，也滴答滴答。时间一分分过去，十分钟、半小时、一小时……他一直在看，没有问。我心中风起云涌紧张得大气都不敢出，屋内静得只听到雨声和钟表的"滴答、滴答"。

终于，他抬起了头：我们来说说课吧！开始了，一个环节接一个环节，我不知道过了多久，也忘记了具体的问答过程，只记得结束时我已头昏脑涨，回家时已是半夜三更。"这么难，师傅，我可以上一课时吗？"我弱弱地问，脑袋里面只有三个字"太难了"，欲哭无泪。

"明天早上，太阳升起的时候，你会出现在这里。"他说，"我相信你。"

三、初生牛犊不怕虎，服了

第二天，我果不其然出现在了他的办公室，雨过天晴，迎着朝阳，睁着熬夜重新备课的熊猫眼，带着如释重负的微笑，和一份可以打九十分的新教案。师徒之间，就是这么心照不宣。

2010年，名师之路第一届。

我竟然是作课教师，说出来真的挺后怕的。可那时的我，无私无畏，课比天大。第一届是西部六省联合举办，在全省范围招募一名代表陕西省上课的青年教师。我看到通知，便自己投了简历，上传了一节公开课视频。两周后，我就收到来自主办方的邀请函，以及对作课和展示的要求。我拿着通知屁颠屁颠地去找师傅，他一看，严肃了起来："你这个女子，胆子够大啊，这场子你也敢上？窦桂梅、贾志敏、支玉恒、王崧舟……和他们同台，你可有底气？"

师傅这话一说，我哪有底气啊，一下子就成了泄了气的皮球。"那怎么办？已经踢了这馆，也不知道天高地厚，这也没有退路了，只有向前走走看。没事，研讨嘛，课有问题刚好提供反面教材和谈论话题，绝不毁师傅一世英明。"

无惧无畏才是我师傅！他终于和我一起硬着头皮上阵。组委会要用苏教版教材，这对于用惯了人教版教材的我们，又是难题。不怕，师傅不愧是师傅，一天组队，两天出课，第三天进省，第四天上台。恬静浪漫的《月光曲》，贝多芬和盲姑娘的相遇故事谱写的光明之音，也正如同我和师傅之间的缘分，世间万物就是如此冥冥注定。

课后，贾志敏老师为我点评，并现场即兴说课辩课。我心里发怵，但强掩心虚自说自圆。暴露出这么多问题，这下要被师傅训惨了。谁知，台下的他一直全程和蔼地笑着，淡定地看我在台上"自救"，无视我满满的求生欲，还帮我拍照。后来，他说：

初生牛犊不怕虎，服了。

好吧，多谢师傅的不打之恩。

四、不要哭，你完全可以从头再来

2011年，中断十年的陕西省教学能手评赛拉开帷幕。我们喜大普奔，披荆斩棘，直入省赛。

那年七月，踌躇满志的我最终因为准备不充分而与"省能"擦肩而过。我这个公开课赛场上的"常胜将军"意外惨遭滑铁卢。回乡的大巴翻越秦岭，蹚过汉水，我竟然有一种无颜见江东父老、无颜见师傅的愧疚感。

见面后，他见我情绪不太好，拍拍我的肩膀说："不要哭，你完全可以从头再来。"有这句话，我也就有了坚持下去的理由和强大支持。第二年，我全力以赴备战，一到六年级的课程全部备了一遍，不清楚不确定的地方发给师傅，让他审看；不好上的课我反复尝试，让师傅现场把关。当然，师傅不是我一个人的师傅，整个洋县的小学语文老师，甚至很多其他学科的老师，都得到过师傅的指导和帮助。他耐心、无私地陪伴着一届又一届的赛教选手，是良师益友，如兄似父。

关于这届爱徒，他曾经写下这首诗——

能手名谱

花娥芬斐静梅兰，

东虹艳丽爱蓉婷。

菊超玲婧娜强健，

赵娟红莉俊芳贤。

诗句大意：花蝴蝶（建娥）在宁静的梅（红梅）兰（张蓝）芳芬（庆芬、田斐）花（爱华）丛中翩翩起舞，东（旭东）边的彩虹（马虹）光彩四射，辉映着蓉婷（晓婷），分外艳（艳云）丽（小丽）。菊萍、邓超卓尔不群，华铃、杨婧有才能，覃娜、王强、黄健坚强稳健，赵娟、菊红、群莉、俊芳、云贤这群人外表俊俏、靓丽，名声远扬，内涵贤良、豁达、敬业、阳光。这首诗作于2014年11月。2011年至2014年四年间，师傅亲历了诗中记入的26位陕西省教学能手参加县、市、省教学能手评选赛教的全过程，见证了他们的成长，也分享了他们成功的喜乐。

师傅悄悄把这首诗发给我看（以上是他的原文），我发了朋友圈，徒儿们应者如云。嗨，这就是我们的师傅！他一辈子想低调，可实力不允许。看，他打下了洋州名师团队的半壁江山，桃李天下、高徒林立、师者风范，至今怀念。

五、工作坊是个什么组织

2014年，我入选陕西省首批学科带头人，作为汉中地区第一个小学语文工作坊，前无古人。我懵懵懂懂、跌跌撞撞地拿着实践方案敲响了师傅办公室的门。有困难，找师傅。

工作坊，这是个什么组织？

原来，也有师傅不懂的地方。我细细地把我学带培训所学给他讲了一遍，又把三级三类骨干体系的建设、关于第一批工作坊建设的思路做了一番慷慨陈词。他放下手头的工作，一直认真地听。那一刻，师徒的角色好像穿越了。我突然想笑了——

师傅，别谦虚啊。

这就是我不苟言笑、学术严谨又谦虚谨慎的好师傅。听完我的陈词，他细致地帮我分析了我的方案，可行性、操作性、地域性以及如何展现效果，如何收到实效。而后，他留下了我的方案，进行了密密麻麻的删改（也许，师傅也为了徒弟的事业熬了夜）。我的工作坊启动、开坊、课题研究、中期汇报、课程展示，他无一例外地召之即来，来之能导，导之有理。

其实，我深深知道，那时的师傅已经年逾退休，他完全可以不再参与这工作，图个清闲自在；我也知道腰椎经常折磨他，听课坐不了一节课就要站起来捶打腰背以缓解酸痛；我也知道他家事缠身，上有老下有小，一大家子需要他的奔波……

可是，我们还是这么依赖他。

六、其实，你可以有个更好的平台

2015年之后，和他见面就越来越少了。

偶然，在关寺遇到退休锻炼的他；网上还聊，我们共同为教科所写的调研报告；那年中秋我带着水果去家里看望生病的他；陪他和师母去家电商场买洗衣机；去贯溪他的老家，那是他父亲的丧礼；在开明小院，是他嫁女儿时的红火幸福……

一生太短，我看着我的师傅一天天变老，也看到自己额头的皱纹和心底岁月的伤痕。我想，时间，时间，你慢些吧，我们还有很多话没说，还有很多文章没有写，还有很多的课没有上，怎样才能留住这流沙般的过往。

2020年9月9日，书院中学，洋县北片区教师节庆祝大会。

九月微雨，在书院中学的校门口遇到了他。

人群中，他精神矍铄，一件白得发光的衬衣笔挺展拓，头发依然如以前一样纹丝不乱。一回头，他便认出了我，唤我名字——爱华。

我穿越人群，和他挤到一张桌子上。他说：现在当校长了，一切可好？这一问，我便不能自已潸然泪下。师傅说：还记得八年前，我说的话吗？其实，你可以有一个更好的平台。我不会看错人，你会是一个好老师，好校长。

让我怎样感谢您，我的好师傅。那个您曾经在乡下学校见过的丫头已经长大，那个您曾经搀扶着跋涉在书山课海中的菜鸟已经羽翼渐丰。因曾经有您，再大的风雨，都心生暖意；因曾经有您，再多的波折，都无畏无惧。感谢您，一束迟到的鲜花，绽放着最芬芳的师生情，您的敬业精神，您的治学态度，匡正了我们的人生之路，影响了我的教师生涯。

经师易遇，人师难求，在这个意义上，我是幸运的——一腔热爱，二人师徒，三生有幸，四书五经，阅遍六大年级，共研七出古都，八人赛场，九久难忘，十分感动。我遇恩师，一路可歌。

心怀感恩，所遇皆温柔。

师者风范，所见有风骨。

今天，我要自豪地告诉所有人，他，就是我的师傅，从教之师，讲台之师，人生之师，终身之师——

洋县教研室，张定华。

牛老师，真牛

一、从文字里圈粉

牛老师，姓牛，人更牛。

作为陕西省学前师范学院文学院的院长，先看看他在近年来各种典礼上的讲话，初步感受一下他充满文艺气息的"牛气"——

《用尽洪荒力实现小目标》——在学校2016年新生开学典礼上的发言；

《愿你道路漫长，回望尽是美好！》——在中文系2017届毕业典礼上的讲话；

《守巍巍终南，望秀美神禾》——在中文系2018届毕业典礼上的发言；

《青春四海，灿烂一生》——在文学院2019届毕业典礼上的讲话；

……

作为一个"标题党"，时刻关注牛老师的我，每每一看到题目便一"名"惊人，就能想象出属于他的独特的文字风格和讲话风范。牛老师出品，必属精品。

此处，随手引用一段他的文字——

"天地绿阴雨"，陕师院弥漫着离愁别绪；"四海有青春"，神禾原充满拔节向上的力量，召唤着大家奔向诗与远方。盛夏如约，繁茂生长。首先请允许我代表文学院全体师生向2019届毕业生送上最诚挚的祝福，向为你们的成长日夜操劳的父母家人、亲朋好友表示崇高的敬意。我们都是陕西学前师范学院历史的创造者与书写者，我们为自己送上最真诚的祝福。愿我们这样努力的人，都灿烂过一生！

一梦三五年，珍重此时祝。过去的这几年，我们一起走过了跟依萍找她爸要钱那天一样大的风雨，跨越了热死校园网的夏天，经历了跑到图书馆楼顶在寒风中呼喊马老师的拼搏，共享了有语言文学、各种"子""斯"相伴无所畏惧的欢乐。语文教育专科生大都顺利通过专升本考试，升入理想的本科院校。10位汉语言文学本科生考入心仪的大学，攻读硕士学位。大家中间还有令人感动的点点滴滴：我们共同聆听了著名作家贾平凹、曹文轩的报告；12位同学的文章刊发于《西安晚报》《教师报》《陕西教育》等报纸杂志；"筑梦马栏"社会实践团队被团省委评为省级优秀；6位同学远赴新疆实习，在大漠孤烟、长河落日中感受到了火热的"一带一路"建设；大家创办的"镜与灯""乡音""一字一画"等栏目已然成为靓丽的风景线。"红日初升，其道大光。河出伏流，一泻汪洋"。我们的青春在奋斗中熠熠生辉，我们的梦想在奋斗中破茧成蝶。

——在文学院2019届毕业典礼上的讲话（牛文明）

于是，我常带着欣赏的心态去细读他的文字，轻松幽默，文艺清新，因为他的受众群是那一伙青春正当时的大学生，所以他的特定文字便充满了时代的气息。网络"潮语"随风潜入夜，深情"告白"润物细无声。"小仙女""本宝宝""童鞋们""有木有""给力""神马""浮云""伤不起""躺平"等这样的词语，总能贴近学生的心理，又吻合他们离别的心境，那必然会博得热烈掌声，赚得无数的眼泪，又在转发中成为热文收割粉丝无数。

然而，牛博士饱读诗书的文学功底可不是用几个网络热词就能"哗众取宠"的。他引用卡夫卡"我们称之为路的，其实只是彷徨"，因此，请你永葆力量；引用胡适所言，"向上做去，得一分是一分，得一寸是一寸，只要有此进取精神，人生才不会让人失望""吹灭读书灯，一身都是月"，希望大家在日月光华中感受生而为人的骄傲；他引用霍金《时间简史》"宇宙中的一切物质由正能量组成"，让世界因为我们的存在而变得美好！他引用周国平"人生有三次成长，一是发现自己不再是世界的中心的时候，二是发现再怎么努力也无能为力的时候，三是接受自己的平凡并去享受平凡的时候"，告诉大家面对未来生活的一种态度，正视平凡；引用辛弃疾《太常引》"乘风好去，长空万里，直下看山河"，告诫青年，应孜孜追求迎向那真理之光，扬起青春的风帆，挥斥方遒，归来少年。

看，信手拈来，引经据典，字字珠玑的牛老师，化人攻心。这些"鸡汤"醒神，"鸡血"励志，化作锦绣文章、铿锵演讲倾吐而出的时候，我们由衷感叹：

牛老师，就是牛！

二、与牛老师结缘

这么牛的老师，我何其有幸，是如何认识的呢？

时光得倒回到八年前。

2014年4月16日，在第19个世界读书日来临之际，中央电视台新闻中心播音部和商务印书馆主办、陕西学前师范学院协办的"'放飞梦想的翅膀'秦巴山区公益行动·《新华字典》助力全民阅读央视主播走进陕西洋县"公益活动在洋县华阳希望小学启动。李瑞英、李修平、贺红梅、章伟秋、胡蝶等12位中央电视台的著名播音员来到洋县。

于是，学前师范学院的牛文明博士与南街小学主持活动的邓爱华老师相遇了。时任中央电视台播音部主任的李瑞英，在课堂上与孩子们说普通话、写规范字，并不宽敞的阶梯教室挤满了师生和慕名而来的参与者。"水尝无华，相荡乃成涟漪；石本无火，相击而发灵光。"就在这场上千人参与的阅读活动中，成就了我和牛老师的匆匆相识和离别。

然而，有缘的人总会再遇见。

两个月之后，首批陕西省学科带头人启动仪式举行，学前师范学院成为小学段的培养基地。我接到了牛老师的电话，让我作为学员代表在启动仪式上发言。这样，牛老师成为我们名正言顺的导师。

谁也没有想到，这一导就是很多年。

学带培养的一年多时间里，几次培训和答辩，我们学在学院，住在学院，吃在学院，玩在学院。那充满着年代感的古朴小楼房，两旁铺满梧桐树的林荫大道，栅栏里上演"生龙活虎"的篮球场，凶巴巴的宿管大姐和紧邻着工地的"坑"景房，十块钱可以吃到撑的饭堂，总是掉线的机房，一大群性格、年龄各异的男女同学。幸福，这就是我缺失的大学生活吧。

也许是因为特殊的缘分，牛老师特别信任我，把教室和机房的钥匙交给我，并委以重任，当好文科组的班长和服务员，这些对于我都是人生第一次尝试。人，多些任务和挑战，就会多一份责任，多一种成长。记得有健忘症的我险些丢了钥匙，或者睡过头了迟到让同学们等待的尴尬；在课题申报陈述中，面对我熬夜苦心制作的PPT，他一句"能不能不要搞花架子"的扎心提醒；在东前进小学第一次全员公开课研讨，初生牛犊不怕虎的我主动请缨，上完《望庐山瀑布》的紧张和听课中牛老师紧皱的眉头……这一切，都如此清晰地留在我的学院生涯里。

是的，因为不是真正意义的大学生，我没感受过牛老师写的"食堂抢饭的苦和学校哈密瓜的甜，屡丢不止的热水壶和令人拍案的讨壶檄文；咬过你被单的护校'神羊'和一路金黄灿烂仿佛没有尽头的迎春花"，但正如他所说，时光虽短，聚散匆忙，我们曾经拥有的平凡生活，不完美，但有光。

离别的日子，是2015年的7月20日。那一天，首批学科带头人的结业典礼在学院举行，我是主持人。

一年多的学习培训，任务驱动，课题研究，成果展示，考核答辩都要在这一天面临终考。有展示就会有压力，有考核就有淘汰，同窗八十余人何去何从，几家欢乐几家愁，我们既要面临离愁别绪，又要煎熬地应对严苛的答辩。

在这样的情况下，比我们更焦虑，更紧张，更努力，更难以割舍的竟然是牛老师。当我后来每每看到他写给大学生们的毕业寄语时，都会想起那个离别的夏天，属于我们师生之间的，那场特殊的毕业致辞——

我们陪伴大家度过人生中最奋斗美好的时光，目送大家走向生活的彼岸，唯有美好的祝福相伴。

一年多的相处，一生亦师亦友的情谊。你们在辛苦地学习、研究、提升，我们也在如何做好培养上不断地尝试。不容易，都挺难。作为你们的导师，我

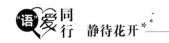

不希望任何一个人被淘汰，一年辛苦后空手而归，为此，我彻夜难眠……

——在首批学科带头人结业典礼上的即兴发言

他哽咽了，泪流满面——我的牛老师。

没有讲完，他如鲠在喉，泪如泉涌，不能自已，突然转身，平静片刻，然后像个无助的小孩一样低着头跑下讲台，穿越大礼堂的过道，在所有同学的抽泣声中，在追随的目光里，消失在后门的拐角处——他用背影默默告诉我们：不必追。

这一次送别没有长亭古道，没有浊酒金樽，只有热泪盈眶，只有后会有期。

这也许是牛老师唯一一次没有完成的讲话。亲爱的牛老师，如果再给你机会，你一定会对我们说："夏至已至，万物繁茂。今天，你们奋斗的光芒，与巍巍终南，与秀美神禾，与三秦教育长存！"多愁善感，坦荡澄明。

所以才有了你的名梗——"学带虐你千百遍，你待学带如初恋。"这情怀，还有几人？

牛老师，就是牛！

三、青年才俊的"读"树一帜

更牛的，还在后面。

2022年开年第一喜报，陕西学前师范学院文学院院长牛文明教授获得2021年度推动读书十大人物，《中国教育报》在1月12日第6版以《从"自己读"到"推动读"》为题目对他的阅读推广活动进行了专题报道。

牛老师致力于推动全民阅读，围绕儿童阅读、中小学教师阅读、师范生阅读开展了多项活动，先后策划"放飞梦想的翅膀——央视主播走进秦巴山区公益活动""毕业典礼送字典""陕西省儿童阅读书目推荐"等活动，产生了良好的社会反响。他关于阅读研究的论文《群文阅读教学：学理探析与实施建议》还获得陕西省高校人文社科优秀成果奖。原来，早在2014年，我们初次见面的活动，就是牛老师做阅读推广的理念和作为。

从"自己读"到"推动读"，他最喜欢的一本书是《平凡的世界》，年少时，他从主人公身上汲取着攻坚克难、不断前行的力量；成为大学老师后，他仍然经常翻阅《平凡的世界》，逐渐发现自己也成为平凡有光芒的"书中人"。对"平凡"的深刻理解和真切体悟中，影响更多的人拥抱生活、热爱生活、珍惜生活，努力成为生活的主人。

因为在师范院校长期从事教育教学工作，他不再局限于书斋"自娱自乐"式的苦读，开始进行走遍三秦大地放眼"教育田野"的阅读推广探索；他组织未央区200余位中小学教师开展共读《如何阅读一本书》；先后受邀深入几十所学校进行教师阅读方面的讲座；对于在校师范生最具"仪式感"的是每年"毕业典礼送字典"活动。原来，这又是牛老师阅读燃灯人的"小心机"。疫情期间，他开设直播课，使全省教师受益。我记下了他的四句话。

登高博见——让精神发育永不停歇

专精覃思——让省思成为生活方式

读写融通——走向自觉的专业成长

风月同天——构建教师阅读共同体

隔着屏幕，他和我们一起朗诵了《岳阳楼记》中正能量满满的经典篇章——至若春和景明，波澜不惊，上下天光，一碧万顷；沙鸥翔集，锦鳞游泳；岸芷汀兰，郁郁青青。而或长烟一空，皓月千里，浮光跃金，静影沉璧，渔歌互答，此乐何极！登斯楼也，则有心旷神怡，宠辱偕忘，把酒临风，其喜洋洋者矣。他说，愿我们再次相见，能相逢在高处！

这坚持，这执着，这创意，这影响力，这数十年如一日把一件事情做到极致的情怀，就是这么牛！

看看牛老师的"牛"履历吧——

牛文明，博士，教授，陕西学前师范学院文学院院长，北京师范大学访问学者，陕西师范大学兼职研究生导师，入选陕西省高校青年杰出人才支持计划。陕西省中小学幼儿园教师培训专家库、语言文字工作专家库成员，主持国家社科基金教育学青年项目"西部连片特困地区中小学教师专业发展路径与培训模式研究"。主要研究方向：课程与教学论、教师教育。

而他，是一个80后。

青年才俊，意气风发，未来可期。

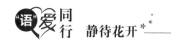

牛老师，就是牛！

四、尾声

一个人的生命中一定会遇到几个重要他人，回想起你人生每一个关键的转角，都少不了重要他人的存在。牛老师，不仅教会我们读书，还教会我们为师，更教会我们做人。在我的成长过程中，他是思想的导师，是学习的航标，是温暖的朋友，是并肩的伙伴，是生命中重要的他人。

揽怀于日月，纵情于山海，于是我们的教育会"云生梁栋间"，我们的生活就"风出窗户里"。愿我们的牛老师：

大河弯弯向东流，永远这么牛。

遇到教育最美的风景——马家军

一、人生最美是初见

《遇到教育最美的风景》是马老师的一本专著，也是我和她结缘的桥梁。

2016年的一天，接到来自咸阳的陌生电话，一个温柔悦耳的女声。电话那头是诚挚的邀约：正在做关于名师成长的研究，所以征集了陕西省内各地比较有名的教师，以他们的成长经历为第一素材，探寻名师成长个例中的规律，希望我能写写自己的故事。

于是，便有了我的个人成长故事雏形《种桃种李种春风》。这也是我第一次写成长故事，才发现自己二十年从教回首，竟也是一个有故事的人。正如今天我写的这本书《"语"你同行　静待花开》，最好的教育不是讲道理，而是讲故事。

这便是最早的启蒙和灵感。

写故事的过程，就是我两相识到相知的过程。我们的沟通更加自然、密切，她随我的讲述走进了我的世界，我也在倾心交谈中了解了这位久闻大名的名师楷模。现在，请允许我，官方且隆重地介绍她——

马晓霞，教育部首批领航名师，正高级、特级教师，陕西省首批"特支计划"教学名师领军人物、首批教学名师，陕西省先进工作者。现任教于陕西省咸阳市实验学校。

可那时，我们素未谋面。我经常在想，这位光环闪耀，循循善诱，温柔文雅的姐姐是什么样子的？戴着眼镜，斯文稳重，不苟言笑，这样才像个专家名

师吧?

不久,我们就在第二年的陕西省教学能手评赛活动中遇到了。

一张白皙皎如满月的小圆脸,被整齐蓬松的齐耳秀发包围,这"妹妹头"非常减龄,加上那灿烂的笑容和映衬得皮肤特别白皙的白色衣裙,我有点不敢相信。直到她一把将我拉住,喊出我的名字,我才断定——天上掉下来个马姐姐。就是她,那熟悉的声音。

一见如故。

二、咸阳湖畔的起航

2017年的冬天,马老师的工作室入选教育部首批名师工作室。她又一次打来了长途电话,邀请我加入她的工作室。

那时,我刚调入洋县一所新的城郊学校,除了一线教学工作,还有管理工作,非常繁忙,恰好经历了评优失利的小挫折,便有了佛系情绪。一度认为自己的专业发展之路可能到了尽头,或者说看不到什么未来。甚至说服过自己,建一个好学校,腾出更多的时间,学习一下学校管理的知识,也能做好教育,造福一方百姓。专业嘛,顺其自然,或者想当然地"力不从心"了。

一个电话又将我唤醒,让我看到自己内心对专业成长的那份渴求依然在燃烧。我答应了,并且非常期待。我渴望自己进入瓶颈的成长之路能遇贵人相助,更渴望自己已经不再年轻的岁月能一次次被新的挑战激活。

2018年3月,正是春暖花开。终于盼来了工作室的启动仪式,她推荐我在启动仪式上做示范课,和来自北京的特级教师张海宏老师同台执教,探索笔记式阅读在课堂上的运用。

于是,就有了课例《渔歌子》。

咸阳湖畔桃花朵朵开,三秦古都嘉宾再相聚。这是我第一次到咸阳实验学校,也就是马老师工作的地方。上课说课,座谈交流,专家讲座;王荣生老师亲临指导,薛法根老师倾心打造,教育厅教育局多位领导莅临,知名特级教师应者如云,《教师报》等多家媒体现场报道……光从阵容我就暗暗称赞,下定决心,不负使命,撸起袖子加油干。

庆幸，我没有被自己的倦怠打败，也没有被心中的阻力而消磨。工作室选择了我，我也选择了一种值得期待的新生活。

有了一个新团队，我们私下取名——马家军。

三、一群人一个团一起走

《唱响奋斗之歌，不负知行之力》是她为工作室三年总结汇报写的文章。这三年，我们一路并肩而行，写就了亦师亦友的成长慢歌。

坚守，做立德树人的践行者。她为我们讲述于漪老师的报告，谨记先生的教导：一辈子做老师，一辈子学做老师。学做人师，做好人师！感人至深处即是她从教一生、奉献一生的情怀、思考、坚守、变革与创新。

我感觉自己，在和于漪老师面对面。

引导，走向自己的问题研究。这是我最迷茫的部分，怎样形成自己的教学风格，提炼自己的教学思想，从那些琐碎零散的教学片段中走出来。

工作室开始尝试"基于核心素养的比较阅读的实践研究"，以课堂教学为抓手，寻找突破口，在改变语文学习方式上做文章。过程很艰辛，再选题，再修改，再讨论，再提升。中途我曾经四次在周末坐上火车去咸阳，当我风尘仆仆赶到学校时，都会看到同样的场景：一群人围桌而谈，或陈述，或辩论，或展示，或质疑。此情此景，我翻山越岭的疲惫就会被团队的激情抚平。

做课题：想清楚；做扎实；出成果。经历了一年多思考、实践、变革的过程，在马老师的指导下，我的发展方向更为明晰了。我们开始筹划为"笔记式阅读"形成一本专著。为什么要做笔记式阅读教学的课例研究？其独特的价值和价值发现是什么？从哪些维度来思考问题？笔记式阅读记什么？不同的学段有什么要求？笔记式阅读教学的实践策略是什么？如何形成一本有体例的专著？又是一次次地集中研磨，线上沟通。

原来，教学科研是这样展开的。

改变，语文教学的力量。我们分别在咸阳市实验学校、宝鸡文理学院附属小学、洋县青年路小学、长武县恒大小学等实验学校进行实验班级对比教学，取得了显著成效。课题研究成果《高品质学习的实践突围》，由王彬武处

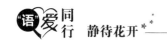

长作序《阅读教学是对学生思维的"塑形"》，薛法根老师作序《笔尖上的智慧》，我也作为编委出现在这本书的扉页上。

墨香，带来了成就感。

更是马老师带来的幸福感。

四、遇到最美的风景

萨特说，因为有了人，这颗灭寂了几千年的星，这一弯新月，这条阴沉的河流，才得以成为风景。

我不会忘记，我们结缘《遇到教育最美的风景》。

有幸结识马老师，融入更大的团队，认识不一样的人，看到更丰富多彩的风景。团队中每一个他，都是那么的博学可爱、有趣乐观，学识与品行兼修，智慧与颜值并重。美丽多才的安瑛老师，帅气阳光的梁斌，并肩同行的芳芹，优雅善书的剡小惠、刘小华，热情聪慧的魏靓、张娜……正是因为有了马老师这个魅力四射的"黏合剂"，我们才更紧密地成为一家人，凝结了前行道路上的革命情谊。

一起在马老师的办公室争先拍照，

一起去看古都咸阳的风土人情，

一起品尝八百里秦川的关中美食，

一起聊工作，聊学校，聊理想，聊人生，

一起在用心做事，彼此鼓励，相互感染。

那难忘的时光，是一群人在追求语文的美好和温度，提升自我乃至学生的人生境界，慢慢拥有光风霁月的胸襟和气象，追求更有意义、更有价值、更富情趣的人生；真正在润物细无声中，遇到教育成长更高级的段位。

五、尾声

2021年春天，我的家乡正是"满城尽带黄金甲"，最美油菜花海绽放出比往年更加灿烂的笑脸。因为疫情初散，山河无恙，春暖花开。

晓霞姐又一次给我打来了电话——

小邓，周末在家吗？我们来汉中看花。

哎呀，这是她第一次没有"夹带"工作的电话。我欣然应允。我想，我那群美丽的"小伙伴"，该是要装满几个大箱子——飘逸绚丽的衣裙，五彩缤纷的披肩，造型各异的帽子，神秘帅酷的墨镜……带上这些游客标配、花海神器，更重要的是美丽的心情和对生活的热爱，来一场说走就走的旅行，奔赴一场因缘而聚、因爱而约的双向爱恋吧。

瞧，花海洋州。

嗨，我真的遇到了最美的风景。

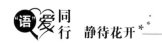

四城记

择一座城携一双手

洋县城固留坝略阳

四座城四个人

热血青春到平淡终老

风乍吹茶香四溢

一切正好

忘记了怎么开始，也不知从何时起，朋友圈有了一个叫"四城记"的小群。四个语文老师，四个热爱生活的姑娘，四座称不上"城"的十八线小县城，四种不一样的校园生活，将四个有缘人变成最熟悉的陌生人。在这里，你看到的是她们相识十年的第一次合体同框。

一、乐城：爱莲组合的最早萌芽

和喜莲的认识，有点喜剧，慢半拍。

哪一年，在汉中市赛教语文，赛场遇到刚上完课的她。

一袭素衣，长发飘飘。

打招呼才知，原来是我上师范时的班长媳妇儿。感叹，班长果然有眼光，把这么一个温柔贤淑的小师妹娶回了家。更没想到，她和我一样，也是热爱语文的人。赛间匆忙几句寒暄，留下了联系方式。

那一年，她获得陕西省教学能手称号。

再后来，她成为陕西省学科带头人。

跟优秀的人在一起，果然都是不甘平凡的人。

2016年的暑假，说走就走的我决定去参加教育公益行走。一张车票直抵西安，遭遇大雨瓢泼，得知湖北水患，孤身一人的我突然想到正在西安参加学带答辩的她，一个电话无须多言就成全了两人一场奔赴之行。乘坐火车23小时，风雨无阻，走走停停，终于抵达，离武汉180公里的小城武穴。

在这场令人难忘的教育盛会结束的"盛放之夜"，"爱莲组合"正式出道。

那一晚真是星光璀璨大咖云集，我们作为汉中的唯一，代表了两汉三国，代表了秦岭四宝，代表了蔡伦封地，代表了张骞故里，为大家表演了不同版本的《爱莲说》，来自全国各地上千人聚会，打破界限恣意地释放，无藩篱地快乐拥抱。

谁给我的勇气？是她。

真的，觉得她挺多面的。豁达时，是仗义的小姐姐助人为乐毫不含糊；工作时，是堪称楷模的校园"打工人"爱岗敬业；家庭上，儿女双全，据说和我的班长老哥举案齐眉20年没红过脸。有时候，她是一个温柔雅致的小淑女；有时候，她又是冷静利落的御姐范儿；有时候，她是嗓子超强的跨界歌王；有时候，她又是一孕傻三年的"铁憨憨"……

也好，百变喜莲，让你永远喜"莲"。

二、略城：一株美好的向日葵

就是刚才说的那个，带我去湖北的那张车票。

其实，约喜莲之前，是在高新某个学校和侯敏偶遇。

一个爱飞翔的公益项目。她也在，坐在后排。

她翻开了笔记本给我，是2015年我在龙岗做的培训，某一页，写满我那日"灌输"给他们的心灵鸡汤。遇到"小迷妹"欢喜得很，心里暗暗惭愧，这些鸡汤闻闻就好，千万别有毒。初次见面相谈甚欢。她热情地为我们推介"教育公益行走"，直接秒杀其他一众代言人。

于是，她成为我作教育公益的"月老"。

　　湖北武穴，她虽没去成，但却让我们还没有成行，并认识了一众天南海北未曾谋面的未来同路人。你看，她像不像个向日葵（那白皙小圆脸一笑还真像），把阳光很快传递给每一个人，又是那样向阳灿烂地对待生活：比如那些赛教路上的苦与痛；比如乡村支教快乐与忙碌；比如带着儿子去研学的创意；比如每天5点起床坚持跑步的自律；比如顶着烈日来看城南工地上搬砖的我。

　　最难忘的，是那年冬天，我去略阳送教。

　　晚上，我悄然离队去江边和她汇合，穿越一条街道，凌乱的夜市场，古旧的居民区，狭窄的楼梯，便到了她的家。

　　小屋不大，收拾得非常温馨整洁。她儿子和她正在里屋看故事书，火炉上熬着粥，满屋飘香。她系起围裙，端出盆盆罐罐来，我放眼一看：精盐、大油、核桃仁、豆腐、鸡蛋、土豆、腊肉、油炸酥食、韭菜沫，让人眼花缭乱。

　　原来，这就是传说中的略阳罐罐茶。

　　也是她，亲手做的罐罐茶。

　　在她的指导下，我们将与茶叶、藿香、面粉等熬制而成的糊状面汤倒入碗中，一碗酽酽的、浓浓的、均匀成红褐色的茶就做成了。喝着爽口的茶，嚼着香脆的调料，吃着烤黄的馍块，目瞪口呆，直呼：你怎么会做这么好吃的东西。

　　这话，如果让喜莲听到了，她肯定会说——少见多怪。她还会织毛衣、绣鞋垫呢。

　　我只记得，她拿陕西省教学能手的课堂上《三顾茅庐》的精练飘逸；只记得，她的为你读诗栏目清淡而动人的声音。果然，上得了课堂，下得了厨房。

　　这就是，宝藏女孩——侯敏。

三、留城——最是那温柔的一抹影儿

　　四城记，得以见面同框。全靠影儿。

　　秦丽妹妹，应该是个暖宝宝。

　　她从略阳到留坝，真的就留下吧。

　　她永远轻声细语、和眉顺目。就跟那日我们在读书会读到诗一样的"丁香一样结着仇怨"的姑娘。她这样写——

四城相知盼十载，故友新朋聚今朝。

青蓝花开悦两处，墨香声里叹流年。

我们四个，没有人比她的脾气更好，没有人比她更温和娴静，没有人比她更知书达理。

因为工作关系，我们时常会见面，比如一起当评委、答辩、考核或者培训。记得有次她答辩我评审，她对答如流，口才好得令人赞叹。几个评委说：这姑娘，看上去文静不善言辞的样子，说起话来思路清晰、表达到位、词汇丰富。我得意：那可不？

去留坝，本来是国培计划青年教师培训项目的一个讲座。我看了她发过来的课表之后，突然觉得这么好的课程来到汉中家门口，为什么不多带几个年轻教师去学习呢？一看时间，恰逢周末。

读书会，打卡老街最美书店。

边喝着早餐的豆浆，边给她打电话。

一拍即合，这么美的创意，这么美的相聚。无须多言，心领神会，三言两语，便期待这场值得期待的久别重逢吧。

她果然是个贴心的人，一直都是。

早早地帮我们联系好书店，诗书果茶什么都不用我来操持。推开店门，她早已到来，火炉已经点燃，茶水已经煮沸，音乐缓缓流淌，一束鲜花正摆在桌子上。这样的唯美，配青蓝读书会，是确幸。

在她的安排之下，在这家箪食瓢饮的市井老街，新朋故友因书相逢，握手、寒暄、拥抱、共读。美好，一直在流淌。

那晚，四人同游老街。街道不长，很窄。灯笼的微光是恰恰好的温暖，冬夜的花依然在暮色中盛放。安静得没有一个人，整条街都属于我们，这就是小城美好。

临走，她一直站在老街的路边向我们挥手。夜，路灯，将她的身影拉长。

留坝，带不走的只有你。

我们就把这份情，留下吧。

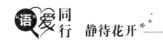

四、洋城——说说我自己和她们

洋城，果然听起来很洋气的样子。

其实，一直很幸运。如果职场和生活是个江湖，我游历多年，经历风雨偶见彩虹，更珍贵的是遇到这一众好友。

这四城记的女主角，相识长长短短，距离远远近近，见面三三两两，十年，未曾同框。

所以，久别重逢的四城记。

也敬，十年时光。

上完课，我们在黑板上写下——四城记。合影留念的时候，那个课上得真棒，歌唱得很好的王大漂亮范文，为什么没有我们？相见恨晚不是？我的心瞬间有些暖。不是吗？这一路走，又何尝只是四城。是抱团前行，是众行致远。一群人，一堆城，我们因为一个人爱上一座城，也因为一座城留下一群人。这就是，一路走的幸福与故事。

后来，我们把四城记改成留（六）城记，未来还要改成N城记。这一群热爱教育、热爱语文的老铁们"666地"快乐着，在旅途中相识、相知、相爱、相随的缘分胜过千言万语。

欣赏一个人，始于颜值，敬于才华，合于性格，终于人品。

自恋地说，这样一波有颜值、有才华、有性格、有人品的"四有"好老师，你，能不欣赏吗？

是啊，你我皆众生，经历的也都是普通的故事。知事、追梦、历劫、遇人、择城、静心、成家、立业、知天命……嗖嗖，半生已在普通和不普通之间过去了。只是，我们愿用普通人的方式，让自己长得好看，活得更漂亮。

当我讲顾城所说：所有的女人，终有栖息地，但不是他人，而是自己。

当你说读致橡树说：不做攀援的凌霄花。

当你来到老街说：今天我不是谁的妻，我不是谁的儿，不是谁的娘，我只是，我自己。

当你说起汪曾祺：如果你来访我，我不在，请和我门外的花坐一会儿，它们很温暖。

……

啊，是心动啊！春风十里、五十里、一百里；木瓜炖雪梨、芝士、玉米粒、鸡汁、土豆泥，不如你，全都不如你——

我的女朋友们。

"四+模式"下的学科指导中心

最美人间四月天，正是"语"你初见时。

2021年4月2日，在县教体局、教研室的指导下，洋县小学语文学科指导中心在青年路小学正式挂牌成立。经过近一年的摸索实践，我们初步探索出"四+"模式下的学科指导及教师发展共同体建设的思路。

"四+模式"的解读：何为"四+"？

这里的"四"是指学科指导中心建设从"团队构建""原则途径""网格管理""远景目标"四大关键点，拓展出来的四项基本思路。"+"就是在四大体系框架下衍生出来的创意、拓展等其他成效。这个"+"，就如同我们常说的PLAS升级版，更是给刚刚起步的小学语文学科指导中心一些更广阔的发展思路、潜能空间和未知可能性。我们暂且将其称为"四+"。

语文老师都喜欢诗意地表达，"语"你同行，众行致远，是我们的初心，也是诗和远方。我们过去三个月的工作，正是这样在"四+"模式下开展的。

一、起步筹备——四级组团，全覆盖到基层

"兵马未动，粮草先行。"早在3月份开学伊始，我们就前往书院学校、教研室等几次召开预备会，把学科指导中心这一"局长工程""学科工程""质量工程""师训工程"提上了议事日程。3月19日，王志峰局长来我校调研筹建情况，为中心的建设吹响了奋进的集结号。作为基地校的负责人及小语学科的省级工作室主持人，我感到责任重大，更看到了我县小学语文学科建设及教师成长的新机遇。

经过摸底，全县的602名小学语文教师出现在眼前。年龄差异、地域差异、学段差异、能力差异等成为摆在面前的现实难题。尺码相同的人可以抱团前行，尺码不同的人更是可以成为取长补短的良师益友。如何立足全县，让602名教师走进一个"共同体"，成为我们需要解决的第一难题。于是，几经商量我们确定了第一个"四"——四级组团法。为了全覆盖到所有一线语文教师，我们将以"种子"教师的形式，进行梯队式团队重建和分层。

第一层级：从专家指导组（7人）教研室遴选的。

第二层级：从能手引领组（14人）中心选拔的省、市级能手。

第三层级：从骨干新秀组（108人）中选拔，由各校（以中心校为单位）上报2~3名，并发挥"种子"教师作用，进行潜移默化式培训。

前三级合计108人，我们戏称为小语108将，披甲上阵。

第四层级：基层全员组，涵盖我县全体小学语文教师。

这样，形成的一个梯队式进阶模式如同金字塔，每一位教师都在感受"向上"的力量，仰望自己前进的方向，明确路在何处。

二、学科规划——四层网格：全方位，大融合

团队体系搭建好了，接下来面临的就是运行。小学语文团队被称为"最强战队"，因为从数量上看，省市能手、学带、名师等人数是最多的，但底座也是最大的。于是一张"纵横交错"的运行机制，在我们面前渐渐清晰，这就是第二个四——四层网格。学科指导中心的几位核心成员，预计分别按照下面四大板块进行分工，这样横向涵盖到每个年级，纵向精准到每种板块，斜面到达每个片区。

（一）年级学段负责

一年级：赵 娟　二年级：王 颖　三年级：刘 锦

四年级：张 蓝　五年级：杨小丽　六年级：王 强

（二）学科板块负责

识字教学：赵 娟 刘 锦　阅读教学：王 强 杨小丽

习作教学：张 蓝 杨海琴　古诗词教学：邓爱华 王 莎

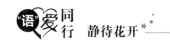

（三）片区引领负责

北片：洋县青年路小学　南片：洋县南街小学　西片：洋县城西小学　东片：洋县城南小学

（四）资源平台负责

城区四校每校负责一个月的成果推送。

东西南北风，四面辐射，一切都是刚刚好。

三、推进实施——四个结合：全推出，能共享

如果说这还是我们闭门造车地空想，那么，从4月2日开始，我们步入"实干"之路。人家"四月芳菲尽"，一张大合影将我们的记忆带回挂牌仪式暨第一次集中研修，拉开了学科中心正式启动的帷幕，也引出了第三个"四"——四个结合，开始了我们全面实施的步伐。

1. **研修路径：理论学习与实践操作相结合**

首先加强理论学习，主要针对小学语文课程标准及统编教材的使用、教学质量的提升等做研究。

2. **研修方式：线上研修与线下活动相结合**

采取线上线下研讨相结合的形式，以每月一主题，开展线上+线下的大教研活动。除此之外，我们的微信群、QQ群也是老师们交流学习、答疑解惑的线上平台。因此，实施资源互补，打破时空界限，未来势态良好。

3. **研修载体：中心活动与坊室联盟相结合**

结合我县目前被省教育厅挂牌的邓爱华名师工作室及赵娟、张蓝学科带头人工作坊等的协作推动，扩大我们的影响力和辐射面；对内，在东、南、西、北四个片区的联盟活动中，加入小学语文指导中心的送教送培，以快捷迅速到达基层。

4. **研修内容：学科建设与教师发展相结合**

在推进小学语文教学的同时，做好教师培养工作。以教学能手评赛、创新课堂大赛、教师信息化应用比赛、精品课评选等为微平台，开展教师培养及教学成果评选活动。

四、成果初现——四主目标：全渠道，出成果

我们来看这组数据：十余次较大规模的线下活动，32所学校的积极参与，56期简报，50多份成果集锦，20余万字文本凝聚，10G以上资源资料汇集，见证着一年多不平凡的日日夜夜，传递着小学语文字里行间的温度，记录着团队前行的坚实步伐。

成果一：业务引领的窗口——学科建设

以"课程标准"和"统编教材"为抓手，做课堂、做课例、做实践、做反思、做成果。我们学科成果有：一年级的拼音王国、二年级的童话世界，三年级的童心童诗，四年级的汉字王国，五年级的四大名著，六年级的畅游唐诗。团队用"项目化"学习的理念，助力不同学段去致力"学科"的研究，真正让孩子站在课程中央。春天礼物里，他们去拍、去画、去写；名著人物模仿秀各种COSPIAY让人忍俊不禁；写话封面，是写作与传统文化的结合；红色书签，又是语文课程与思政教育、红色浸染的完美结合……这就是我们倡导的大语文观下的课程建设，不是上几节课，更不是写几篇作业和做几次测试。

成果二：教师培养的基地——队伍建设

我们刚才看到的金字塔，能促进各级各类小学语文教师得到相应提升。"四制"激励法：签到考核制（一次一表），保证每次活动中教师的参与度；成长记录制（一人一册），按照四级别，我们设定了红、橙、绿、蓝四级成长档案，帮助学生养成良好习惯，收集成长点滴；学校特色制（一校一品），鼓励各级学校整理归纳自己的成果，彰显学校语文学科特色，本次我们就看到来自城区四校的百花争艳；考核评价制（一年一评）每年度进行成果评选、赛教、基本功赛大赛、读书交流等活动。

成果三：资源共享的平台——成果提炼

任务驱动，发挥团队教师力量，根据教师专业标准，组织开发学科教学设计、教学案例、课程建设、课题成果、创新性作业与评价等课程资源，经过日积月累，两年后，我们资源库就可涵盖小学语文全学段。时光是最好的印记，数据的背后，是一次次不懈的努力，是一份份闪光的成果，更是一串串奋斗

的足迹。

成果四：区域发展的桥梁——教育均衡

充分发挥一二级成员在各自所在区域的辐射引领作用，强化乡镇"种子"教师的传播力量。走出去，请进来，缩小城乡教育差距。我们先后走进了洋县十余所山区学校开展帮扶送教活动，也受邀前往留坝、略阳、宁强、西乡、汉台等多地进行交流研讨，收获成长、经历以及珍贵的友谊。

心中有目标，行动有方向，脚下有力量。只要知道做什么，明白怎么做，就能想清楚、做扎实。诚然，因为硬件环境，我们学科指导中心面积很小，但见微知著，小而精致，小而温馨，小而美好，书香阵阵，茶韵缭绕，已然成为我们的家园；做文化引领，我们很"语文"，队徽、桌牌、队旗、标语都是精心设计，团队LOGO中小树叶和书本是"语文"的首字母"Y""W"，寓意"书本点亮知识，语文滋养幼苗"，这与统编小学语文教材"立德树人　文道统一"的思想相契合。字母"Q"是"青"的首字母，代表我们洋县青年路小学作为基地校的形象，轻盈的鸽子放飞的是理想，衔来的是七彩语文的春天。

公众号的名字"爱晓语"中，爱是热爱，晓是知晓（音同"小"，小学语文）；热爱是感性的认知，知晓的、理性的研究。当然，"爱"字也暗藏了我自己的名字，正如这本书的书名，和每一个章节都会出现的"爱"字。

万事开头难。难忘领导、师友们曾数次到中心进行指导，给予鼓励；团队成员每每"相约星期五"高朋满座谈道论课；每一次活动线上线下的智慧碰撞；成果编撰凝聚多少老师加班的"味道"……没有模式可以借鉴，没有样板可以参考，一个人带一个团，一群人走一条路。我们体会着摸着石头过河的惊喜，我们的智慧在一次次挑战中被激发，更是在看到缤纷成果时，感受着团队的幸福，感受着"成长共同体"的巨大潜能和无限希望。

"语"你相遇，众行致远。建设有抱团温度、有教研深度、有影响广度、有推广力度的"四+"模式下"四度"好团队，有你、有我、有他。

未来，我们一直"语"你同行。

穿越青蓝拥抱你

有一个自创自由的读书会，是我一直的梦想。

有一群引书而聚的朋友圈，是我一直的渴望。

何其有幸，这一切，都变为现实。

书有香，读有光，我有你。

一、有一种读书会叫青蓝

你有没有期待过这样的生活，我给你送去的那本书，是一座抚平内心的花园，携带着对阅读的朝思暮想，所有的色彩沾满，所有的花重新展现，而阅读就是这场不动声色的梦。

该取个什么名字呢？彼时初来青小，"青"字给了我刹那的灵感。"青蓝"源于《荀子·劝学》："学不可以已。青，取之于蓝而青于蓝；冰，水为之而寒于水……"取名青蓝，代表我们渴望超越的愿望。而阅读，正是教师自我超越、自我突围、自我丰盈的绝佳途径。青蓝携手，薪火相传，意味着一种知识的传承，一种理念的传递，而书籍正是人类文明进步和文化传播的主要工具之一。青蓝，取学校名称的首字。读书会源起于青年路小学，也希望能超越校园，吸引更多的教师共享阅读人生。"青"有倾听之兼，"蓝"有阅览之兼，寓意"听世界之声音，览天下之美好"。

于是，青蓝读书会诞生了。

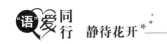

时间：2021年7月31日

坐标：洋县文同村蓝蓝小院

七月的风，八月的你，现在的我喜欢读书的你。假期无限好，正是读书时。因书而聚，为书添香，阅读阅美，越读越美。弯折的第一枝花夏天正浓的火热，花园民宿蓝蓝小院正是一年中最花团锦簇的时候，一青（青年路小学）一蓝（蓝蓝小院），正是天造地设、珠联璧合，这里有文同画竹的风雅传说，有梨园硕果的夏日盛景，有鲜花簇拥的芬芳迷人，更有书香氤氲的美好氛围，精心筹备中，带来读书会的第一次美好相聚。

二、我们为什么而读

最初，我是想做一个属于教师的阅读共同体。

我们的信念是——工作再忙也要读书，手头再紧也要买书，住处再挤也要藏书，学识再浅也要谈书。让读书成为一种生活方式，让读书像呼吸一样自然。晨起，一书在手，借一线晨曦，捧书静读；午后，一杯清茶，伴一缕醇香，倾心书写；夜晚，一片宁静，对一盏灯光，凝神细思。

我们的初心是——教师要做职业的读书人，走出"一群不读书的老师在逼学生读书"的悖论，"独学而无友，则孤陋而寡闻"。一个人的阅读体验固然好，但是读到会心处总是寂寞；人与人之间的感情并不相通，需要寻找那些愿意倾听并随时共鸣的同伴。以文会友，以友抱团，以团远行，在电子书盛行的年代，在屏幕阅读走马观花的世界，依然执着于纸质书的质感，喜欢那份踏实、那份安心，这完美契合我们对"书"的最美想象。

我们的愿景是——

做草根化的教师阅读。第一次参加的25人，就是我们的种子教师，也是可以燎原的星星之火。未来，团队可以壮大、发展、提高。英雄不问出处，不论你来自哪所学校，不论你是不是名师，不论你的从教历，只要你的热爱+坚持。

做生活化的教师阅读。让阅读成为生活习惯，成为生活的一部分。我们会设计丰富多彩的户外活动，于大自然之中，与生活休闲娱乐为一体。春天在油菜花海、在梨花树下、在桃花的落英缤纷里；夏天在湖光山色、在清幽树林；

秋天在田园风光、在农家小院；冬天可以围炉而坐，煮雪烹茶和晒太阳。

做具有梯度化的教师阅读。读书会拟定每月一次活动、一个阅读主题，就如同朗读那些美丽主题词：遇见、陪伴、选择、礼物、勇气、眼泪、告别、生命、想念等，每一期会进行活动设计，提前发布预告。

做专业化的教师阅读，对接更多优秀的读书会，邀请在教师阅读方面的专家和点灯人，为我们指明方向，用更专业的视野和更广阔的资源，并结合线上线下"名校+"，突破时空，让阅读照亮教师的成长之路。

三、我们走过的书香之路

蓝蓝小院的启程，开启了读书会一发不可收拾的"打卡"之旅。一书一世界，一匾一故事，八月十四日正是假期，我们在城固县匾额文化博物馆，悦读乐城共沐汉风，在诗经中采桑采薇，在经典中共读共思，在翰墨中且书且画。

九月拥有着属于教师的节日，这是一方校园滋养心灵的"悦"读，这是一次属于教师专业的"约"读。在茅坪九年制学校的大柳树下，一张书桌、一堆书籍，教育向美而生是希望，做最好的老师是心愿，阅读点亮人生是美好。

十月，是祖国妈妈的生日，我们去打卡新建的洋县图书馆，感受书香洋县的文化巨变，一座图书馆点亮一座城，一缕书纸香温暖一个秋。孩子、老师、家长，在身边的最美图书馆里静享慢时光。

十一月，我们跨越山川相约留坝，一座山城老街的最美书店，一场以文会友的初冬相逢，一次晒书泼茶的诗意栖居，一次温暖治愈的情感行走，这不仅是一场读书会，更是六城记的美丽重逢。

十二月，辞旧迎新，从明天起，做一个幸福的人，万物明朗。辞旧迎新，我们对"书"依然情有"读"钟，爱在暖冬、书韵芬芳这样可爱地藏名主题，让两园的幼师"小仙女们"，以书结缘，以艺互赏，以爱抱团。让2021的新年钟声，伴随着书声、歌声和笑声。

……

很快，青蓝读书会就走过了两年。2021年读书会开了八场。阳春三月在烂漫的樱花树下，油菜花田旁的兰亭小院；四月带着喜欢读书的大人和小孩，在三乘书店共度世界读书日；七月，我便把学校花墙种出了"100"的样子，共诵党建华诞献礼百年；七夕节，那是美丽宁静的华阳小镇啊，一众高品质小姐姐们吟诗作对，那日小山沟正是天然的"花千谷"，创新的玫瑰开在了每颗渴望爱情和幸福生活的心田；中秋节，我们跋山涉水来到略阳的灵岩寺，碧水之畔，青山之间，月光之下，听嘉陵涛鸣，闻古刹钟声，听诗词歌赋；冬天到了，在西乡牧马河畔，等待着一场相逢恨晚的以书会友、同窗再聚……多好，每一次都有一段琴声御风而来，都有你，都有花。

在不断地阅读和行走中，我们跳出了教师这个职业圈子，接纳欢迎和拥抱更多的不同行业的人，他们，也成为我生命中重要的他人，成为我"悦"读世界的最好伙伴。

四、穿越青蓝认识你

洋县不大，圈子很小，特别是教师这个职业，基本都是学校、家里两点一线，交往的也多为师生、家长。所幸，我有青蓝读书会，因为对读书的坚持，因为对生活的热爱，他们来了。

吕丽芳，我们都叫她"大姐"，是我县的妇联主席，一个温柔、善良、质朴的人。一个偶然的机会，我们聊起了读书会，她非常喜欢并邀我策划一场三八节的女性读书活动，这样，便有了三月份桃花树下的兰亭一聚。那场特别的读书会上，清一色的半边天，我读《诗经·周南·桃夭》，她分享《见证"她"力量》，吕姐的平易近人、温柔大气，感染着全场。媛静主席现场加入《你是人间四月天》，柏美挥毫泼墨相见欢，款款深情讲述自己的"李焕英"母爱故事……泪洒现场，热情相拥。

感谢吕姐，感谢遇见。如果说，以前我只是一个女老师的话，从她这里，我看到了做女人的美好和精彩，第一次感受到女性应该为社会做出更多的贡献。

妮妮，是我们对她的昵称。在洋县团委工作十余年，我们也因为工作交集认识了十余年。而真正的认识，却是在青蓝读书会中的一次次相逢。她娇小玲珑、文弱白皙，内心却住着一个小巨人。做团队工作，她经验丰富、办事高效；做青年工作，她热情洋溢、精力旺盛。在她的号召下，我从洋县第一届油菜花节就开始做志愿者和导游宣讲，那身小黄人、小红人的服装我至今还珍藏。因为这些缘由，她成为青蓝读书会的参与者、支持者、热爱者，甚至连她家的阳宝，也成为我们分享活动的最萌嘉宾。

可爱的妮妮，让我学会心怀激情，永葆青春。只要有团团在，我们出走半生，归来一定还是那个少年。

对了，她叫赵妮岐。

王铎，太有才了！我不得不这样由衷地赞美她，那个美貌与智慧并存的好姑娘，那个英武与温柔同在的检察官。在一次比赛上看过她的演讲披荆斩棘直接夺冠；从一个叫"听说"的公众号上听过她读书先声夺人；七夕华阳在读书会遇见，她一身白色旗袍惊为天人；一曲吟唱《雨霖铃》荡气回肠热泪盈眶；听过她为孩子们讲法律知识娓娓道来；感受过她庭院烧烤的烟火气息……这个百变姑娘，我喜欢。

李蓉，永远是那么苗条、美丽、洋气的一个女子。清汤挂面的长发，素面朝天却总是气质超群的美女一枚。朗读的时候她温柔丛生，嬉闹的时候她活泼可爱，工作的时候她雷厉风行，倾诉的时候她温婉动人。何其有幸，这么多优秀人儿，因为青蓝读书会，相遇相知。

还想说说高洁，她是我的学生，洋县朱鹮保护局的最年轻工程师，土生土长牧鹮人，文静漂亮，美丽大方。十多年前，我在谢村中小教语文，那时就非常喜欢她。老师最大的幸福和成就感就是以学生为骄傲。她的专业知识，她对这份工作的喜爱，她在读书会中分享的《朱鹮就是爱情鸟》让我深感欣慰，也愿这只朱鹮鸟越飞越高，为大美鹮乡代言，为青山绿水增色。

篇幅问题，不能一一记叙。一个个因缘相聚的他们，都在我的生活中挥之不去记忆犹新。博学多才精通中医的丁锐教授、致力于家庭教育会做柠檬鸡爪的游明睿、能干飒爽擅长书法的柏美、沉稳激情热衷写诗的李燕老师……太多太多，原来老师的圈子以外，还有这么多志趣相投、丰富多彩的新朋友、新世界、新生活。

青蓝读书会，将带着以书会友的温度，去感受生命中那些偶然相遇，或携

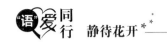

手相伴，或擦肩而过的人儿。

最后，以李燕老师写给青蓝读书会的跨年小诗结束此文。

跨年小诗

亲爱的朋友请走过来

让我们一起安静地坐下

围拥在这新旧年轮交替的时刻

任那主表依旧冷静日晷依旧肃穆

而我们只选择内心丰盈温暖思绪沸腾

此刻让我们收拢奔忙的脚步

放下所有的执念与忍受

带着爱和希冀感恩和祝福

穿过纷纷扰扰的人群

朝着一个理想的春天大步走去

这个春天花团簇锦芬芳馥郁

头顶有青色的天空闪烁着星辰

脚下有无垠的大地广袤葱郁

远方有蓝色的大海翻腾着波浪

一群群天使一样的儿童奔跑着

唱着颂歌

而我们就站在这样的春天里

沉醉地阅读款款地道白着

我们心中的爱和深情温暖和诗意

用这种极其清简又十分隆重的仪式

一起来共同告别旧年迎接新岁

那些过去的日子

多像一滴一滴的清露啊

无声无息地滑入无尽的空茫里

好在我们有爱有诗有梦有远方

有青蓝色的永远年轻热血沸腾的理想

哦，这些发光发亮的萤火虫啊

我们一起飞进幽蓝的夜里吧

成为一道飞舞的流光的瀑布吧

用这共同的律动赞美生活讴歌生命

你看啊，那点点萤火

已经闪烁出熠熠星辰的光辉

一个 "教二代" 写给父亲的散文诗

一、 优秀的超能爸爸

我出生的时候，他25岁。

婴儿时的我很胖，照片也说明了一切，脸蛋、胳膊、腿无一例外地都是胖乎乎的。那是我和他的第一张合影，他抱着我，年轻的脸庞上满是笑容。我很难想象，瘦弱的他抱着我是什么样子，据说，把我架在脖子上跑步打球时，是一个帅到没有朋友的奶爸楷模。

他是那个时代的文艺青年，从小给我唱的歌都是20世纪七八十年代最流行的校园民谣。他们一起去组织郊游，带着录音机的就是他，组织舞会并娴熟各种舞步的还是他。他会很多种乐器，电子琴、脚踏风琴、手风琴、口琴、二胡、小号、长号、萨克斯。他喜欢唱歌，曾经演唱《骏马奔驰保边疆》《在那桃花盛开的地方》《牡丹之歌》，硬是靠着媲美蒋大为的歌喉，从三尺讲台闪亮到市县舞台。艺术方面，他全是自学成才，和现在那些天天逼着弹琴的鸡娃式学习不一样，他靠的是天赋，还有一个敏感而文艺的心灵。在我心里，这就是一个奇迹。

记忆中，他的字写得很漂亮。彼时，他还是一位中学语文老师，能写一黑板漂亮的板书，最后落笔之时通常会帅气地上扬，犹如乐队的指挥在潇洒地画那个休止符，然后轻轻拂掉落在衣袖上的粉笔末。在那所当时县里有名的乡下中学里，他是语文老师中最了解宫、商、角、徵的，他又是音乐老师中最懂诗词歌赋的。更奇怪的是，他竟然数理化样样精通。可惜，这些天赋，都没有遗传给我。

记得上了初三的我，数理化越发糟糕，眼看着要落入偏科的鸿沟。考试之后，我战战兢兢地站在物理老师的办公室门口等着挨训，那位已经头发略显花白的老师摘下眼镜，恨铁不成钢地摇头叹气："你说说，你爸爸一个语文老师，物理都搞得这么好，你怎么就……哎……"

为什么亲生的我，却和他这样大相径庭？

二、我人生的第一任老师

其实，他一直在不遗余力地在给予我那个年代一个乡村教师最具先进理念的家庭教育。

小时候，只有三岁的我就和爸爸一起上学，那时他在村里的小学当民办教师。我来到他的教室，看他在讲台上讲课，便在教室最后一排学着他说话，他说一句，我说一句，教室里的小哥哥、小姐姐们哈哈大笑，我更有恃无恐。"啪"一声巨响，教鞭落在讲桌上，周围静悄悄的。"出去玩！"我"哇"地被他吓哭了。他黑着脸从讲台上下来，将我拎到小花园丢下，任我去哭。

哭哭哭……哭了多久我忘了，也就不哭了。我和花园里的蚂蚁、蝴蝶、七星瓢虫和盛开的鸡冠花一起玩。直到教室朝西的木窗棂被傍晚的斜阳染成柔软的橙黄色，才看到他向我走来，我又开始撒泼似的干嚎起。他假装转身离开，我哭得更加厉害。于是，他只好指着院子里的自行车对我说："你看，爸爸的车子还在这呢，我怎么会走呢？你在这玩儿，爸爸一上完课就带你回家。"

我想了想，便答应了。我一直一个人玩，一直监视着那辆自行车，可他一直没有来。后来我才知道，虽然自行车一直放在那，可他一上完课就到学校后面的稻田里去干农活了。

夜幕降临，当他满身泥水地回到校园里，我已经在自行车旁的花丛里睡着了。陕南的农村，向晚的微风，新插的秧苗，晚归的父女。缠满彩色塑料条的黑色凤凰加重自行车，我坐在前杠上调皮地按着铃铛，一字一句地跟他学着新教歌谣或者是乘法口诀表，自行车的轮子飞速旋转。那是时光在溜走，我的童年就在田园交错的月光里变得充满了父爱的温情。

为了写参观记，他带我去村里新开的砖厂参观，被看门的大黄狗追的满坡跑；为了写好景物，他在去镇子赶集的路上，让我尽情在油菜花地里穿梭，在大渠的两边看鸭鹅嬉戏赏小桥流水；为了写好第一次做什么，他和我一起炒土豆丝，走过长长的田垄在麦田里放风筝；为了写一篇我学会了什么，他竟然把我带到汉江河边教我游泳，满河水里泡得都是光着屁股的小男孩，我一下子溜进小河只敢露出留着短发的脑袋瓜，所以，我至今还一直是个"旱鸭子"。

他没有遗传给我文艺的细胞，我也没继承他数理化的天赋。但他竟然潜移默化地让我学会了写作文。三年级时，我作为少先队员代表在全镇大队课上发言，我很早就能写出"红领巾是红旗的一角，是革命先烈用鲜血染成的，他们抛头颅、洒热血，才换来了今天国旗下的幸福生活"这样的大格局、高立意且根红苗正的文章。

他给我童年最好的时光。从三四岁时，我就开始了小学生活，我就看他弹琴、画画、写大字、讲美文；跟他一起下地耕田、种豆、插秧、收麦子。虽然在农村，他也帮我选漂亮的连衣裙和小皮鞋，排节目的时候总偏心地让我站第一排的中间，梳头化妆样样在行；还让我去偷偷地触摸雪白的琴键和水粉的质感。放在现在，应该叫"女儿奴"，或者"炫女狂魔"吧？不然，我的小名怎么有个"爱"字。

三、疏离的青春期

一直是个乖乖女，我的叛逆期来得晚。可终究还是来了。

初中的我刚刚少年，就已经露出了爱玩的天性。小学那个听话懂事、成绩优异的我一下子仿佛成为过去。初一年级第一次考试，我的成绩一落千丈。

那时，爸爸刚从师范学校专科班毕业。在师范三年的校园生活中，他虽然是从民办教师考入院校，但多才多艺的爸爸必然是要脱颖而出的。他是学生会主席，又是文艺骨干，他的毕业季未到，学校的介绍信推荐函都已经发到县上，被县宣传部、文化馆等几家单位看中。

这时我上中学了，突然不爱学习了，完全要奔着"挚爱一生，放荡不羁，爱自由"的方向一路狂奔。他拒绝了去县直单位的调令，默默地蹬着那辆小时候无数次载过我的自行车，拿着简单的行李来到我上学的学校，成为我的老师。我似乎并不领情，他的所有期待和爱变成了我莫大的压力。

那一阵子，我不想学习，我最害怕同学知道他是我的爸爸。我偷偷地跑出学校玩耍，终于在一次爆发之后，他手中的木棍落在我的肩、背。我倔强地看着他，没有流泪，也没有求情，任他怎么说怎么发火，用眼神和他对抗、抵触。

就这样，我们疏离了。他不再用自行车载我回家，他的乐器书画坚决不让我再碰，学校表演节目他偷偷地让排练老师去掉我，他用尽一切方法，想把我的人、我的心、我的情感赶回教室，赶回那方安静书桌旁。

我也变得沉默不语，和他的交流日渐变少。在他的要求之下，每一天的深夜晚自习放学后，我都要去他办公室学习两小时才能回宿舍睡觉，经常已经是深夜两三点。从办公室通往女生宿舍森郁的小花园，我熟悉每一朵夜来香开放的芬芳。记得一次，天降大雨，我深夜回宿舍时没有拿伞，总感觉背后有人跟着我，我侧身用余光看见他打着伞走在离我几米远的地方，似乎想加快步伐又在脚步中犹豫。我赶紧低头跑掉，冲进宿舍便是泪流满面。我怕他给我打伞，因为这样温情的场面已经太疏离。那一刻，我会缄默无语。

也许，他也是这样地踌躇不前，只留下深夜里嗒嗒的足印陪伴我走过冷静灰色的青春。

那漫长的两三年，我只顾沉积在自己的伤春悲秋、逆天改命的世界里，终于成长为他想要的品学兼优、听话懂事的学霸；竟从未理解过他看着终于长大的我，却数年无话可说的无限寂寞。

四、长大后，我就成了他

让我当老师，一直是他的愿望。

师范开学报到的那一天，他比我还开心。为了打消我的顾虑，他提前多日就絮絮叨叨地给我讲女孩子上师范的好处。比如：你不是喜欢弹琴吗？去学；你不是喜欢画画吗？去学；你不是喜欢读书吗？去读；你不是喜欢自由吗？去找；你不是喜欢看琼瑶的爱情故事吗？去谈……总之，他对我的未来和选择表示出极大的欣慰。

学校不大，但新生很多。为了维持交通秩序，所有车辆不许入校，校门距女生宿舍楼还有一段不算短的距离，更要命的是，他们为我准备的行李事无巨细，囊括了暖瓶、洗脸盆、洗衣粉、木箱子、书架、蚊帐等。

我原地看守。他来回好几趟，在人群中穿梭、询问、确认等，满头大汗。他快步走到我的面前，沉重的行李让他本来就瘦弱的背影更加飘摇。那一瞬间，我想起朱自清的《背影》，那一句是这样写的——

我看见他戴着黑布小帽，穿着黑布大马褂，深青布棉袍，蹒跚地走到铁道边，慢慢探身下去，尚不大难。可是他穿过铁道，要爬上那边月台，就不容易了。他用两手攀着上面，两脚再向上缩；他肥胖的身子向左微倾，显出努力的样子。这时我看见他的背影，我的泪很快地流下来了。我赶紧拭干了泪。怕他看见，也怕别人看见。

我看着他的背影，突然和朱自清先生一样，我的泪很快地流下来了。小时候的我，一定想不到，未来会有这么一天。

是的，这一天，我终于长大了！

不需要他彻夜再给我讲数理化；不需要他在晚自习时偷偷地趴在教室窗户上监视我学习；甚至不需要他再给我讲人生难得几回搏的大道理。他的知识储备已不及我丰富，他颤抖的手已拿不起那根教鞭，他临摹的那些画我现在看来根本谈不上艺术，他弹奏的曲子也只能算是自娱自乐，他自行车的前杠上已经再也放不下慢慢长大的我，那小小的脚踏车轮也再无法到达我想要去的远方……

我像他期望的那样，走向一个更大、更远的世界。他的足音仍然寂寞，他的注视仍然沉迷，他的陪伴仍然无声，日如一日地在老去中等待来自儿女的一个微笑回眸。

慢慢地，他不当班主任了，不当语文老师了，不当音乐老师了，不再登上舞台献唱了，不再出黑板报了，不再当学校文艺演出的导演了，不再写学校会议记录了……终于，他退休了。他就在这样的一天又一天的等待中老去，从无怨言，永远满怀期待。

五、最长情的告白是陪伴

从十几岁离家在外求学，到不满18岁参加工作，我在他视线看不到的地方像小草一般迎接枯荣。一毕业，就遇到麻烦被家长纠缠被社会误解，他拉着我在人群中面临百般诘难；去那所最偏远的山区小学一待数年，他骑着自行车送我跋山涉水沿途为我采摘野花，他送我过去又接我回家；我从来不知自己所有的负重他都感同身受。很多的时候，我独自跟世界"厮杀"从无畏惧，深夜的泪痕从不会留到黎明。这是因为我知道，无论走到哪里，无论遇到多大的困难，还能在脆弱至极的那一刻卸下所有陌生人前伪装的镇定和彻头彻尾的狼狈，走到他的面前大哭一场。

他，就是这一辈子，最疼爱我的男人。

结婚的时候，我才21岁。他精心为我准备嫁妆，大到家用电器小到一把碗筷悉数工整地写在一张大红纸上。看着仍是个孩子的女儿嫁为人妇，他悄悄地对我说："遇到什么事一定要容忍，遇到委屈别和家人置气争吵，你回来，回到爸这儿来。"

这些年，让他感到欣慰的是，我从来没有带着婚姻和家庭委屈的眼泪奔向他的怀抱。我很快有了孩子，他当了外公。对于我的孩子豆豆，他更是付出了全身心的爱。豆豆从8个月断奶开始到5岁，一直由他和我妈照顾。他说我们小时候他太严厉，没有把太多的爱给我们，他要弥补。

他手把手地教只有3岁的豆豆拉二胡，手写简谱，再在二胡的把位上贴上音符。爷俩提着奶壶和早餐，在公园、在小山坡、在树林、在小河旁、在稻田里，我也在吃下我妈做好的早餐后骑着自行车满世界循着琴声去寻他们，阳光明媚，青草气息，那真是我们在一起最快乐的时光。

他的脾气很好，谨言慎行，凡事讲理，甚少抱怨。他和我妈妈的脾气恰巧相反，一静一动，一急一缓，十分互补。妈妈的性子急，又是个典型的"刀子嘴，豆腐心"，直到现在仍然是一个特别迷糊的人，出门时整理背包，不是落了衣物就是丢了水杯，我更是一次次见证她的健忘症：出门不带手机，记不住电话号码，水费单据丢在路上，说过的事情分分钟忘掉，脸盲症，等等。

而他的特长，就是纵容妈妈无限地迷糊下去，就是以足够的耐心接受其无限的唠叨。

对于我，他也是这样的。从小到大，我不知道他如何能在严父和慈父之间自由转换。那一年，我获得了陕西省教学能手，西安的一所名校向我抛出了橄榄枝，我很是心动，想要离开洋县去西安更好的学校。我和父亲说起此事，谁知一向慈爱的父亲瞬间变了脸色，严厉地对我说："你这就翅膀硬了？想要飞得更高。培养一个教学能手不容易，你不能拿着荣誉当筹码呀！就在洋县，为家乡教育做贡献，不许胡思乱想！"这样，我才放下了那几年心中常有的犹豫。

有一回，我被人恶语相向，我委屈地在他面前大肆吐槽。他说："当你在人群中默默无闻的时候，当然没人骂你，因为根本没人看得到你。但你一旦决定走出人群，你就给了众人看到你的机会，当然也给他们评判你的权利。所以，既要享受注视，更要学会漠视敌意。相信，你报之以歌，世界报你一笑。"

他就是这样，宽容着妈妈烦人的唠叨和与世无争的性情，也宽容着我的烦躁和内心涌动的功名利禄。他从未骄纵过我的任性，也从未包庇过我的错误。他让我学会思考，学会冷静，学会从那些微乎其微或者声势浩大的痛苦中淬炼人生的财富。

从耳闻目睹的家庭生活让我知道，这世界远没有什么更好的人和更好的爱，最好的爱情和婚姻也不过是懂得、谦让、包容和相伴。是他以无限的温柔和烟火气息给我最好的家，以至于"家"这个概念每每在我脑海中浮现，都像我家阳台上，他养的栀子花一样枝圆叶润、洁白无瑕、暗香涌动。

窗外有云卷云舒，室内有栀子花开。是他们，让我相信了"爱若细水长流，岁月自有深意"。

六、写给父亲晚年的散文诗

现在他老了，生活越发平淡无争。

他保持着朴素的生活方式，丝毫不愿铺张浪费。他常居住在弟弟家，因为工作忙和距离的原因，我见到他的时间并不多，心怀愧疚便想用物质进行弥补，每每给他购买衣物、食品或其他时，他总是万般拒绝，不肯我为他花一分钱。而他，却在我们买房、买车的时候，悄悄地将省吃俭用积攒的钱不容拒绝地交到我们手上。

他年龄渐长，身体也亮起红灯，特别是双手颤抖的毛病愈加明显。严重的时候，会握不住画笔、筷子或者是酒杯。这对他来说，大抵是晚年生活最大的痛苦和尴尬。为此，他减少了外出，很少去做客，更不愿和不太熟悉的人一同进餐；或者需要在餐前偷偷地喝上几杯白酒来抑制。为此，家人没有和他少唠叨，他总是默默地笑笑不怎么反驳。而我，却看到一个渐渐老去的父亲心中的悲凉、无奈和淡淡的忧伤。

这些年，他身边的老伙计、老弟兄一个个在年龄不大的时候猝然离开了他，伴随着——脑梗死、心脏病甚至癌症等这些可怕的字眼。那年，我大姨夫去世，在追悼会上他亲自撰写悼词念到老泪纵横；前年，二舅也走了，他曾在二舅生病期间在西安陪伴病床照料一月有余；正月初三，他站在我公公坟头潸然泪下不能自抑……这些都是他们的好友，甚至少时的玩伴，他们的离去也残忍地提醒他时光老去的悲怆。他最不能面对的生老病死就这样挥之不去，特别是亲近的人慢慢离去，一直在折磨着他的灵魂，他甚至对我说过"有一天，他也会走"这样的傻话和大实话。

没有关系，最终他还是一个坚强、平稳和乐观的人。少年，他早早就没了父母的照顾，犹如老家塬上的梧桐花寂寞而顽强，开放，他成家立业生儿育女，也是阅尽人间沧桑，尝尽生活冷暖，这便造就了他云淡风轻的生活态度。正是这样——现在偶然回家，我经常看见他自学英语，满本子挤满音标，为的是给孙子辅导功课；看见他在一盏台灯下翻翻书，在本子上抄写他喜欢的文章，尽管手抖得厉害，漂亮的字也变得歪歪扭扭。

2018年春节，我为他带了一份特殊的礼物——由教育部和人社部共同颁发的乡村工作三十年特别贡献奖。这位白发苍苍的老党员、老教师，接过证书摩挲良久，并热泪盈眶地对我说："闺女呀，国家没有忘记我们，当老师好呀！"时光穿梭，那是童年的梦境，总常常在想"长大后我就成了你"。

记忆就突然回到小时候，每年除夕将近，他在老家宽阔的案几上裁着大红纸写对联，笑声朗朗。他拿着毛笔，我端着墨盒，年就是这样到来又离去的。

　　多么庆幸，相视一笑时，我们父女间莫名的默契还在，并未因为我的长大和他的老去而有一丝消减。半生岁月擦肩而过，如春日落樱了然无痕。他只想在雪夜中捻起那把老二胡再拉一曲《二泉映月》，我只想再多爱他多一点再陪他久一点，让曾经意气风发才华横溢而如今垂垂老矣寂寞忧伤的他，再慢一些、慢一些老去吧。

　　他平淡无奇的一生，是写满朴素的一生。在我世界里完全匹配"父亲"这个带着荣光、藏着溺爱，使我拥有了令人羡慕的名称"教二代"。我要用一生对教育的热爱，去传承、去回忆、去写下给父亲的散文诗。

孩子，你慢些走

妈妈是爱你的。这一点你知道。

今天，是2020年6月13日（阴历4月22日）。十九年前，2001年6月13日（阴历4月22日），而且都是闰四月。这样的奇迹巧合，在十九年后，完美无缺地重合在时光的轨道中。

儿生日，母难日，这是我们共同的纪念日。

那一天，7.2斤的你降生在一个乡村医院手术台上，瘦弱的我和那么苗壮的你，从一开始就是强烈的对比。可你抓着我的手，扯着头发，确认过眼神的时候，我坚信：亲生的。

挑妈妈

你问我出生前在做什么

我答我在天上挑妈妈

看见你了

觉得你特别好

想做你的儿子

又觉得自己可能没那个运气

没想到

第二天一早

我已经在你肚子里

我第一次做妈妈，而你，第一次做孩子。

我们都在学习，都在互相陪伴中成长着。我在懵懵懂懂中看着自己的大胖小子一天天长大。有一天，大约在你初二的时候，高出我一头的你突然要与我谈未来和人生，你无法想象我当时的惊讶和窃喜。我不得不面对一个有些伤感却令我欣喜万分的事实——我们的豆豆不再是需要庇护的孩子了。

如今你渴望的展翅高飞、海阔天空都已经变成现实。当你迈进18岁的时候，我也常常想起自己的18岁，那时我已离开校园，赶着国家分配踏上讲台成为一名老师，从象牙塔到山村小学，18岁，我正在经历青春期最大的哀愁和苦闷，没有想象中的一醉方休、肆意高唱着青春和梦想依依惜别，只是昔日熙熙攘攘的教室空荡了，宿舍里陆续空出的一张张铺位和被丢弃的一些书籍、杂物，仓促宣告了人生的第一次别离。

一直还沉浸在你的小时候——

从小你就是个比较内向的男孩子，比较宅，不善言辞。记得我去整理你的小房间，你以往的写话、小日记尽收眼底。有一篇，你写道：因为他没拿别人的铅笔被同学冤枉，想反抗，却被推倒在地。我想那份悲愤无力，那一刻你一定有小小的沉默。那时，你6岁。我很自责，不知道你有过这样的不快，没有过引导。

因为在你上幼儿园的第一天起，我就告诉你，没人能保护你一辈子，尽管妈妈是学校的老师，你要学会自己处理纷争。这对于内向的你，是不是太残忍？清楚地记得，我数次在幼儿园院子外看到，你提着班上的餐桶摔倒了，很快自己爬起来继续向前走，没有哭，也没有回头寻找老师的帮助；或者面对老师的邀请羞涩地摆手摇头。这些，你也一次都没告诉我。我也装作不知道。

可这事，我却是真不知道。

还有一篇写道：你拼命学习终于数学考了100分，同学羡慕他，老师夸奖他，可你不好意思没有告诉妈妈——真是老套。可我鼻子就有点酸，因为在你的"求学经历"中，这是为数不多的几次考到100分。而我，却欠你一个表扬。

我悄悄把这篇歪歪扭扭的短文收藏起来，这是你从自卑到自信的挣扎，这就是我亲爱的男孩最真实的成长。

暑假里，除了跟外公拉二胡，你没有参加任何补习班，经常玩得不见踪影，或者闷在书架旁或者抱着电视遥控器。我希望我的儿子又高又帅、有爱心、有知识、有文化、有品位、有审美、有各种骄傲。但我实在不是个严母，你也不是个"鸡娃"，你只是一个开心快乐、健康有爱心、超级负责任的正常不过的、普通不过的孩子。

翻出你小时的滑板车。此时，你在千里之外的海南，我默默擦拭，默默流泪。记得那时，我们都在忙工作，你一个人在院里滑滑板，烈日当空，你大汗淋漓。

那是个寂寞的童年吧。

中国式的家长总缺乏安全感，因为知道这社会的残酷，想获得幸福实属不易。特别是作为老师，一种职业习惯也总是让我对你特别严格和苛刻。我一辈子都在努力变强大，也更希望你能比我更强大。所以我曾那么强烈地想：让你变成我想要的样子，用我的完美主义严格要求你，要你说话大声，走路背挺直，吃饭别太快，见人主动打招呼，学习要有自觉性，放下手中的玩具……

我不停地唠叨、叮嘱、修正，并责令你改变。当我习惯性地纠正你，忽然发现慢慢长大的你眼里有隐隐的轻慢和对抗。我知道，母子之间，总有一天要悄悄展开一场心理和情感的争夺战。而我输你赢是早已写好的结局。因为，世界上，没有父母能犟得过孩子；更因为，世界上也绝对没有那个父母是真心要和孩子一较高下。

年少如你，不识愁滋味，一点多愁善感就要喜怒于形，不过是为了寻求到一点关注；年长如我，真的是有了忧愁，偏偏学会了隐藏，不过是为了让重要的人安心。谢谢你，将一生的陪伴，此消彼长，让我们成为生命中最重要的人。

青春是一本仓促的书。

今天，在这个特殊的日子，应该和你共祝青春，肆意美好，但除此之外，希望你和我们一起探寻成年人的真正的含义。

一、学会自律，不负辛苦

有一种品质可以使一个人在碌碌无为的平庸之辈中脱颖而出。这个品质不

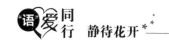

你也可在知乎搜到这样一个帖子："自律带给了你什么？"有一个高赞回答是这样说的："自律者出众，不自律者出局。"

很多人，特别是像你一样年龄的孩子们，状态是间歇性自律、持续性懒惰。大学生活更是要靠个人的理智和意志。一个真正想要变好的人，都会不停突破自己的"舒适圈"，舒适安逸的状态每个人都喜欢，但小心，这或许也是一个陷阱，让人陷入"温水煮青蛙"的状态，慢慢消灭年轻的意志。我知道，离开舒适区，自律的开始都是痛苦的，没有人轻轻松松就能拥有精彩的人生，过程里必须充满孤独的坚持、付出和不被人理解的心酸，但这些，才会使你的青春更闪亮、人生更丰富。

我希望有一天，你对我说："妈，我好忙，有点累！"那时，我会很心疼，但我更会给你一个大大的拥抱。当你觉得自己过得不是那么悠闲无聊的时候，恭喜你，你的人生可能正在变得丰盈。不要相信什么懒洋洋无拘束的自由，真正的自由，是自律带给你的选择权、自主权和话语权。

二、必须努力，但别拼命

2019年有个热词："我太难了。"

有人说，这个时代只奖励拼搏的人。

对很多成年人来说，包括我自己来讲，没有一天敢放松。而你，在校园里也一定看到过：为了学业考研深夜攻读的人，为了提升专业自我加压的人，为了上进发展四处碰壁的人。诚然，我没见过海大凌晨三四点的灯光，但我能想象星光下有多少赶路人，夜不能寐，披星戴月，只为看到第二天元气满满的朝阳。

但，即使如此，我希望你必须努力，但别拼命。这个社会，特别是大城市似乎都不太友善，一到深夜，满街都是忍者，很多人，身后空无一人，必须努力向前冲，所有的优秀，闻起来都是熬夜加班的味道。这，我懂。小地方也是一样。

在追求目标的时候，忘了家人，忘了朋友，忘了爱人，甚至忘了自己。这，是可怜的，更是可怕的。生活的真相是：你可以努力，但别拼命，无论你多么成功，也需要一个健康的体魄、一帮志同道合的朋友、一个温暖停泊的港湾和一方自我调适的空间。生活值得你热爱，但你不要忘记也分一点爱给自己。

就像周国平描述过的，人生有三次成长：一是发现自己不再是世界的中心的时候，二是发现再怎么努力也无能为力的时候，三是接受自己的平凡并去享受平凡的时候。

这一段话正是未来的涅槃之路，我们得接受这个普通的世界，接受世界当中可能存在的不美好；真正地爱平凡的自己，时刻提醒自己，不要违背自己的本心，坚守自己的清白。不乱于心，不困于情，不畏将来，不念过往，这是最好的生活观。

世界很美好，熬过一些苦，才会无所不能。

三、与其抱怨，不如改变

成年人的世界，没有"容易"二字，抱怨，是这个世界上最无用的东西，它解决不了问题，只会摧毁信心，磨灭热情，放大愤怒；累了自己，也恼了别人。

你的人生道路，一定会遇到一些挫折。面对艰难和困境，与其抱怨，不如改变。只有改变自我，才可以真正解除痛苦。一个好的心态，能抚平自己，也能治愈身边人。心怀美好，保持乐观，就会看到不一样的风景，拥有不一样的快乐。

生活就是如此，总会有许多的力不从心，许多的不遂人愿和疲惫不堪。你一直是一个有正义感的小男生，我记得你小时候曾经帮残疾的爷爷推轮椅，深夜里骑着自行车去追丢失钱包的阿姨。这些方面，我很放心。我赞同你做一个好人，最大化地帮助别人，但做好人要有底线，不能被人利用和欺负，被人轻视和蒙骗。

人的层次和素质参差不齐，很多事情是我们难以预测和防范的，你要在善良之前，先学会保护自己。

任何善良，都不应该以伤害自己为前提。否则，亲爱的孩子，我宁可你冷漠。

四、所有错过，无须重逢

还记得那年，我带你去电影院看《大鱼海棠》吗？里面有这样一句台词——"从此以后，八千年为椿，八千年为湫，春秋隔夏，死生不见。"

我们从未留意过，一春一秋，是咫尺天涯。人生中没有一个故事，会从头到尾都是幸福的，多的是猝不及防。未来你的人生，也会经历太多的离别，同学、朋友、恋人、亲人，最后的结果全都是花开两朵，天各一方。

爱恨随意，不要强求。未来，你会遇到喜欢的女孩，我祈愿你们是互相欣赏。人与人之间，讲究的只是一个"缘"字。世间所有相遇，都是命中注定的。该来的终会来，该去的留不住。眼里没你的人，就别刻意讨好了；心里没你的人，就别拽着不放了。男孩子要相信，修炼自己，自身足够强大的时候，才会有更可爱的姑娘和你匹配，不要为谁卑微，不要为谁委屈，更不要偏执地爱一个不爱自己的人，正如这句话：不要去追一匹马，用追马的时间种草，待到来年春暖花开之时……

如果说中学时代，你曾经有过的那些懵懂是甜蜜的小确幸，那么现在，你就可以去等待一份真正的爱情，这也是你大学生活必不可少的经历。如果错过的仍能重逢，请珍惜；如果擦肩没有回头，请忘记。愿我的虹豆，能幸遇美好。

五、栉风沐雨，累了回家

你的成年人生才刚刚开始，你会遇到困难，遭遇委屈，失眠落泪发牢骚……一定不要怨天尤人，也无须艳羡他人。

"五四"期间，你跟我探讨《后浪》视频，当我作为一个中年老母亲代表热情转载的时候，你却表现出了反感，你和那一部分年轻人一样，并不认同《后浪》传导的单一价值观，不认同像我这样的"前浪"对你们的羡慕、敬意、感激。

那时，跟你争辩，你拿出了一个因上不起大学而流落工地的同龄人视频，告诉我，青年人生活不是视频里想得这么美好。很多青年，因为原生家庭、生活所迫等面临着贫困、饥饿、失业、流浪甚至堕落和犯罪，你一脸严肃，我被你的浩然正气"打败"和成功地逗笑了，突然觉得你的身上开始有社会担当和自我觉醒。你不认可自己"被代表"，也不愿意被谁代表，说明你想有你自己的思想和价值，尽管开始和我有了代沟，你说的"饭圈""B站"这样的词语，我常偷偷地去问度娘。

但无论如何，我希望你永远相信，爸爸妈妈是离你最近的人。

现在距离远了，我们见面的时间越来越少，可能再过几年，爸爸眼镜度数又加大了，妈妈的白发也盖不住了。所以，但愿我们能经常牵挂，像小时候你粘着我一样，让我们也粘着你。哪怕，我们的观念会愈加老旧，而你的阅历见识会远超父辈。但是，我们对你的爱，永远不会变。

外表乐观坚强的父母，心里也有一处暗伤，它叫作思念父母。父母也曾是父母的孩子，就算在孩子面前无所不能，但也有脆弱的一面。"父母在，人生尚有来处；父母去，人生只剩归途。"时间会为我们架起一座桥，左边是父母，右边是自己，中间立着的是很少回家的曾经。

记住，有了远方，也不要忘了来时的方向，常回家看看。

哪怕，在"我们仨"的群里索要一个红包。

六、写在后面

现在你上了大学，可能这本书出版的时候，大学也将进入尾声，你的人生刚刚开始。我看到你的毕业照——嘿，黑白分明仿佛也瘦了些。作为一技术控，我当即指出相馆给修图了。当时你不乐意了："妈，你就爱揭真相。"照片可以美颜，生活却没有滤镜。

你的案头，有路遥的《人生》：

人生啊，是这样不可预测，没有永恒的痛苦，也没有永恒的幸福，生活像流水一般，有时那么平展，有时又是那么曲折。

我，深以为然，生活的教科书不会像课本那样单纯，它教人成长的方式是残酷的。爱你所爱，行你所行，听从内心，无问西东。成长的你，能做的无非就是，给自己一点勇气与希望，让自己青春有梦、赤诚善良。

亲爱的孩子，慢些走。今天是你的生日，而且正是和十九年前完全相同的日子。所以，我认为这是重要的日子，孩子的生日，母亲的难日，这是属于我们俩的纪念日。

往事别回头，余生不将就。青春的大书仓促中会充满未知的惊喜，一个风雪和阳光交替的世界，即将在眼前展开。开始意气风发吧，开始热血沸腾吧，开始去热爱这星辰大海的人生征途吧！

再，祝你生日快乐，天天有梦。

谨以此文，献给2020年，写给与我血脉相连的，赤诚、无畏、善良与珍贵的你。

宅时光里的岁月安然

一、疫情改变了什么

2020，这大概是我这半生过得最安静的一个春节了。

因为疫情，所有人都宅在家里，拒绝走亲访友，不许串门聚会。微信运动步数排名前三的小伙伴很可能成为被"屏蔽"的对象。近十天以来，我不敢外出吃饭，不敢扎堆儿打牌，不敢四处旅行……乡村，静悄悄；城市，静悄悄；公园，静悄悄；商场，静悄悄；大街，静悄悄……几乎每一个人都把自己活成了一座孤岛，一动不动、纹丝不动、岿然不动。一场说不走就不走的旅行，以最快的速度达到了全国高度统一。

被憋出来的才艺，被逼出来的技能，人们纷纷在朋友圈上演与"无聊"宅生活对抗的神剧：有在自己家鱼缸里钓鱼的；有和楼对面邻居喊话"约架"的；有在家玩套圈推杯子的；还有把十几年前的老剧翻出来二刷、三刷甚至N刷的；有数瓜子、数头发、数草莓粒的；有的在家里旅游从"床架山"到鱼缸前的"海洋馆"到厨房的"美食一条街"……一时间，网络风起云涌，人才辈出，脑洞大开。也好，和那些搬弄是非、别有用心的造谣者相比，这特殊时期，不损人利己，不危害国家，也算是宅生活的一股俗气的清流。

宅，似乎真的有些无聊。

一件睡衣过了年的我，除了值班出门几趟，也成为这宅男宅女中顽强的一枚。问题来了：平时大家总抱怨时间都被工作占据，现在真有了十几天自由时间，怎么又都说无聊的呢？人类啊，真是一个复杂善变的物种，"宅"也是个

照妖镜,照出了无处遁藏的懒癌,照出了人骨髓里的劣根。

有人问,2020年可以重启吗?

但在我看来:即使可以重来,不自律的人一样每天睁开眼就开始玩手机,然后浑浑噩噩到深夜。所以,没有无聊的生活,只有放纵松懈的生活态度。

二、当你突然变得不"忙"了

亲爱的人们,我们有多久没有过这样长久待在家里的时光了?

你总是那么忙,忙着早早出门上班,顾不上吃一口妈妈做的早餐;忙着深夜加班,披星戴月回来只看到孩子入睡的小脸;忙着工作应酬,在谈天说地中让家人一等再等;忙着人际关系,在你自己都厌恶的无意义的交际中失去自我,即使偶有闲暇,也思慕着山水之妙说走就走在旅途中排遣心绪。

平常的日子,我们抱怨最多的是什么?

忙。

忙到顾不上听孩子说说学校和同学的趣事,忙到看不到父母日益增多的白发,忙到一家人围坐一餐都成奢望,忙到买了很久的书已经落满灰尘,忙到最爱的琴弦已经长出了隐约的锈斑,忙到摆在墙角的跑步机已经变成晾衣架……

这是我的忙,也是你的忙吧。

我们总是在等:等我放了假,等我加完这个班,等我有了时间,等我有了钱,等我假请好了,等我处理完这件事情……可那件你想做的事情呢?你的承诺呢?也许到现在还在等。

这是我的等,也是你的等吧。

现在,我们真正闲下来了。闲到你甚至"无聊"的时候,还是将有限的时间交给了麻将,交给了手机,交给了拒人于千里之外的沉默,交给了沉睡不醒的麻木……而不是交给了最亲近的人、最期待的事和最该释放的心境。

所以,当这样的假期匆匆结束,当这样的时光悄然溜走,一回首,只有苦笑:除了身上的肥肉和那些已经穿不上的裤子,似乎什么也没有收获。

三、闺蜜团的集体宅生活

这段时间最忙碌的联系，来自我活跃的闺蜜群——完美少女天团。这个名字是小杨的古灵精怪的双胞胎女儿起了，她说我们四个人简直太完美了，配得起这个名字。

因为疫情，每天起床都会看到她们在群里晒的：蒸面皮、洗面筋、做蛋糕、炸油条、熬熬肉、炖羊汤、包饺子、烧排骨……无所不能，加入全民变厨子的汪洋大海。

突然有一天，群里的画风变了。开始请教：QQ怎么开视频会？抖音可以开直播吗？露脸模式怎么设置？为了对得起学生，可以美颜一下吗？连麦怎么操作？师生互动要写进备课吗……

这下，大家总算看懂了，我这些闺蜜都是老师。

教师全民变主播，又学到了新技能了。

下面，我就来介绍我这三个可爱的闺蜜。说是闺蜜，也可以说是发小，最早认识是在师范，当时也不过是十三四岁的小姑娘。我们相逢在最美的豆蔻年华，一走就是二十多年，再也没有分开。

靳涛，是我认识最早的。和她的名字一样，像不像个小男生？那时候还真像，总是穿着白衬衣、T恤和长裤，留着短发，弹着吉他，唱郑智化，酷酷的样子成为校园里的一道风景线。我和她，三年同窗，同舍，上下铺；同窗，又是洋县同乡，关系那是形影不离、情同手足。搁现在，就叫——老铁。

农历十月，是我俩的生日。每年这一天，完美少女天团就会在一起度过。和我同一天生日的涛就会在清晨为我送来一束玫瑰。坚持了很多年。红、黄、粉、橙、白等各色的我都曾收到过。怎么说呢？这就是女人之间的情比金坚。盛开的不是花，是穿越时空的喜欢和信任。

小丽，是一个白皙清瘦的女孩。记得穿着果绿的衬衣扎进高腰的白的牛仔裤，被称为"杨柳青青"。和涛儿的个性帅酷不一样，她完全走"淑女"路线。她的标配是粉色、蓝、白、橙，配上白皙的皮肤和漫画铅笔腿，真是让我们羡慕。

　　这个爱美的姑娘，生活当中是一个乐观坚强的人，工作起来也是一把好手。以前我们在不同的学校，因为同是小学语文老师，无论是公开课还是相关学科撰写，她都虚心地向我请教。经过一个个电脑前的星夜深聊，我们成为无话不谈的朋友，惺惺相惜的闺蜜也成为工作中的好搭档。现在，她是陕西省教学能手、市县名师、洋县小学语文学科指导中心的主任，我们工作在同一所学校，也更有了同一份热爱生活、热爱工作的信念。

　　小杨，我该怎么形容她呢？隆重推出她的别名，弱弱地感受一下，"杨小康""杨板页""杨漂亮"……她从小家境殷实，是成长在蜜糖罐里的城里小妞。刚入职时和涛都在龙亭中小，我过去玩的时候便遇到了！一遇到，就那么惊艳，就那么投缘，这样可爱的女孩，谁能拒绝呢？

　　慢慢的，跨越她那些漂亮的衣裙、时髦的鞋子、百变的造型，我看到了不一样的她。征服我的先是颜值，继而是才华。学音乐的她弹奏的一首好钢琴顿时变身优雅女王；当了妈妈之后，以前那个爱玩、爱美、爱自由的她摇身一变，成为两个宝贝女儿的贴身保姆、家庭教师、钢琴老师、羽毛球陪练员……曾经是父母溺爱着长大的小公主，却成为把家庭、事业、生活调理得井井有条的生活达人。

　　她们+我。就组成了完美闺蜜"四人帮"。我们一起去远方旅行看世界，一起去听张学友的演唱会，一起带孩子交流育儿经验，一起在工作中互相鼓励，一起在遇到困难时做最好的心理医生和最坚强的后盾……虽然生活有时不如意，但想想还有你们，友谊的小船从来不会漏水。二十几年的闺蜜情，真好！

　　疫情期间，看惯了生离死别和人生真相，我们更相信——

　　闺蜜，是自己选择的家人。

　　不逊于任何一份爱情。

四、时间都去哪儿了

　　这时，突然想到我们认识，已经是20世纪的事情。

　　10年前，竟然不是2000年，而是2010年。

　　时光都去哪儿了？这个抓不到、看不着的抽象物品，只有当我们把它换成具体的事件——孩子的成长、早生的华发、人事的变迁、时代的变革，才能真正体会到"时光是把杀猪刀"。感觉昨日还是热血澎湃的少年，可抬眼一看，娃儿们都已经个头蹿过了自己，真就应了那句老话——我的青春小鸟一样不回来。

时光，就如同你宅家数瓜子时的难捱，时钟滴滴答答告诉着你：不可虚度，不可虚度。

朋友圈看到这样一篇文章——

今天从不看书的人在家里捧起了书，

从不管孩子的家长和孩子有了亲子沟通，

一年说不了几句话的夫妻打开了话匣子，

不知道孝敬老人的子女也开始尽孝道。

病毒给人类上了生动且深刻的一课，

它让我们懂得了敬畏，

它也让我们知道了什么叫"岁月静好"，

它更让我们感受到了人间真爱，

它让我们渐渐走上爱的"回归之路"，

我们真的应该感谢这个"敌人"。

这位作者真是目光如炬，一下子看透了这场"宅"产生的价值和全民效应。

我曾经是一个很害怕疾病的人。2003年非典时期，我在乡村一所中学任教。记得学校条件虽差但仍然每天测量体温，教室后面的铁皮炉子上永远熬着醋，我们戴着口罩在一起读书学习，草药熬制的午茶会在大课间时抬进教室。但即使那样，还没有隔离，还没有封城，体育课上，学生们依然在操场上的春风里奔跑。后来经历几次病毒、流感后，我乖乖地戴上了口罩。

没有什么岁月静好，只是有人替你负重前行。

都在谈论，疫情后，你最想见的人是谁？我想说，"最想见谁"固然重要，然而"陪伴在你身边的是谁"更重要。不是吗？因为，最想见的人不一定能见到，但陪在你身边的，才是你的柴米油盐中风花雪月姜醋茶。

比如，围绕身边的父母家人；比如，你闹、他在笑的爱人；比如，解封之

后一起去后山晒太阳的我的那群闺蜜……

善待，珍爱。

愿时光清浅，岁月静好。

愿阴霾尽散，海清河晏。

请珍惜，这宅生活的岁月安然。

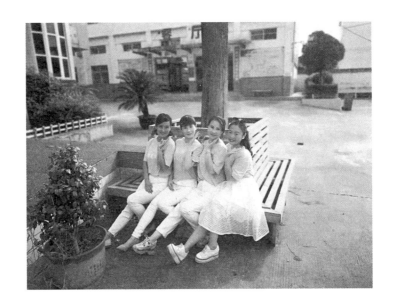

第四章

爱的行走：
追寻教育的诗和远方

愿我们，既能在校园一隅披星戴月，
又能说走就走去浪迹天涯。
外出学习培训的特别福利，
让多少人羡慕的带薪假期，

读得万卷书，能行万里路
晚霞是河流的偏心，天真是师者的旗帜。
最漂亮的妆容是微笑，最美丽的衣裳是自信，
最精彩的答案是体验，最丰富的知识是旅行。

还有新月可寄望，还有山川可浪漫。
来吧，追寻教育的诗和远方，
读书、旅行，等待不可预知的偶遇，
给自己一段柔软自由的时光。

跟着课本去旅行，带着笔墨去书写，
不用太远，不用太贵，
去哪里，并不重要，
因为，有趣的人生，一半是山川湖海。

且行且思，笔尖上的加拿大教育

这无疑是我走得最远的一场远行

教育，不仅有心灵的坚守，

更有诗和远方……

一个温暖向上的精英团队，

一次精彩纷呈的视野冲击，

一份回味无穷的理念碰撞，

一段记忆犹新的教育旅程，

博采众长，学通中外；

放眼世界，胸怀祖国。

2016年3月27日—4月8日，我和全省共20位优秀教师带着家人沉甸甸的嘱托与期盼，揣着振兴陕西基础教育的梦想，来到教育发达的枫叶之国加拿大，亲身感受大洋彼岸的异国教育，接受世界领先的教育理念冲击，度过了难忘的加拿大之行。

从山区小城的教室走到国际大都市的校园，我深知此次学习机会之不易，一路且行且思，目之所及心之所至都是知识。快乐而充实的旅途中，我被加拿大多元的文化魅力深深吸引，不仅让我们拓展了国际视野，学习了现代教育管理理念，还了解了先进的教育思想，感受了新颖的教学模式，领略到异域特色的教育魅力，使我们受益匪浅，感触良多。

一、情况概述——日程回放，整体回顾教育感受

省教育厅高度重视、周密部署了本次域外研修，设计了针对性极强的培训方案。其中有专题讲座，有参观访问，有文化考察，有讨论交流等。我们先后会见了多伦多皇家教育质量问责中心的办公室主任等；并参访了多伦多教育局、魁北克教育部、多伦多大学、女皇大学、麦吉尔大学、一所公立小学、一所教会学校、两个社区学校、一所高中。深入加拿大小学生素质教育目标管理及教育质量评价体系，素质教育的方法与措施，保障与激励体制；针对不同类型孩子的素质教育有效策略以及开放创新的课堂形式，体验加拿大公立、私立及教会学校风格各异的学校教育；感受安大魁及魁北克省各具特色的教育管理模式。

为我们授课讲座的是多伦多皇家问责中心的办公室主任、多伦多教育局的负责人、三所学校的校长（副校长）、魁北克省教育部国际处负责人、各学校的优秀教师等10余位教育专家和管理者。讲座交流的内容有安大略省教育体系简介、学生评估评价和汇报体系、如何缩小学生水平差异、特殊学生及贫困学生教育、学生社团及艺术活动展示、学生三点半活动介绍等。这些讲座从局部到整体，从感性到理性，全方位多角度地向我们展示了加拿大教育的面貌，使我们能够比较细致地了解加拿大的教育框架体系和管理理念。讲座专家丰富的阅历，渊博的知识，风趣的讲解，热情的态度和积极向上的精神面貌给我们留下了深刻的印象。

具体公务日程安排如下：

（1）3月27日：统一从北京出发，飞往多伦多。

（2）3月28日：抵达多伦多，了解环境。

（3）3月29日：上午访问多伦多市皇家教育质量问责中心办公室，并听取专题讲座，互动交流；参观访问社区；下午参观多伦多大学。

（4）3月30日：访问多伦多教育局，听取讲座，互动交流。

（5）3月31日：参观一所公立学校，听取校长讲座，走进教室体验课堂，参观图书馆及社团活动。

（6）4月1日：参观访问教会学校，听取校长讲座，欣赏校园合唱团的表演，并走进教室进行师生互动。

（7）4月2日：召开中期讨论会。

（8）4月3日：出发前往蒙特利尔。

（9）4月4日：了解蒙特利尔，参观走访麦吉尔大学。

（10）4月5日：上午访问魁北克省教育部，并听取专题讲座，互动交流；参观魁北克教育部国际处并在校用午餐；下午访问蒙特利尔一所高中，听取校长专题报告并欣赏校乐队演奏会。

（11）4月6日：返回多伦多。

（12）4月7日：走访参观社区教育，召开总结会。

（13）4月8日：前往多伦机场，返回北京。

（14）抵达北京。

在这珍贵的14天里，在与各位专家、校长的对话交流中，让我们零距离地感受了加拿大教育的多元、开放与灵动，感受到他们师生的民主，人际的包容与和谐，感受了他们的热情、谦和、友好与礼貌。同时也体验了加拿大的城市之美，感受到这个"小联合国，大世界观"的开放之容。

学员们在参观访问中紧密结合自己的实际工作和学校教育发展的实际需求，主动参与、积极配合，面对提问争相发言，积极讨论。我们边讨论、边思考，随时随处用笔和相机记录自己可学、可用的素材，并利用课余时间整理学习笔记、梳理学习思路。利用休息时间组织小组讨论、汇报演讲，并鼓励老师写考察日志等。学习风气的浓郁，使14天的学习之旅忙碌而充实，整个团队在公务活动中表现出来的好学善思、敏捷思维及良好的素养、礼貌及交往能力也获得加方的高度赞誉。

二、两点保障——规范务实，协力推进教育实效

为了使本次域外学习收到实效，省教育厅与加拿大中加文化交流中心沟通协作形成强大合力，确保了本次培训得以高效有序地进行。

保障一：省教育厅精细组织，规范监管

出行前准备充分。为成功组织此次学习，教育厅经过长达一年的精心准备和工作协调，其中对每一天的日程安排、行程路线、学习主题、学习内容都进行了总体设计和规划。并建立QQ群、微信群等进行随时交流，做好政策和相关工作安排的上传下达。由于出行前准备充分，使此次学习收到了事半功倍的效果。3月25日，省教育厅、省外事厅在临行前举办了赴外学习考察动员和行前专题培训会。在整个域外学期期间，教育厅加强全程监管，让培训组每日按时填写培训日志上传教育部，汇报培训基本工作，确保培训内容、培训日程、培训效果的公开透明，高效共享。

保障二：加方高度重视，科学安排

此次学习得到了加拿大接待方的高度重视，从培训内容设计、教学内容组织、公务行程安排、教学同步翻译、行程出入用车、学员安全住行等都做了精心策划和周到安排。为了让我们方便学习，很多接待单位还为我们准备了不少中文版的资料；在考察学习时，除了随团翻译，各学校根据实际情况还安排华裔学生全程为大家翻译、讲解；安排的授课教师既有本学校的校长、行政人员、优秀教师，也有来自教育行政一线的、经验丰富的教育管理人员；在公务考察中，工作人员尊重团队要求，积极与接待单位协商增加了互动交流、课堂体验、教师授课等环节；加方全体工作人员不仅在公务上严谨安排，还特别关心团队成员的生活起居，对我们如家人般悉心照顾，在短短的14天中凝结出珍贵的友谊。这种美好的体验使整个培训活动如沐春风，让我们产生了中加友谊与日俱增的愉悦。

三、三幅画面——以小见大，亲密接触教育群体

加拿大地广人稀，物产丰富，是典型的西方移民国家。不同种族、肤色、信仰以及不同国家的移民来到加拿大，通过相互影响与共融，形成相互谦让、相互合作、相互接纳、相互尊重、相互宽容的多元文化环境，民族的多样性必然带来教育的多元化。在访问中，这样的几个画面引起了我的思考。

画面一：坐在走廊里学习的学生

让我印象很深的一个画面是去一所公办教会小学参观，走廊里有一个靠着墙席地而坐的小男孩，他的面前有一张大纸，他正在上面写写画画。当时正是上课时间，参观的老师们都很诧异，外国的老师怎么让孩子坐在走廊的地上学习而不管他们呢？难道是调皮捣蛋不好好学习被赶出教室（中国通常是这样）？正疑惑，小男孩抬起头来向我们礼貌地问好，看着他大方且机灵的样子，我忍不住蹲下看他的"作品"并和他交流起来。语言障碍使我们的交流得不是很流畅，见我听不懂，他走进教室拿出另外一张写满字的纸。翻译告诉我，小男孩已经学会了今天的功课，老师对他评价很好，另外给他布置了学习任务，他决定挑战一下自己便独自待在过道里；而教室里的孩子是因为还没有学会，小男孩强调说："教室里的同学更需要老师的帮助。"我向教室里张望，教师竟然也是和几个孩子跪在地上愉快地讨论着什么，孩子和教师都很专注，丝毫没有注意到我们的到来。而在走廊里研究问题的孩子重新席地而坐，继续进入了他的世界。

这个画面，让我看到了"帮助每一个学生，触及每一个学生"的安省教育策略的践行，及他们在培训中讲到的"让每个孩子成功，保证优异学生的成绩，减少学生水平差异，增加公众对教育的信心"教育观点的体现。和谐的师生关系不是喊喊口号，如果一个学生能自由且自信地走出你的课堂，并且对你说："老师，我想他们更需要帮助！"这将是一种令人欣慰的感受。

画面二：那个给我们开门的人

这里的学校都没有大门（我参观过的加拿大学校好像都没有中国学校普遍都有的那种高大上的大门），仅有一个玻璃小门可供进出，我们要进校门时，门口一位老师自然地把门拉开，然后把着门很礼貌地做出请进的手势，一直到十几个参观者走进去之后，他才把门关上，最后进去。进去的老师们都对他表示感谢，他也一直礼貌地回应着，始终面带微笑。他并不是他们校长专门派来"接待"参观者的，他只是巧遇我们而已，这么做应该是他的习惯行为。接下来的参观过程中，我发现学校的所有教师、学生都有一样的习惯——为走在后面的人拉开门并把住，直到他人顺利通过。

我们随意走进一个教室，有一个黑人小女孩边开门边用中文说："欢迎！"她只会说"欢迎"这两字，是听到校长说今天有中国客人来，跟老师刚学的。我们把中国带来的口哨送给她，她愉快地玩了起来。同行的一位老师说：这孩子真聪明！真是一个好学生！我随口说："不知道她的成绩怎么样？"（因为在中国，好学生往往同好成绩挂钩）同行人笑了："在这里，听说过用成绩衡量学生吗？"看，经过这些天的耳濡目染，估计大家都在思考到底该如何去评价一个学生。习惯于礼貌而友好地打招呼、不随便乱扔乱吐、在公共场所轻声细语、遵守规则、不妨碍他人……这种种好的习惯是教育长期滋养和唤醒的结果，与成绩有多大关系呢？

画面三：自信的各国高中生们

这幅画面里有三个穿着正装的高中生，是在参观高中时捕捉到他们的。一个微胖的白人女孩（来自英国）和一个很瘦小的白人男孩，他们合作为我们介绍学校戏剧社团及编导演出的情况，脸上充满着自信的微笑。那个高高帅帅、颇有颜值的中国男孩，他来自北京，一口流利的普通话，看到家乡人他感到亲切又激动，全程陪伴着我们。更令人难忘的是，在学校乐队的演奏中他竟然第一个出场，用小号吹出的曲子哀婉动人。这个乐队的三十几个孩子，来自不同的国家，有着不同的肤色，但是音乐让他们聚在了一起。

通过了解，他们除了在高中按要求修满学分之外，有些学生还每周到大学听课学习今后升入大学拟学专业的相关知识及研修自己的才艺特长。女孩娓娓道来，用透着喜爱的语调介绍所学课程；那个白人男孩用充满成就感的笑容，展示着他制作的戏剧道具；那个中国男孩用投入而又享受的表情演奏着。这些都体现了加拿大的教育理念：孩子的学习目的是为人生做准备的，而不仅仅是学习知识。

四、四个特点——学通中外，认真观察教育特色

加拿大拥有世界上最完善的教育体系，拥有世界上一流的大学、中学、小学教育，学习条件世界一流。加拿大的学校多为12年教育制度，公民或永久居民及其子女从小学到中学全部免费教育，政府对高等教育也有很高的津贴。特

点归纳为以下四点。

(一) 教育管理体制自主化

加拿大教育管理体制的最大特点是自主化管理。全国没有统一的教育制度，各省设有教育部，有自己独立的教育体系，各省的教育部长组成"加拿大教育部长理事会"，负责促进各省的教育合作。

加拿大地广人稀，学校规模都比较小，一般学校有200～300人左右，较大的学校有600人左右。平均班额25人，学校严格规定每个班级不得超过30人。比如，我们访问的魁北克省，其教育被视为优先事项，教育体系的质量非常出色。这个体系包括四个等级的教育：小学教育（包括学前）、中学教育、大专教育和大学教育。在公立教育系统，从幼儿园到大专的教育均免费提供。主要为英语公立、英语天主教、法语公立、法语天主教。省教育部主要职责是保障，保障各学区、学校教育经费的投入，保障学区的管理权和学校的办学自主权，监督学校的教育质量，制定教育法规，负责对本省的学校下达指导性文件，以立法形式颁布课程指导与教学大纲等。这种管理体制的高度分权使教育在宏观层面呈现依法管理、依法治教，自主灵活、各显特色的特点。

(二) 学校课程设置灵活化

在加拿大，他们的每门课只有大纲，没有统一的教材。各个学校、各个老师可根据自己的需要选择不同的教材。很多教师在课堂教学中注重课程的挖掘与整合，采用综合课程的形式，以提高学生分析问题和解决问题的能力。他们的课程完全以学生的学习兴趣、能力培养及实际需求来设置。学校针对学有余力或学习有困难等不同程度的学生开设了相应课程，进行有针对性地指导和教学。

学生没有自己的课本，课本放在教室里，上课时发给学生，下课后学生再把课本放回教室里。学期结束后，课本留给下个年级的学生重复使用。教材内容上，他们除了开设数学、语言阅读等课程，特别注重开设一些与生活紧密联系的课程。如低年级以模仿、游戏为主，高年级开设正规课程，讲简单原理，学简单操作技术。条件好些的学校，还有相应的作坊，如木工房，烹饪间，商店等，供学生实践，一些教会学校还会学习各种基督教哲学等思想文化。在这里学习是自由的，神学和进化论并存，科学与宗教同在。这在倡导人性方面的确是十分自由和开放的。

（三）课堂教学形式自由化

加拿大学生实行走班制，每个学生没有固定的教室，也没有班主任的概念，他们上不同课进不同的教室。而教师固定在自己的教室也是办公室内讲课，学生则是每节课换一个教室。学生可以自由选择座位、自由组合小组，无须经过教师同意。走进他们教室，完全看不到摆放整齐的桌凳、排排坐、手背后的学生。

这里的教师们很少按部就班按教材上课，而是根据自己对课程要求的理解，灵活地选择授课材料，报刊、杂志和因特网等都是老师们选择材料的来源。小学每周上什么课不必一样，每节课讲多少时间，也依课程内容需要而定，有的30分钟，有的45分钟或60分钟，因而没有课程表，也没有统一的上下课时间。一个班级的所有课程（除法语与音乐等特殊专业课程外）都由一位教师担任，讲授什么课程，需用多少时间，都在教师的掌握之中。

在教学过程中，教师是主导的，但不是"一言堂、满堂灌"。教师给学生充分的自由让他们去思考、去感受。课堂教学方法灵活多变，学生行为相对自由，学习参与能力很强，他们经常分小组讨论，上课积极举手回答问题或提出问题。他们不强调课本知识，而是更注重培养学生的学习能力和动手实践能力。从小学开始，学生就经常写小论文、做调查、收集资料、分析资料、制作图表计划等。

（四）教育考核评价科学化

在多伦多皇家教育评估问责中心听完关于学生评价的报告后，我们深切感受到西方评价方式的特色。他们也组织教师命试题，但是要花三年的时间论证。他们考试的目的不是为了给学生划分成绩等次，也不是为了根据成绩来考核、奖惩老师，而是为了通过考试反馈来"更好地为受教育者服务"。学业评估的目的是为了提升学生的学习，促进教与学，而不是分类和选拔学生或证明一个成绩。换种说法：中国式教育评价是横向的比较，也就是和别人比较。学校和学校比，班级和班级比，学生和学生比，排名次找差距。西方式教育评价是纵向比较，也就是只和自己比较，和自己的昨天比，让明天胜过今天，让未来胜过现在。

教育褒贬不过度，大多从若干个方面来综合评估学生，比较客观和公正。教育考核部门只是通过民意测验，学生成绩、表现及学生成绩进步幅度等评价一个学校的增值度。使我们倍感欣慰的是，我国目前正在探索实施的学校增值评价研究与这种以学生进步幅度作为评价学生标准的做法不谋而合。但加拿大的增值研究基于庞大的数据库支持，信息的多元与丰富使这种评价的过程更科学、更准确，其评价结果更有可信度。同时，他们对增值评价的探索与研究是思路层面、技术层面、资金层面、人力层面和制度层面的同步推进，从而使这种评价方式更科学、更有效、更长效。

五、六点启示——诊断反思，切实感受教育真意

看了才有眼界，悟了才有境界。我们究竟应该向他们学习什么、借鉴什么，我们应该怎样更好地发展我们的教育、服务我们的社会、强大我们的国家。大家一致认为：加拿大教育文化中最值得我们学习和借鉴的应该是他们的人本、创新、开放、敬业、实用和公平。

（一）体现人本

民主平等、有教无类、尊重差异、因材施教、济贫帮困的人本思想使加拿大教育焕发独特魅力。加拿大孩子至上的观念展现得淋漓尽致：任何人不能殴打辱骂体罚学生，包括他的父母；我们进教室不征得学生同意是不能拍学生的正面照片的，他们针对高智商孩子实施天才儿童教育计划，对有特殊学习需求的学生进行一帮一教学，学校甚至可以为两个学生专门开课。这种因材施教充分体现了以人为本的理念。

另外这种人本思想体现在和谐的师生关系上。校长能叫出学校所有学生的名字，老师无论什么时候、什么场合都会为学生树立友好、和善、礼貌的典范；鼓励学生在课堂产生质疑，老师从不轻易批评学生。学校的教师工会在维护教师权利，争取合法利益方面发挥了积极的作用。另外加拿大学校不仅尊重每一位学生、教师，也充分尊重每一位家长，尊重一切外来文化。让我们印象

深刻的是在蒙特利尔的一所国际学校，为了迎接我们，孩子们自己动手制作了中文欢迎墙；为我们准备丰富的食物；在学校橱窗里，看到了身着中国唐装的校长和中国孩子的照片，橱窗内剪纸、书法、中国龙等多种展品。这里中文助教告诉我，校长还会和他们一起唱中国国歌庆祝中国节日，如一起吃月饼庆祝中国的传统佳节，让身处异国他乡的我们无不为这种特别的"尊重"所感动。

（二）坚持创新

西方国家以创新和发明著称于世，此次加拿大之行让我们从城建、经济、艺术、科技、环境等不同角度、不同方面体验到了这种创新文化的力量。

在学习考察中，我们发现他们的创新教育没有一种固定的模式，一些大致的做法如：鼓励学生提出质疑，公开场合敢于发表独立观点和不同意见，不以是否听话或单纯考试成绩的优劣来划分学生好坏；注重学生全面发展的同时，更注重对学生个体的关注，对学生个性发展中独立性、积极性、创造性和竞争性进行特别观照和培养。在一所小学，我们看到墙上学人体生物的学生完成的一份特殊作业：学生们用不同的材料做成的人体器官图，逼真、形象；在高中校园的计算机教室里，学生在根据冰球运动设计游戏，进行录制、采访、编辑、合成，创意无限。他们向学生全面开放图书馆、电子阅览室、各类实验室，将先进信息技术广泛运用于课堂教学、作业、备课中。智能板、大屏幕、教学辅助器、无线上网遍布整个校园。让学生的创新活动随时随地有条件可做、有资料可查、有器材可用。在实施创新教育中，加拿大的做法的确有许多可圈、可点、可学之处，需要我们很好地消化、吸收。

（三）追求开放

面对加拿大教育，我们对"开放"一词体会特别深刻。多伦多大学、皇后大学、麦吉尔大学这些世界顶级名校，校园都没有围墙，没有校门，也没有校牌。一所大学就是一座城市、一个社会，一切教学场所、设备全部向学生及居民开放。整个城市资源就是这所大学的教学资源，从这个角度来说，他们的大学建设已经完成了与社会、城市发展的完美结合。另外这种教育的开放体现在中、小学与各类大学、科研机构的亲密合作，体现在学校与社区、家长的无缝对接。以加拿大安省为例，他们学校组织家长参与学校事务的形式多样，家长教师面谈会、课程介绍之夜、学校开放日、家长委员会、电话访、网上访、校访等应有尽有；另外他们与社区的联系极为紧密，社区中心专门在学生放学以后，设立各种兴趣班，聘请专业老师为学生培养兴趣、发展特长服务。这样开放办学让教育真正融入社会，让社会关心教育，从而形成家、校、社一体化的大教育氛围。

（四）突出敬业

当前我国中小学教师的教学负担是很重的。为老师减负，已然成为教育界的一大呼声。加拿大老师的负担如何？加拿大教师资格获取不易，加拿大教师对于职业的珍惜及其敬业精神是值得我们学习的。更确切一些讲，他们更多的是把职业当成了事业，把奉献当成了义务。面对学校课程实施的一纲多本，甚至一纲无本，教师必须在深挖大纲、广采素材、系统思考、研究学生上下更大的气力，他们在教育教学业务上承担了更重的担子和更大的压力。

校长也同样如此，多伦多教会的校长告诉我们，他每天要到学校十二个班级中两次察看教育教学情况，每周要与每一位教师面谈40分钟，每周要与学生代表见面，每月组织两次教师会研究个性化教学的有关事宜。我们惊叹于他们的工作压力和工作节奏，我们更为他们的敬业精神所折服。可以说，加拿大教师的敬业是与教师整体素质相关联的，是与整个社会的文明程度、整体素养分不开的。

（五）崇尚实用

西方人崇尚实用，这在加拿大的教育中体现得淋漓尽致。教学课程内容选择的指向性非常明确，都是与生活实践密切联系的。这种实用主义还渗透在学校的硬件建设中。加拿大的学校共同特点：朴实，重实效，没有外表的花哨。在图书馆，我们看到书不多，也不整齐，但非常人性化，学生翻动和经常借阅的迹象很明显。阅览室很简陋，远不及我们中国的大多数学校，体现所谓的"书香校园"的宣传看不到，它们的办学理念"梦想相信实现"很简单地写在进门的玻璃上，使我们感到他们的真实。

在学校中，我们发现无论是教室里各种教学设备、仪器的配备、摆放，还是学校走廊、墙壁、功能室的建设，一切以实用为主，只要是教育活动需要的，一定配齐，并随手可取，时刻保证供给。学校的室内体育馆有厕所、多台饮水机。教室里全部备有洗手液、卫生纸……在各类学校中，很难见到"好看而无用"的闲置，更没有投资浩大的"面子工程"，这种"质朴无华"正体现了教育的实用。

（六）注重公平

不可否认，无论是中国还是西方，都存在明显的贫富差距。加拿大教育对每个孩子都是公平的。为此，他们进行摸底调查及实地走访，对于家庭经济贫困儿童进行登记，并由政府出资帮扶。如加拿大没有儿童医院，但会在校内设儿童校医；政府为特殊体质的学生购买眼镜、助听器等必备用品，家庭贫困的免费为他们开设兴趣才艺课程，如教他们舞台表演、乐器演奏、生活技能等，弥补他们因为家庭贫困而缺失的教育机会和教育资源。

公平还体现在学校里是看不到三好表彰、三好标兵、什么之星、什么积极分子等，他们认为，每个教师都应为学生全身心地付出，平等对待每个学生，观察了解每个学生。基于此，教师会了解每个学生学习的阶段水平及其评价，对有特殊需求的学生制定帮助计划。"用铅笔来评估学生"（可以擦去、可以改变）——校长讲话中的这个说法很形象、很温暖、很人性化。教师相信，学生在教师的帮助下是会有变化、有提升的，因为他们眼中每个孩子都是天使。

六、七点建议——且行且思，认真表达教育思想

（一）坚持以人为本，服务教育对象

"以人为本"是西方教育管理的重要理念，注重对学生进行个性化教育，学校的教育和一切工作都围绕学生这个主体进行。我国的教育在"以人为本"方面也做了极大的努力。"以人为本"是科学发展观的核心，就是要以学生和教师为本，特别是以学生为本，最终体现为贯彻党的教育方针，把学生培养成适应经济社会发展需要的高素质人才。为此，必须从我国国情出发，在办学中，以育人为根本，使学校的一切工作都以学生为主体展开，真正的"为教育对象服务"，用育人的效果作为衡量学校工作得失、成败的唯一标准。

（二）深化教学改革，革新教学方式

不断加强课堂教学研究即改革力度，努力改变传统教学模式。一是在课堂内，注重对学生表达、沟通能力的培养。教师讲课时，鼓励学生提问，组织学生讨论、交流，学生在课堂上可以随时提出问题与教师进行对话交流。二是在课堂外，重视培养学生的实践能力和动手能力，要加大实践性教学在课程体系中的比重。同时，探索建立学生社会实践的长效机制，把社会实践纳入教学计划，对各学段学生参加社会实践提出时间、内容、标准上的具体要求。有条件的学校，进一步完善校外实习基地、社会实践基地建设，充分发挥这些基地在实践教学中的作用，培养学生实际解决问题的能力。

（三）开展文化活动，建设人文氛围

开展丰富多彩的校园活动，为学生营造一个提高综合素质与能力的良好环境。着重提高学生的综合素质并开展系列活动，如生动活泼的艺术表演、体育比赛，丰富多彩的娱乐游戏、形象设计，多知识领域的演讲辩论，高知识层次的学术报告，高实用价值的生活技能展示等。学校注意引导并在各方面支持帮助学生社团、学生组织开展各种形式的课外活动，使学生在内容丰富、形式新颖的校园文化活动中受到潜移默化的影响，从而使学生开阔视野、开拓知识面；让学生在参与和组织集体活动中增长才干、完善个性，增强团队意识；让学生在浓厚的文化氛围中受到陶冶，精神生活得到充实，道德境界得到升华。

（四）坚持开放办学，探索合作共赢

本次考察中，很多加拿大学校表达出与中国学校建立友好关系，互相学习交流的意愿。我觉得，在我省有条件的学校可制定开展国际交流、实行国际合作办学的方针，如建立手拉手对口友好学校，可采取聘请其教师来校担任外教，或教师岗位互换游学的形式合作等。一方面，教育国际化是世界发展的必然趋势，经济全球化需要大量与之相适应的人才，这种人才只有通过国际化的教育融合才能培养出来。另一方面，在考察访问中，我们深切地感受到，发达国家的教育管理机构具有与我国教育行政部门交流的高度积极性，非常希望有机会与我们进行多种形式的合作，加强国际交流合作存在着很大的可能性和现实性。对此，我们要保持头脑清醒，正确分析形势，权衡利弊、慎重考虑、正确决策，选定最有利的合作伙伴，采取最有利的合作方式，争取最有利的合作效果。

（五）教育精准扶贫，致力教育均衡

2015年12月初，在以中共中央、国务院名义出台的《中共中央国务院关于打赢脱贫攻坚战的决定》文件中，教育扶贫被赋予了"阻断贫困代际传递"的使命，其现实路径被描述为"让贫困家庭子女都能接受公平有质量的教育"，在暖冬拉开了教育精准扶贫的序幕。

5～18岁的儿童及青少年享有免费接受教育的权利。加拿大强大的经济实力支撑着发达的基础教育，做到全民共享。借鉴加拿大安大略省教育以"帮助每一个学生，触及每一个学生"为核心理念的成功经验，关注贫困地区学生的不同特点和个性差异，探索分层教学、走教制、导师制等教学管理模式，探索建立困难学生帮扶机制，包括家庭经济困难、学习后进、有心理问题等多种"贫困学生"，采取"手拉手"和"一对一"等帮扶措施。

关爱弱势推动教育公平。从贫困学生入学、特殊群体关爱、乡村教师培养、薄弱学校改造、职业技能培训等方面，合理设置考核指标和权重。在充分发挥优质学校辐射带动作用，探索名校办分校、委托管理、学区制管理、教学联盟、名师定向帮扶计划等多种模式，采取以强带弱、以大带小、以城带乡的形式，创建一批城乡一体先行区、优质资源富集区、改革创新先导区，整体提升贫困地区学校的教育质量和办学水平，真正从物质和精神上落实教育精准扶贫。

（六）依托教育优势，革新扬长避短

在不断地反思对比中，西方教育就像是一面镜子，也映射出中国教育的明显优势，如强大的基础教育稳固打造知识的基础底盘，就如同于平地上打好了地基，方能盖起万丈高楼。一个有着13亿人口的发展中国家能够打造出既高水平又有很高均衡度的基础教育，这让西方国家的教育界睁大了眼睛；同时，我们有相对成熟的课程体系，中国学校注重教师培训、校本研修、校园文化建设，努力营造重视教育、尊重老师的文化等；历史悠久的中国虽然教育中规中矩，但是在中国严谨治学、严格管理、遵守礼仪规则的优良传统基础上，也诞

生了不少巨匠名人；常遭诟病的"高考"虽成为应试教育的指挥棒，但面对庞大的人口基数和地域差异，高考确是中国式教育保证一个公平底线的最好办法，因此被大多数人认可并接受。

对于中国教育，我们似乎已经习惯了抱怨与批评，却很少意识到，支撑中国崛起奇迹的，其实正是中国教育培养起的一代代人才。我们接触的加拿大教育界人士，他们对中国的教育有着极大的兴趣。特别是课程改革以来，面对日新月异的教育发展，世界发现了中国教育的神秘与博大而纷至沓来。他们不必骄傲以世界大国自居，我们也不可妄自菲薄认为外国的月亮就是圆。这只是提醒我们换一种眼光来看中国教育，也许惟有当我们自己站起来，平心静气。以平等开放的态度看自己、看西方，才会促成东西方传统与现代教育的更好融合与互补，那将会是世界上最好的教育。

（七）加强社区教育，拓展教育空间

让人难忘的还有独具特色的加拿大社区教育。加拿大人认为学校是社会的一个部分，社会才是真正的学校。这种大教育观、大社区观决定了社区教育的发展力度和速度，同时也使社区教育在整个加拿大教育体系中发挥了举足轻重的作用。在加拿大教育中，社区与学校两个概念紧密相连。学校发展离不开社区的有效辅助，社区建设离不开学校的积极贡献。社区与学校的资源实现了高度融合与充分共享。另外在加拿大，可供居民参与学习的社区场所、资源非常丰富，并且这些资源完全向学校、向学生、向居民开放。我们通过参观它的社区中心得知：为满足不同群体的学习需求，这个社区中心建立了室内游泳馆、篮球场等多个场所，开展了各种各样的兴趣班、亲子班、提高班等。学生放学后，可以到社区中心选择自己喜欢的各种兴趣班；家中无人看护的婴幼儿可以暂放到社区中心托管；居民注册登记无须高昂费用，就可以在社区中心参加各种学习、娱乐活动，享用各种设施。在我们参观的一个社区图书馆里，全部实施开放免费借阅，图书馆内设有成人区和儿童区。图书馆内安静、舒适，还有正规的教室、音像室、故事区、幼儿游戏区等多功能的设施。和社区服务人员的交流中我们得知，加拿大每个学校都建立起社区居民、学生家长共同参与学校管理与建设的长效机制，这种参与有的是无偿的、个别是低偿的，这种融合共生机制为开放办学、成功教育提供了条件。

而我国在大部分二线以下城市，社区与教育是毫无关系，如果也能在这方面做一下尝试改进，利用好我们身边的这些社区资源，加大投入、配齐人员、添置设施，规范管理，提高服务，既能让社区成为学生的教育学习基地，又可以为他们提供诸如做义工，社会实践的场所，真正实现社会、学校、家庭三位一体的教育维度，让学生服务他人、贡献社会的意识培养有了抓手和保障。

七、结束语

行走在加拿大教育的表层，感受加拿大教育的多元与开放，加拿大的教师是幸福的，学生学习是快乐的，教育充满了人性化、个性化，我们的触摸是浅层的，但感受是深刻的。

不同的国情、不同的文化形成了不同的教育方式。但同为做有益于人类美好事业的人，必定有共同的认识、期许和追求，彼此是可以相互学习、相互借鉴的。在立足国情、省情、校情的基础上批判地继承，是我们对待传统文化和外来文化的态度。理念决定境界，境界决定行为。静心思考，古为今用，洋为中用，中国教育不该是各路精英们一味吐槽和鄙弃的对象，它需要的是认真研究与面向未来的积极建设，是在面向未来的教育中树立民族信心。面对世界，即便"他山之石可以攻玉"，我们也不应该拾人牙慧，一味只见他人之长，还必须懂得和珍重自家山上这块"玉"。

读万卷书、行万里路，博采众长、学通中外。

总之，这次加拿大之行给了我们新观念、新启示、新思考，同时它也让我们走上不断向新高度攀越的新起点。让我们一起在教育路上不断追寻——

中国灵魂，世界眼光。

美丽初见，爱上国培

一、有一种好运叫意外惊喜

2012年11月2日，这是我第一次出远门。而且，要去天津，离北京很近，我都没去过。

其实在十月，就忽然有消息，让我填表准备资料参加"国培"，这是国家级的骨干培训。几经周折我终于得到确认：就是带薪充电学习。我兴奋地将此消息告诉搭档，她说："这好事怎么轮不到我？算了，你放心去，我来留守。"看来，爱笑的女孩运气不会差，努力的人儿上天都会眷顾。

真的是缘。后来才知道，来参加这次国家级培训纯属偶然。因为申报老师临时有事所以换了我。于是，经过紧张上传资料、资格审核、前期准备，我终于从一个小县城走到这样的国家级培训殿堂，心中充满感恩、期待和憧憬。

啊，整整两周啊，不用披星戴月走在下班路上……那是我梦寐以求的幸福——哪怕只有十五天。临行前，学校领导再三叮咛："好好学习，天天向上，把咱首都及津门的最好最前沿教育思想带回来。"

二、有一种旅程叫人在囧途

外出远行，兵马未动，粮草先行。

大家纷纷叮嘱："尽量少带行李，不过十几天，一件羽绒服、人民币和身份证别忘就可以了。"我却还是长裙短衣毛衣仔裤鞋袜，外加水果、零食，晕车、感冒、中暑药、拉肚子药，装了一箱子加一皮包，再加上笔记本。

在汉中和同行的李老师碰面，她说这一路由她照顾我。莞尔一笑倍感温暖，其实她也不过是一个弱不禁风的柔弱女子。两个没怎么出过门的人，就这样说说笑笑，一路奔着目的地天津而来了。

那颗渤海湾上的神秘明珠，是以怎样璀璨的光芒在指引着我。冥冥中，一路狂奔，4小时到西安火车站换乘，12小时后到达首都北京，再由北京坐动车30分钟到达天津站。不到一天半，我们已身在千里之外了。中途我们经历了各种公交、地铁、出租车、摩的、私人面包车等，听起来，旅途是很艰辛的，可这正是我最向往的。

最难忘的是那晚我们在列车上过夜。这是我第一次坐这么长时间的长途火车，所以记忆尤为深刻。卧铺车厢还算干净，尽管四周都是乌泱泱的人头和臭烘烘的空气。一箱行李放在下面总是挡手挡脚，列车上那些卖盒饭的、打扫卫生的、推销物品的总是看着我的包，眼神中好像在说你应该为你的大批行李买张卧铺……每到一个站点，都能看到那么多带沉重行李的人争先恐后地往车上挤。这世界，有多少人在路上，他们无暇看风景，总是朝着目的地在拼命地赶路。我该是其中幸运的一位，至少还能有这样的培训福利。

三、有一种圆梦叫重回校园

游走天津，我的校园生活和重拾的青春梦。

一直放着一首歌——我为你来看我不顾一切，我将熄灭永不能再回来，我在这里啊，就在这里啊，惊鸿一般短暂，像夏花一样绚烂。

地铁"大学城"，天津师范大学到了。

我们拖着大箱子下了穿城而过的公交车，穿过师大正门那段超长的人道，看到镜湖四周洁白的芦花，满身的疲惫转化为一声惊呼加几分欣喜。在两位班主任的电话遥控下，我们辗转来到了天津工业大学的普罗旺斯餐厅，这才见到了亲爱的楚、越两位美女老师。连续两日行程千里，这感觉真有点像孩子见了母亲般的亲切。至少我可以赶紧卸下这些行李，解放我那已伸不直的胳膊和勒成鸡爪的纤纤玉手。

已是夜幕。北方的天空真是晴朗。夜空是深蓝的，有月光皎洁，不由得思从心来，当晚便写下"床前明月光，心口朱砂痣"的妙语来。那晚独居异乡的情绪，始终挥之不去。

我感慨果然是国家级的最高级别培训，还没正式开始，当晚就安排了任务，只等明天的破冰见面。

四、有一种缘分叫不期而遇

自古逢秋悲寂寥，我言秋日胜春朝。

晴空一鹤排云上，便引诗情到碧霄。

晴空丽日，步一季秋的埠雅。于是。我来了！如同带着朝圣的心情奔赴一场盛宴。

开班典礼上，听到和我有着同样名字的楚爱华教授诵读"自古逢秋悲寂寥，我言秋日胜春朝。"暗叹，这不是缘吗？我也刚刚把这首诗写在我的笔记中，心中不禁涌起一阵激动和豪情。接着我们听到了教育部及各级领导给予这次培训的期望和支持，了解了整个培训的日程安排，这种细致体贴怎么能不再一次令人感动呢？充实而忙碌的十天培训生活似乎已经在我的眼前如画卷般展开。

最令人兴奋的，要算是岳老师精心组织的学员之间的"破冰活动"了。十个小组，十种方式；异彩纷呈，亮点频出。这期间，聆听着大家介绍着自己的家乡，宛如在经历一场生动的旅程；品味老师们对语文的感悟，好像在进行一次教育的对话。我们似乎不是刚刚从天南海北而来的陌生人，更像是早已熟悉的故人一般。这样的初见如此美丽，这样的感情如此自然，这样的碰撞如此精彩。他们或说，或讲，或唱，或舞，蹁跹曼妙动人。让人感叹，小语教师如此多才多艺，小语舞台怎能不多姿多彩？

五、有一种幸福叫专业发展

第一天下午，天津师范大学初等教育学院院长杨宝忠教授的讲座"学习小学专业标准，提升小学教师发展水平"在生动幽默的氛围中徐徐展开。

杨教授由选题的缘由入手，以两个流行的悖论引发的思考作为切入点，从三个角度谈论教师职业：被神圣化的教师、被功利化的教师、处于风口浪尖的教师。直击教师的现状，引人共鸣，现场掌声不断。然后他冷静犀利而又准确到位地分析了引发教师不良心态和缺失职业幸福的三大原因：一是职业尊严难以体验；二是工作责任无限扩大；三是专业自觉任重道远。并且引用王国芳《教师为什么不幸福》中的三大观点：工作单调陷入苦恼；不善反思空懊恼；自我增负寻烦恼。再次把这个话题推向了思考的新高度。

我思故我在。在这个过程中，我们见证了专家的风采，体会了专家的魅力，也佩服专家的洞察力！我如饥似渴地吸取讲座的精髓，再联系自己的切身实际，对工作的职业倦怠心理似乎一下子就弄明白了。"每天都拖着疲惫的身体下班，下班后一句话也不想说，上班时却充满无限激情，这些是教师心理压力的警示灯……"杨教授朴实的语言仿佛在描述讲台上、下班回家后的你、我、他。他还教给我们破解压力的智慧原则：第一，不给自己制造压力。第二，学会化解压力。

不仅如此，听完这个讲座后，我联系杨教授"专业发展"，便更懂得了一个教师的幸福，它来自专业突破的喜悦，来自心中对于教育的信仰、来自成为一个有个性、有内涵、有思想的普通人的快乐！

六、有一种语文叫灵魂附体

11月1日，又见李卫东老师。这不能不说又是一种缘。

一年前在一次小语研讨会上，有幸听了李老师的"两个铁球同时落地"，那时在上千人的大礼堂里，只能远远地看着他。可今天，如此近距离地接触，甚至不用话筒就可以清晰地听到他的声音，看到他每一个细微的表情和有趣的手势，令人如沐春风。

今天他执教了《盘古开天地》这篇课文。亲切、自然、思路清晰的课堂让人再次领略了名师的教学风范，感叹于名师教学智慧。特级教师的课，讲得如此精妙，除了他们自身深厚的文化底蕴，也源于对教材的深入理解、把握。特别是他对于课文的处理：细的时候，能细到一个词一个字；粗的时候，又能删繁就简，由博返约。这样收放自如、大气自若源于什么，不言而喻。我们在平时的教学工作中，最需要这种钻研的精神和执着的态度。这节课，让我又一次

知道了我该带什么而归。

在李老师神采飞扬旁征博引的讲座中，我受益匪浅，思绪万千。时间过得似乎比平时快了许多，总感觉有很多的知识没有学够，有很多的锦囊还没来得及打开。但是短短的三个小时，在会心地微笑，恍然地顿悟中，我记住了——

妙语1：语文，是人的言语生活。语文教育要发展语言，滋养心灵，感受文化。

妙语2：我认为语文的变化是从内心认识的变化而产生的，而不是简单的花样翻新。剥开华丽的外表，看到的将只是苍白的内心。

妙语3：都说数学"建塔"，语文"堆沙"。其实，语文也是在"建塔"。

妙语4：人文性——人的精神，这是语文的灵魂。工具性——听说读写，这是语文的形体。而语文教学，就是要"灵魂附体"。

好一个"灵魂附体"的语文教学！

就这样，美丽初见，我已爱上国培。两天的时间匆匆而过，我大脑的行囊正在一点点丰满。我想，接着——

七、有一种感动叫坚守教育

感动："他们为何为小语坚守净土？"

2012年11月2日，我们来到久负盛名的华辰学校，在安静美丽的校园中穿梭，还没来得及欣赏花红枝绿的走廊景致，还没来得及感受图书角的静雅精巧，我们已移步到五楼的大阶梯教室。在这里，我们见到了天津市特级教师侯秉琛老师。侯老师虽满头银发，但精神矍铄，课堂上的他幽默风趣、和蔼可亲、语言朴实，有条不紊，开课时一句调侃自己"眼花耳聋"的话迅速拉近了和学生之间的距离，显示出一种大师特有的风范，也博得了阵阵由衷赞叹的掌声。由语言文字现象到文本意蕴的解读和语言文字的运用，处处闪现着一位知识广博、思路清澈的大家风范。学生在侯老师随意而自然的如春风化雨般引导中感悟着语言文字的魅力和真谛。

课后，侯老师又根据语文课程标准做了精彩报告，让教师们大开眼界，许多年轻教师有茅塞顿开之感。侯老师儒雅谦和的师风、严谨笃学的教风，给听课者留下了深刻印象，侯老师的讲座意蕴正如茶，壶中水竭而味长，香留于齿间，韵萦于心上。

11月3日，作为此次研修项目重中之重的"田本娜教授小学语文教育专题讲座"的日子终于到了，在近三个小时的讲座中，学员们用掌声一次又一次地表达着对田本娜教授的敬意。田教授认为，传统的语文教学是我国语文教学的根。根要成长为参天大树，就要培土、灌溉、施肥。这些工作，就是要以科学的思维、现代的眼光、敏锐的想象力去学习、研究传统语文教学。

看看讲台上的田本娜教授，已是83岁高龄。今天的讲座田教授是提前半个小时来到报告厅的，那时才有几名学员到场。只见她鹤发童颜，精神矍铄，步履矫健、思路清晰，见解独特，为人和蔼谦逊。她会操作多媒体，她有属于自己的邮箱，她连续为我们作了三个多小时的报告也没有任何体力不支的表现，她的思维敏捷清晰，她的观点与时俱进，整场讲座生动深刻。

我不由地一次次心生感动、眼眶湿润。两位前辈如此高龄还坚守小语阵地，呼吁人们对于母语的关注和热爱，那是一种怎样的高尚、执着、敬业的品质和豁达高远的人生态度。我就是这样虔诚地、近距离地再一次聆听着他们的课堂，聆听着他们的教诲……都说"夕阳无限好，只是近黄昏"，我拜读过侯秉琛老师的文章和著作，他是这样说的："但求夕阳无限好，何须惆怅近黄昏。"他把自己比作红烛，要为年轻人照亮前行的道路。说到这里，我不由得心生感恩，感恩这次培训让我学习他们教育智慧，感受他们的师德魅力。

我一直在想田本娜教授、侯秉琛老师他们早已高龄，到底是一种什么精神、什么力量支持他们依然奔走于书房和讲台之间？我想这就是一种学者对于知识传播的责任感，一种教育家对于小学教育真正的热爱，一种师者人生清风霁月般的澄明。我们除了崇拜地仰视，除了无言地感动，便就是吸纳，静心、思考并实践。

八、有一种学习叫文化实践

去一座城，领略一种文化，才不虚此行。

这次去的第一个地方让我相当喜欢，叫意式风情街。公元20世纪初的天津，曾经有八个国家在此设立了租界。他们在这里建造了不少欧式风格的建筑遗留至今。这些建筑优美、古老、精致，置身其中，真会以为自己到了欧洲，随便拿起相机一拍，都是精妙的景致和浪漫的氛围。石子小道、城堡教堂，家家户户种在窗户外面的花，格子桌布，浓浓的咖啡与早茶都显示着它是一座很有味道的城市。也许是从和一座城市的邂逅开始，你便恋上了这座城，恋上了一条街，恋上了那些古老的建筑，恋上了这个城市里的故事和故事里的人。

在天津，想领略一番津味、古味、文化味的朋友，最佳去处莫过于古文化街了。冲着这个"古"字，我们这些自认为的"文化人"当然非去不可了。

阳光灿烂。南口牌楼的楼匾为"津门故里"和"晴雪"，在油漆彩画、砖雕、木雕的映衬之下分外妖娆。我们走入此门，不到五百米，就看到了天津地方特色的杨柳青年画社，那些匾额楹联、文房四宝、名人字画令人叹为观止。倒是那些景泰蓝、苏绣、内画水晶、珍珠、翡翠、工艺伞、华服、水晶珍珠碧玺各种材质的饰物等，让我们的眼睛应接不暇，或买或看，皆是惬人心意的事，流连一番，也可以受到熏陶、启迪，摄取到文化滋养。

一拐弯便看到了大名鼎鼎的泥人张的恢宏店面，一群人立刻散落在那些憨态可掬、栩栩如生的各种泥塑之中，不过价钱也颇为可观，我们这些门外汉不敢造次评论，只能啧啧称赞表示欣赏。我看上了泥人张门口老艺人捏的各种泥偶，一见钟情，买了一对猪。我很喜欢也向往猪的生活。看着这对小璧人，我在盘算着该把它送给谁呢？还设计了一段台词：

今天干什么呢？　　　　吃了睡睡了吃啊。

猪的生活？　　　　　　已是极致。

出北门，发现牌楼的楼匾为"沽上艺苑"和"金鳌"与南门的"津门故里"和"晴雪"相互辉映。当时没弄懂意思，但有种被感动的情绪，自然曲直，错落有韵，鳞次栉比，意韵迎合。这就是中国人委婉沉郁的文艺情结。

这一路所见怎么写得完？包括滨江道，如何与你走在昏黄的灯光里，走在雨幕的微凉中；如何在肯德基的一杯奶茶中秉烛夜谈；如何在师大西门的小吃街一起捂着耳朵吃饺子过立冬。去塘沽看海，那片海边芦苇里被吹得瑟瑟发抖的我们是怎样与当地无证导游斗智斗勇；去电视塔，怎么嘲笑这儿河海的夜景完全不及汉中的别致美丽；去津湾广场看天津之眼，感慨就是个特高的摩天轮；心中还牵挂着没有去成的"万国建筑博览会"的五大道与那座只在电视上见过的瓷房子，时间却已经在指缝中溜走了。

离歌已经奏响，不管你愿不愿意，要回家了，我也想家了。

九、有一种分别叫怀念一生

临走那天，去了一趟镜湖。

我去看了那里的柳树、湖水、小桥、木凳，还有彻夜通明的图书馆。然后抱着纸去师大的邮局，阳光依然好，但离别的天已变成灰色的蓝。

我们开始道别，送走了一个又一个，也默默看着彼此收拾行装，将住过的房间整理得像来时一样整洁。在互相诉说了相思情、离别意之后；在拥抱、拍肩、握手、转身之后，终究还是要离开，只留下无尽的思念和感慨。依然拉着来时的箱子离开的时候，我们同行又多了几人，在餐厅的广场回头望，他们都说我太伤感，但谁又能掩饰自己心中的不舍呢？我看到有两个河北的老师在地铁口抱头抽泣。这样沉闷的情绪一直持续到了坐上京津轻轨，看到北京若隐若现的繁华，我们才得以轻松地说了声："再见，天津！"

城市间距能有几许？每每相知在异乡。心里念着的，还是那纯净的校园天空，学生食堂的一碗面条和那种香芋味道的奶茶，超市旁边的煎饼果子和英雄鸡排，课堂上的争论与作业，讲座时看的小说和偷发的微博，被老师点名提问时的慌乱与自如交加，面对班长乖巧的好孩子模样，绕着镜湖的垂柳做圆周运动的悠闲宁静，师大立交桥我们搭肩相拥，细数车来车往流光溢彩，述说着山高路远离愁别绪……

是该说再见的时候了，天下没有不散的筵席。晚上8点半，我们乘火车由北京返回西安，然后返回汉中，再由汉中回家。看吧，我哑然失笑，这来去的路程竟然是完全一样。

正如同，我们在天津港看过海。大海有它的悲哀——总被游人打扰。十月过后的大半年里，海水凉了，人潮淡了，游人走了，游鱼便回来了。就像我回我的家，它们才能回它们的家，各找各的港湾，各找各的宁静。我只是一个路

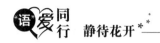

客，我不是归人。

而重要的是，我为什么而去，又带了什么回来？

我想这一程，我看山、看人、看课，所有遇见，已经让我不再是一个平凡的老师。因为——

有一种期待叫精彩继续。

与教育行走的美丽邂逅

一、就算大雨让这座城市颠倒，我会给你拥抱

打开心窗，方见世界之美；抛弃小我，才知天地之大。

一个偶然的机会得知"教育行走"公益研修活动。从小敏的朋友圈里看得了第一届教育行走的美文，不经意看到这个活动便心心念念不能忘怀。经过朋友引荐，我大胆发短信响应了招募令。

招募者态度明朗的肯定回复令我的小心脏如按上弹簧似的不可抑止地狂跳。哦，我可以去武穴，我可以和我偶像们一起行走。这真是一份美丽而意外的暑假礼物。

和大师相比，我声小名微，不知道自己配不配得上参与这样的行走，或者这样的行走愿不愿意接受我的喜欢和向往？但对于我来说，一次说走就走的教育旅行，就是我心中的烟火和笔尖上的灵光。我深知，这种对未知的探求，不是一个脑残粉浅薄地接近，我把它想象成是生活的小情趣，职业的大情怀。我的行走，应该是心灵寂寞处的自娱自乐，是知己往来间的引吭高歌，是玫瑰与玫瑰里散发出的清远而袅然的香。

于是，我收拾好行囊，拿着一张火车票开始了我的旅程。

车行秦岭，乌云压顶。瞬间暴雨就下起来，电闪雷鸣，大雨如注，时而笔直冲下，时而倾斜如线，雨势惊人。

与此同时，湖北大水，武汉大水，武穴大水！险情频现，举国关注。车被迫临时停靠，眼看一场大雨即将阻隔我前行的脚步。这边家人打来电话询问雨

情，那边同行人在群里热烈讨论行程。望着窗外雨潺潺，我心如初念无一丝退意。半小时后，天气放晴，雨后彩练，当空舞动。

西安火车站的广场上，我与连坐在石栏上，迎着微风，看着满天星斗畅想去路的美好。车站的凌乱嘈杂和人来人往的拥挤，对于我们，都是如此的美好，我们和每一个擦肩而过的人相视一笑，原来，情绪都会传染。

今年雨特别多，整个世界像一大块蓄着水的海绵，沉甸甸的。火车飞驰出古城西安，似乎又进了无休止的雨季。

雨使盛夏变得凉爽，使心情多出一些愁绪，拉近了人与人的距离，甚至会衍生出想拥抱取暖的冲动。这种感觉，在火车上与苏州的沈兰姐、西安的杨林柯老师偶遇后，变得更加强烈，那种久违的感动和惊喜让人泪流满面。然而没有行走，何来此感？

依然要说，遇见你是我今生最大的幸运。西安武穴的寻你路线有大大小小26站，列车拉着我如游龙般在陕、豫、鄂优雅地穿梭，我仿佛躺在田园、山川、河流、村庄、城市的光影里细数一片一片绿叶，在滴滴答答倒数的时光中沉浸在你在怀抱，隔窗倾听一路未息的或大或小的雨，商南到了，丹凤到了，信阳到了，罗山到了，黄州到了，蕲春到了，武穴到了……

二、我从远方赶来，恰巧你们也在

不入武穴，焉得虎子！大美武穴，我们来了。

武穴车站，是如此的小，小到只有一个站台，一条狭窄的通道。然而，意外却发生了！停车靠站，这一站下车约有三十人，有人振臂一挥，甘肃的猫校长，龙岗的三位美女，河南的陈伟华一家、湖北麻城的徐校长和她的团队如变魔术般从站台上冒出来……原来，同一班列车上，竟然有这么多的同行者。稍稍一汇合，就是武穴车站浩浩荡荡的半壁江山呢。

原本以为是孤独的旅行，未曾想到是大众的聚会。在现实生活素不相识却在网络世界神交已久，冥冥中被同一列车载向相同的目的地而不自知。这惊喜和感动，化作见面的问好、拥抱、微笑和絮絮叨叨。这意想不到的偶遇再次唤醒我在武穴的艳阳里的殷殷笑容，我笨重的行李箱连同我笨拙的脚步一起，轻轻和夏季握了一下手，就匆匆地、急切地跨入了这毫不陌生的世界中。

我自己是草根，也相信草根的力量。这就是我，一个教育行走的新手和菜鸟，在初入武穴市师范附小参加完破冰活动后的最大感受。

武穴市师范附小，我在天桥上看到了它树林掩映下犹抱琵琶半遮面的美丽容颜。走进校园，已是华灯初上，校园门厅的编钟翠竹散发着浓浓的古韵文化气息，院内一条由花木修剪而成的巨龙匠心独具、引人注目。不由加快脚步，翩然行至教学楼大厅，气势磅礴的书画雅园令人目不暇接。拾级而上，琴、棋、书、画，异彩纷呈的楼道文化一路走一路冲击着你的眼睛。我不由地思量，这该是怎样的一个有故事的学校？后来，见到"你的潜能，你的范儿"涂玉霞校长，心中顿时明白了许多，这白裙翩翩、乌发娇容的女子，就是这故事中的故事吧。

不容多想，已移步到破冰活动的主会场。陕西学带团竟然第一个到达会场，我们好奇地四处打量，又禁不住窃窃私语，选择一个安静不显眼的角落落座。毕竟是第一次，心中有些矜持、胆怯和隐隐的担心。

"他们来了！"在广大同学的一片呼唤、掌声、尖叫声中，张文质背着他的大包来了，谢云携夫人来了，戴耘先生和他的恩师雷祯孝教授来了，美丽的武穴市师范附小涂玉霞校长来了……我目不暇接，他们的每一次说话、调侃、玩笑、寄语、呼吁，都在我心中得到千百次的响应。

破冰，破冰。曾几何时，我也是一块拒绝融化的冰。

到底是什么力量，让我燃烧冰冷，或者是彻底放松身心？或者是推倒心底坚实的屏障？是钰钰妖精般的诱惑，是喜连热烈的鼓动，我竟然毫无准备地走到了舞台中间，我想唱一曲、舞一段或吟诵一首小诗吧？但似乎把这些拿手的看家本领都还给老师，我在众目注视下，什么也不会，竟然说了一句："我代表汉王刘邦，代表卧龙先生诸葛亮、张骞、蔡伦、秦岭四宝、中国最美油菜花海，欢迎大家来汉中……"

这样拙劣的表演，依然是掌声雷动。我知道，那是教育行走在用开放、宽容的姿态接纳每一个同行者和新家人。我们是相亲相爱的一家人，这个盛夏连同我亲爱的大师小师一起，在武师附小教学楼的601多功能室绚烂地绽放。一起绽放的，还有抑扬顿挫、玉树临风的淡然；引经据典，旁征博引的洒脱。

这是怎样的一场破冰？那些歌唱，那些朗诵，那些视频，那些观点，那些演讲，那些奇葩的俯卧撑大比拼，那些不按常规出牌的胡乱点名。那些专家，那些教授，那些才子，那些佳人，那些远的、近的、高的、矮的草根老师们。那些分组，那些沙龙，那些讨论，那些争辩，那些张扬的沉默的学员们，这所有已深深印在脑海中，此情可待，冰雪消融。

也许是命中注定，滚滚红尘，有一些邂逅是最美的摆渡，千山万水的旅程里，总有一些风景，是为了邂逅一个更加美善的自己。

来吧，我们的新生活！

三、歌于途，休于树，写给教育专家的情书

千山万水，我们因某种情怀而聚。

张文质——教育是慢的艺术。早年读过他主编的《大夏书系·小学语文名师课堂》。行走前，在教师勇气长安行的活动中，刚听过他的讲座，这样推算，文质先生却是我在本次行走中第一个见到的教育大家。民间立场、草根情怀等这样的关键词，是我在读书时对他的认知。然而当他背着大包，手持折扇出现在我们面前的时候，却没有感到任何交流的压力和身份隔阂。他讲教师的专业与生命成长时的理性精准；他分享女儿成长故事时的温情脉脉；他告诫父母改变孩子时的真情实意；他幽默主持，他摇滚朗诵，他纵情高歌，他翩然起舞……这样一个文质先生，才是冷静的学者、疯狂的诗人、温暖的父亲的完美结合体。温柔靓丽、文艺而多情的"四叶草""小豆子""风筝向阳"，朗诵着他的诗歌静书时光。我们晨练时听、午休时听、晚餐时听、上班路上听……我愿意做你的忠实听众和无声的朗诵者。

雷祯孝——使命狂想进行曲。这是一个大难不死的人发起中国人才学，创立电影课的跌宕故事。因为自己才疏学浅，在来武穴之前我根据课程安排做了功课。网络上关于雷老的传奇报道铺天盖地，可出现在我们面前的却是一个面带笑容、慈眉善目的老人。他的《教育三大改变》既立足于现实又充满卓识远见。72岁高龄的他笑容的背后藏着多少忧国忧民的故事，他又看透多少人间沧

桑的实质。13年来大规模从全球30多个国家和地区精选110年内的精品电影，按照"经久不衰，百看不厌，值得每一代学生至少看一遍"的标准，陆续在全国26个省、区、市的320多所中小学进行实验实证，3万教师60万学生参与，是不是有吉尼斯世界纪录的即视感？2006年他受邀上了中央电视台的节目。正如他给大家看的"屎壳郎推球"的励志视频，他用他的人生阅历告诉我们，该如何做一件疯狂的事情。

卜振庆，一个伟岸的课程歌者。这个山东大汉，没有一个健全的身体，当他战战巍巍摇摇晃晃地走上演讲台时，他的脆弱和无助成为全场的焦点，但只是瞬间，全场又为他的笃定和自信响起掌声。一个离开讲台又再上讲台的人，靠着梦想和坚持成就了野百合也有春天的神话。在农村学校里，他的模仿微量阅读让人激动——温度、进度、维度、深度、亮度，目标明确，层层递进，点亮了微阅读之路；"音乐与语文的联姻"是多么有趣的话题，卜老师听着筷子兄弟的《父亲》学《背影》，品着《琅琊榜》学《春望》，借着《春江花月夜》入《承天寺夜游》的情景，全场击掌赞叹！

是怎样一个灵动的思维，才能迸发出"玩出来"的课程灵感；是怎样的一种教学勇气才能，才能班本、家本一起"玩"；是怎样的一种心灵契合，才能解密当四川遇到山东的好声音背后的密码！久久地感动，深深地震撼，他说做课程，不只是一种情怀，更是一种乐趣。是呀，再找不到乐趣，我们就要退休了；再不疯狂，我们就要老了。

"让弋阳的教育成为弋阳人的骄傲"这应该是"十大最具思想力局长"方华局长的理想之一吧。当我在聆听他"理想很丰满，现实很丰富"的讲座时，我不由得想在他和政府官员之间找一个平衡点；王木春一个温文尔雅的暖男，初次相遇让我就有莫名的亲近感，却没有勇气和他多聊几句；还有年轻的小学数学专家，他说生活不止眼前的苟且，还有……这淡然和调侃，是何等地打动人心。

这些教育专家成为我小小心灵的收割机。这次旅途，收获颇多，远处的山峦，天上的流云，前方的明月，沿途的树木，擦肩而过的人，贴着面颊的风，都是那么亲切美好。

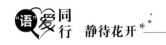

所以，写一封短而真的情书，给心中的教育专家。

四、川音川人川妹子

汉中与四川，秦巴、蜀地毗邻而居。这个夏天，突然被某个名字，某种熟悉的乡音唤醒。看似不靠谱的网约，依然隆重地给它刻了一个记号。多年后，我还仍然记得他。

他是谢云，也是"江湖一刀"。

人在江湖飘，哪能不挨刀。

万幸，他有柄随身携带、坚不可摧的刀鞘，可以装刀，护刀，收刀，出刀。

初次相见，发现他人如其名，普通大众。总是穿一件T恤、深色裤子，短寸发戴近视眼镜，显得墨守成规。单从外观上看，他像是一粒极普通的沙子，摞在哪里也不会成金子。然而，把他放进禅意的贝壳，便被磨砺成了一颗耀眼的珍珠。

得到谢云老师首肯之后，我第一时间在网上购买了他的《幸福教师五项修炼——禅里的教育》，开始临阵磨枪地攻读。这是一本独辟蹊径的书，它透过"禅理"说教育，带给我们的不仅仅是一种态度、一种立场、一种智慧，更是一种思考和行走的方式。一个故事开启一篇文章，一篇文章讲述一种修行，一种修行，形成一片风景……

我们都是"燃灯人"，在"照亮自己，温暖自己"的同时，也"照亮和温暖每个经过我们身边的人"。因为时间紧，我总是读得囫囵吞枣，感觉愧对书中的文字。这些文字，只有遇到一个会阅读、爱思考的人，它才会"于无声处响惊雷"，体现好书的价值。所以，我更坚定了带着这本书见谢云老师一面的信念。

谢云老师目光犀利，做事干脆果断。在一位演讲者缺席的紧急情况下，就把一个TED（指Technology，Entertainment，Design的缩写，即技术、娱乐、设计）演讲的任务分配给素未谋面的我。在一次反串课堂结束以后，明明事先安排有教育专家点评，却把我的一条私信当场诵读，并约我在活动结束后见面。这一举动让我激动万分。后来得知您这是群发给来自贫困边远省县优秀教师的，您要送出的是一份包含爱心的特殊礼物；再加上离别时活动回眸短片的煽情和营旗交接仪式的火热，让我们感动至极。

"你连世界都没有观过，何来世界观？"淡然一语，令人醍醐灌顶。您的魅力，您的学识，您的情怀，您的豁达，您行走的姿态，您练达的人情，集结了这些自觉、自愿、自省的行走队伍，让我们万众一心，风雨兼程。

谢云老师，现在才写您及您的川军团队，请您不要介意，这是我的私心。

我认识四川女子，都有一个共同的特点：眼睛特别漂亮，长睫毛双眼皮儿，大而水灵；她们的发质很好，头颅圆润小巧，唯有蓬松的发辫，在颀长的脖颈与漂亮的香肩上游动，这动与静的巧妙融合中，完成幺妹儿美丽的生命剪影。她们性格泼辣但善内敛，说话总爱用"撒"来结尾，比如"你说的是啥子撒？""我到你那里干啥子撒？"，平白就多一份韵味，多一些嗲气来。

因为有缘，所以相遇；因为相遇，所以了解；因为了解，所以喜欢。其实，我和这个四川妹子，只是相遇，就已经足够美好。

她叫钟锦钰。是个标准的四川美女。我见过主持人，却没有见过她这样不要台本的主持人；我当过主持人，却没有像她这样随性泼辣快意地主持过。破冰活动，我在台下非常羡慕她的放松和情绪感染力，看她主持如行云流水般推动着活动进行，令我无比欣赏。第二天，她摇身一变，成为盘发粉面、旗袍加身、复古文艺的名师工作室主持人，她的"一个人一个团"的演讲，让全场重新认识了这个多面百变的美丽女子。她是美术老师，一个出过几册文集的文艺青年。当她在优雅和随性之间肆意穿梭的时候，我看到的，是一个风一样自由的灵魂。

21日晚上，她来听我的演讲。我在台上，她在台下，我和她的位置终于是换了。我的演讲是如此稚嫩，她依然认真倾听，为我拍照、鼓掌，甚至在我诉说时眼含泪光。看似有各种理由的加持让我欣赏她，其实真正的理由只有一个，她的善良、美丽和才情打动了我，彼此相识和欣赏，融合在这丙申的盛夏中。

以前，曾在四川街头看女子穿梭，她们美丽、时尚、自信，我常常出神：别小看这些女人们，她们可是蕴含着巨大的能量，爆发力比别处的女人更强、更烈。这样的形象，还体现在婷婷的反串课堂和文字、绵阳五美热情的川音版再别康桥、重庆黄老邪桃花岛的山歌中……她们娇小的身躯中蕴藏着巨大的能量，身材高度与精神能量形成了强烈对比。

川音、川人、川妹子是行走中，活得最灿烂的、最自信的、最美丽的、最妖娆的一群人。我深以为然，并暗自喜欢。

五、最美的风景，在路上

世间有许多事，都是用心的结果。有些人，走着走着就散了；有些事，看着看着就淡了。老话儿里讲，山碰不到山，但人有缘，就总能走到一起。于是，才在这有生之年，因缘相逢；才在这梦中庐山，把臂同游。

汉中爱莲组合和厦门的四小仙女是在破冰之夜无意间坐到一起的，这就是缘分，于是我们认识了四位二十多岁活泼可爱的小姑娘。未料，她们竟成为我们此次行走的另一本人生纪念册。

七月，庐山顶上。夕阳的柔光，温暖了红顶白墙，习习凉风和山下的炙热恍若隔世。庐山有一韵，便是这风。可这风不太温柔，大又持久，还好并无寒意袭来。一行六人一路说笑，直奔庐山山顶。在牯岭镇找到一家民房小客栈安顿下来，接下来的两天，我们将用双脚和笑声"丈量"庐山的美丽。

五老峰、三叠泉、仙人洞、锦绣谷、五龙潭、三宝树、含鄱口、美庐……光听名字就感觉优美无比。可惜，我不是运动型选手，只能望山生畏。所以，我更愿意选择去花径。就是白居易写"人间四月芳菲尽，山寺桃花始盛开"的地方。

花径中花木繁茂，雨露盈盈。许多叫不出名的花木、造型各异的盆景绿植高低错落、俯仰生姿，贴壁的绿竹幽幽静静的。掩映中的白居易草堂深不可测……这皆是没法说出来的繁华欢悦。艳丽的粉杜鹃、清新的酢浆草、缠绕的紫藤萝、馥郁的棚架白木香和黄木香，虽然没有在花期，却也都吸引我们逐一驻足。

其实对于我们来说，逛哪座园子、爬哪座山、溜那条山谷、看哪个瀑布都无所谓，那只是一个衬托，我们六人行才是主角。所以，这篇游记与前面的行走叙事不同，没什么风景和感受，没什么内涵，不寻幽访胜，不追古抚今，我们就只负责穿花袍、玩自拍、唱山歌等一系列休闲事宜。

青山隐隐，风儿轻轻，松涛相伴，我们边走边看随遇而安。完成了一个目标，下一个还没开始，不用奔波，不用算计，静享时光，放松身心。这才是真正地行走。

小小牯岭，既有天主教堂，也有基督教堂，多为法国乡村风格，虽不高大巍然，却质朴而俊美，其外观百年如一日，保存完好。拾级而上，试着推动那扇暗红木门，却无法推开。

从那排高大笔直的柳杉下走过，顺着香山路那斜斜长长的坡路走下去，感受蓝天白云，岁月静好。那幢古堡般的天主教堂就在我们必经的路上，苍松掩映，深不可测的窗台上爬满了绿绿的爬山虎，一只白蹄黄脊的野猫轻手轻脚地在这幢冷峻的石头建筑前走过，使整个古堡充满了神秘诡异的气氛。我们停下了脚步，开始猜测这古堡中浪漫的往事。

牯岭别墅建造时不用砖瓦，多采用山中石块，透过那一栋栋坚固美丽的异国情调的别墅，可以想象出挑石工们辛苦劳作时的场景。原以为美庐不大，仅一座建筑而已，到了才知庭院深深，其注重因形就势，一条小径巧妙地围着景物迂回环绕，四下里荟萃了众多庐山珍木异卉。从别的旅游团知道别墅附楼上攀着的藤条是美国凌霄，那一丛竹子也格外有讲究。还有那金钱松、牯岭木兰、两人合抱不过来的鹅掌楸……正值夏季，整座美庐满目葱茏，那些来自大西洋的美国凌霄，一墙碧绿，点缀着红色凌霄花。

小径旁有块冰川遗迹的巨石，上面刻有"美庐"二字。这块摩崖石刻是这幢别墅庭园的"点睛"之笔。

我跟庐山是有渊源的。很多年前，我曾经凭一节小学低年级古诗《望庐山瀑布》的教学而声名鹊起走出秦岭。在课堂，我与学生谈起庐山只是仅凭"飞流直下三千尺，疑是银河落九天""不识庐山真面目，只缘身在此山中"的想象而起，神采飞扬。来到庐山，来到美庐，看过老街老房子，听过老故事老音乐，对这份美丽的感受是更加全面而深刻了。

在牯岭别墅的廊下等我们的晚餐。热情的老板娘拿出特色好菜，有红烧田鸡、清蒸鲩鱼，还有麻婆豆腐、庐山小白菜、纸包秋刀鱼等。夜色下，是我们的笑声、歌声、杯盏声。

我知道，八点钟不清场的《庐山恋》在等着我们。

苏东坡词云：与谁同坐？明月、清风，以及我们六人。

许花开说，让美好的追逐有了方向。你还能说旅行不美好吗？

彩说，还在回味"连姐"的侠义故事和她女汉子般的温文尔雅。

春梅呢，还在庆幸她不是一个人走，而是有一群志趣相投的小伙伴。

风筝，还在回家的路上回味着快乐合唱团的老文青生活，然后，深情地朗诵着文质的诗歌。

喜连，在火车上把从庐山上拔回来的兰花装进了玻璃瓶。

我，翻看手机里已成过去式的行走美照，顿时觉得那几天真的快乐像神仙。

旅行中的风花雪月，生活中的焦头烂额，永远是鲜明的对比。感谢生活，也感谢回忆。回忆是有力量的，我们积攒那些力量，是为了更好地生活下去。

老邪说："行走，是为了更好地回家。"

所以，拉着箱子，走上回家路，我不曾回头。

六、不回头，却在文字中频频回首

行走，开辟了我的许多人生第一次。

第一次看到素不相识的人彼此信任，第一次毫无功利之心地积极做事、主动求知；第一次结识那么多同一追求的人；第一次在心灵深处与人用文字握手；第一次感受公益研修的别样风情；第一次有意识地反思自己的教学行为；第一次学会全心全意感受他人；第一次与教育名人亲密接触、同台分享，甚至同歌共舞；第一次开始拥有草根教育教研的信心和方向；第一次懂得内心的沉潜和谦卑；兴奋于一种共同的志趣之中……

写这些文字的时候，群里不断有人在更新自己的行走感悟，武穴回想伴着风声、雨声、读书声声声入耳，我心里感到很柔软、很温暖。突然想起一些良师益友，他们可爱率真的性情、机敏睿智的谈吐、深厚广博的学识、平易谦虚的胸怀、友善亲切的态度，总让人萌生一些感动，让人即使经历生活的挫折、暗淡岁月的磨合，依然可以嗅到阳光的味道。分开以后，我们即使在各自的岗位，彼此忙碌，极少见面，也一样在时间的天空，分享着不同层次教育的悲喜，在彼此的交叉的根系里，寻找着思想的密度。

一次邂逅，一季温暖；一场离别，一生回忆。

聚散之间，酿情为酒，啜饮这一世芳华，宿醉了美仁，酣畅了行走。聚不是开始，散也不是结束，佳肴已具，美酒开坛，你若相约，我必不辞。

亲爱的，下次再见！

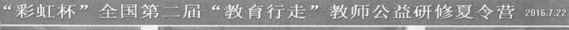

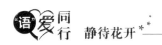
我从上海归来

2018年7月29日，汉中市洋县中小学校长领导力提升高级研修班的63位学员怀着对最前沿教育理念的憧憬，来到了美丽的申城上海，开启为期七天的研学培训，静静感受上海这座一线城市现代教育的魅力。

一、我们的学习之旅——所得：学习过程回顾

7月30日上午，开班典礼在上海市铭师培训中心会议室拉开帷幕。

7月30日全天，两场讲座分别是唐思群教授主讲"幸福心理学：如何激发老师的工作动力"；赵其坤教授主讲"教育改革，学校文化如何重建"。

7月31日，早上聆听华东师范大学博士生导师郑金洲教授讲座"校长领导力的开发与提升"，下午前往华东理工大学附属小学参观访问。

8月1日，分小组进行讨论，并学习制作一期简报。

8月2日，参观上海市嘉定区的马陆小学和七宝实验中学。

8月3日，参观上海市嘉定区教育局，聆听祝郁副局长讲座"教师是一种诗意的修行"；下午由北京教育学院校长研修学院迟希新教授做讲座"新教改背景下，学校全员育人的理念和有效实施"。

8月3日下午，结业典礼在上海市铭师培训中心举行。

二、我们的头脑风暴——所获：我们学到了什么

短暂的七天，我们经历了两场风暴：一是上海台风"云雀"的震动，二是头脑风暴的洗礼。这使我们拓宽了学科视野、更新了教学理念，提升了专业素

养，为创建教育改革带来源源不断的动力。

（一）四场专家讲座——更新理念，开阔视野

四位专家都是来自名校的教授，他们的讲座分别从教师幸福心理学、学校文化重建、校长能力提升、学校德育创新等不同层面，给予我们一场场头脑风暴。他们既有高屋建瓴的理论阐述，又有生动鲜活的案例分析，不断地刷新着我们认知：

其一：真正高超的管理者，就是激发动力，学会从心理资本、人力资本、社会资本来收获职业成功和人生幸福。改变自身状态，激发团队动力，改善自己的工作心情，善待我们的工作伙伴。校长的幸福感来自何处？成为自己，成就老师，成功学生，成全学校。便是幸福！

其二：校长是学校文化的塑造者和引领者，校长自身就是活的文化，校长的价值观、精神追求、行为方式等体现在学校所营造的显性文化上。校园文化不仅仅是学校环境文化，更是校长文化、教师文化、课程文化、学生文化、育人文化、班级文化等的和谐共生。

其三：立德树人，全员育人。没有无德育的教育，没有无情感的管理。学校要引领教师（包括校长自己）学会SWOT的自我定位：Strength（优势）、Weakness（缺点）、Opportunity（机遇）、Threat（威胁），认识自己、扬长避短、把握机遇、做好准备。

其四：以登高望远的远见，勇于承担的勇气，求真务实的态度和高尚的道德品质塑造校长个人魅力，磨炼自己，感染老师，激发情怀，从而提升校长领导力。

（二）四次实地参观——深入校园，更新感受

案例一：华东理工大学附属小学

校园整洁宁静，错落有致。学校以"华理"为毕业生形象。华即朴实无华，理即格物穷理。此为校训，前者教做人，后者求学文。校园十景，手绘地图；教育秘语，育人妙境，充满精致巧思之美。学校以"华理"为切入点，开发相应课程，以"理科"为主，其中"弈.五子棋"特色鲜明，学校为其开发了相应的系列教材及学本，所谓颇有成效，理小的棋艺已打响全国走向世界，随处可见的棋文化和熠熠闪光的奖杯引得参观者赞叹不已。

案例二：上海市嘉靖区的马陆小学

上海市嘉定区马陆是上海市葡萄之镇，马陆小学位于嘉定区马陆镇核心位置。马陆小学得益于地域文化的滋养，以紫色系的小葡萄构建充满灵气的校园文化景观，打造马陆小学的"小精灵之旅"课程体系。通过"思之慧""雅之乐""动之魅""研之趣""德之馨"等课程培养学生从小具备"爱学习，有灵气；懂礼仪，展灵秀；勤动手，呈灵巧；善合作，显灵通"的核心素养，实现"科学精致、自然灵动、品质为上"为主的办学目标。

案例三：海市七宝实验中学

整个校舍布局严谨，风格现代，花木葱茏，风景怡人。在查建生校长办学思想的指引下，学校致力打造"活力课堂"，努力实现让教学回归育人的本位；实施"六维教育"，让优秀成为习惯，以习惯化育人格，用人格主导人生；积极建设"诗韵校园"，浸润积极乐观的态度，唤醒生命的自觉。学校正在向"治校有道、治教有方、治学有成"的办学特色阔步前行。

案例四：上海市嘉定区教育局

我们有幸参观了教育局教师培训部。先进的设备，简约的设计、高端的环境，无论是教师培训还是学生科创基地，都令我们大开眼界。在这个知识爆炸的时代，以人文和科技为两翼的嘉定品质教育又应该给予学生怎样的科创课程呢？给予教师怎样的成长平台？给予学校怎样的发展空间？这无疑又带给我们一场心灵风暴。

（三）四位校长分享——论道课程，刷新认知

四位校长都是上海市的特级校长，他们的分享中无一不提到一点，那就是学校课程建设。他们的做法有以下几个方面。

其一：华东理工大学附属小学经历苦苦求索，从校名"华理"中窥到先机，很快确定了"朴实无华，格物穷理"的课程核心，并以此打造"华理"课程体系，推出毕业生形象以及校园吉祥物，一只琴棋书画样样精通的科学怪力小松鼠小"花栗"就此诞生，这些奇思妙想，令人赞叹。

其二：马陆小学则以本地特产葡萄入手，加上可爱的小"马鹿"形象，

"书葡萄清新之品，扬万马奔腾之质"，将二者和谐地统一到一起。小葡萄、小精灵的形象在校园中无处不在，"568"的五色风马葡萄小精灵课程因此展开，深受学生喜爱，也收获了极大成功，使百年马小乘着特色课程的东风，快马加鞭，再绽风采。

其三：上海七宝实验学校的查建生校长文采斐然，才思敏捷，出口成章，满腹经纶，为我们带来一场文艺范十足的专业盛宴。学校努力营造"秋千到操场、钢琴进厅堂、乒乓桌到走廊、多媒体进课堂"高雅的校园文化氛围。"廿载杏坛千古事，一朝鼓瑟半池歌"，七宝实验学校历经三任校长，在城市文化的薄弱地带，带领全体师生历经20余年，同舟共济，历练出实中的教育精神，令人心生敬意。

其四：传承教化之风，熔铸品质教育。嘉靖区教育局副局长祝郁，是原迎园中学的校长，她说：教育，要生长在学生的心里，学校课程一定是最重要的滋养。课程变革是教育发展的引擎，我们始终在思考"品质教育"要培养什么样的人？"品质教育"应给学生怎样的课程？那么品质课程产品界定就是符合教育规律、令行政信任、学术支持、学生和家长满意的课程产品。

三、我们的内化设想——所思：我们该如何去做

上海的烈日灼热，如同我们内心火热的激情；上海的暴雨迅猛，又提醒我们沉静思考。我们学到了什么很重要，我们回来之后要怎么做更重要。如何把所学、所思转化为内在动力，不断改进我们的工作，把洋县城南学校打造成一所崭新的特色优质校园。我们的计划有如下四个方面。

（一）找准定位，整体塑造校园文化

我校作为一所建校仅为一年的新建学校，县委县政府及教育行政部门给予了极大地关注和支持。建校一年来各项活动顺利开展，得到了广大师生和社会各界的好评。但是，校园文化建设方面几乎还是一张白纸。空白之妙，是可以涂抹出更丰富的画面，给予校园建设极大发挥空间；空白之惑，是万事开头难，第一笔的基调很可能会成为整幅画面的关键一笔，所以需要慎之又慎。这也成为城南学校建设发展道路上的一大难题，既需要反复论证、细思谨行的严

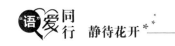

谨态度，又需要当机立断、大刀阔斧的开拓精神。

本次上海之行，在参观名校及和各位校长们的交谈中，我们受益匪浅，也开拓了我校的教学思路。校园文化建设将从以下几个方面做起。

1. 文化核心的确定

汉水河畔，鱼米之乡，一颗璀璨的文化明珠；春风化雨，桃李芬芳，一个崭新的教育花园。汉江，是长江最大支流，是汉朝的发祥地。我校是镶嵌在汉江之滨的一所崭新的学校。基于学校特殊的地理环境和人文特色，我校预打造"汉水汉韵"为主线的校园文化。提出了以"水文化"治校办学的方略，意在师生中弘扬水为生命之源、文化之源的思想，推崇关于水的优秀品质。以"城南小水珠，成就大梦想"为发展愿景，从而最终形成学校现在的办学理念：寻精神生命之源，奠终身发展之基。

2. 环境文化的建设

环境文化的建设主要包括校园的各种建筑、教学科研设备、文化设施和生活设施以及校园里大小园林、草地、花坛、道路、墙壁、走廊等。一方面能美化校园环境，另一方面又能以其独特的物质文化形态影响学生，起到陶冶情操、净化心灵的作用。

我们设想是：首先营造校园实体景观，在校门入口设计了喷泉或水幕墙景观，墙上可写"上善若水""水润城南"等主题字。其次，校内根据地理位置建设如下几个走廊景观："探根溯源话汉水"长廊，从汉江源头一直到在武汉注入长江，百川东到海的气势恢宏，标注流经地重要城市，向广大师生述说着汉水流经地的人文地理物产环境等；"汉文化"历史长廊，探究汉水中孕育的汉朝、汉中、汉语、汉字等汉文化；"经典中的水韵"，将经典名句中关于水的描写做成一面古典的文化墙；打造楼梯走廊：校园里四层走廊分别以文化篇、名水篇、水利篇、环保篇、励志篇等为板块。再次，就是创意学校特色命名。如教学楼以"源"为核心字命名，如"汇源楼""寻源楼""溯源楼""思源楼""艺源楼"等。

3. 班级文化的构建

设计一个水滴LOGO。以画风简洁的"小水滴"卡通形象（校园吉祥物形象）为设计中心，以蓝色为基本色调，营造出友善、灵动而清澈的童心之美。学校制作了"水滴奖牌""水滴奖状"等，在日常办公系统中、教育教学活动中广泛应用。每周的五星班级评定，学期末在班级、年级、学校三个层面上，开展收获梦想——"我是＿＿＿＿小水滴"评比表彰活动（如文明小水滴、进步小水滴、安全小水滴、环保水小滴等）；教室外，开辟了"水滴争章"专栏，使学生体验成功的快乐，激励学生"点滴进步，完善自我"。

4. 精神文化的营造

校园的精神文化是深层次的、隐性的，是校园文化的核心部分。我们的文化精神理念关键词"海纳百川为博，宁静守则为雅""育人如水，静待花开""寻精神生命之源，奠终身发展之基"，并据此尽快谱写城南校歌。

城南学校教师"水滴"精神：

润物无声的关爱精神——依法执教、热爱学生，像水一样公平公正，细致入微。

涤浊自清的治学精神——严谨自律、爱岗敬业，像水一样清洁污浊，永葆本色。

利物不争的奉献精神——为人师表、尊重家长，像水一样清静有为，惠及万物。

聚滴成海的团队精神——团结协作、不断进取，像水一样宽容豁达，勇往直前。

行云流水的创新精神——开阔视野、学养深厚，像水一样渊源不断，灵动白如。

城南学校学生"水滴"精神：

志向高远——"乘风破浪"，以小见大，树立热爱祖国、拥有理想的人生态度。

意志坚强——"水滴石穿"，坚韧不屈，塑造勤奋学习、追求上进的人生品格。

态度友善——"上善若水"，宽容仁厚，培养明礼向善、团结友爱的人生道德。

身心健康——"流水不腐"，富有活力，形成体魄强健、活泼开朗的人生状态。

励志感恩——"饮水思源"，懂得感恩，形成心态健康、仁义孝恭的人生底线。

城南学校管理"水滴"精神：

管理团队——像水一样奉献、和谐。（滋养万物；随物赋形）

管理过程——像水一样公正、包容。（水满即平；恶浊不让）

管理方式——像水一样柔韧、勇敢。（刚柔并济；赴渊无惧）

管理机制——像水一样灵动、至善。（高山流水，顺势而变）

（二）搭建框架，推进落实课程体系

基于以上对于文化建设的设想，我校将集思广益，依托集体智慧努力打造一套和校园文化相辅相成的学校课程体系。目前有以下几个框架，尚不成熟，需要再商讨提炼。

第一学段（一、二年级）小水珠的创客空间

也就是动手操作课程。在上一学期"一班一品"建设中已经积累一定经验。课程类型主要有手工、制作、折纸、轻陶、拼图、剪纸、手绘等。主要引导第一学段的学生通过实践操作学会小技能，激发兴趣，拓展思维。

第二学段（三、四年级）小水珠的快乐阅读

也就是读书写作课程。课程类型主要有阅读、读书沙龙、笔记积累、网络分享、诵读经典、课本剧、小作家、文学建设、班级刊物等。主要引导第二学段孩子热爱读书、传承经典，让其在写作起步阶段乐读善写。

第三学段（五、六年级）小水珠的畅游家乡

也就是地域文化的探究。课程的重要内容有了解汉江、民俗文化、风景名胜、历史传说、非遗传承、美食民俗、家乡巨变等。通过研学旅行，调查访问等了解家乡，培养高年级孩子热爱家乡、热爱祖国的情感。

第四学段（七、八、九年级）小水珠的探索之旅

走出校园、走出家乡，探究世界之大，探究宇宙奥秘，了解国家大事，树立家国情怀。每一个年级可以设置不同侧重的、符合青年年龄特点和认知的探究课程，引导中学生胸怀祖国，放眼世界。

此外，除了按年级开设校本课程外，根据学生特长，结合活动队的训练开设"艺术课程"，如音乐、舞蹈、歌唱、美术等；开设"体育课程"，如田径、足球、篮球、乒乓等；开设"传统课程"，如书法、国学、诵读等。

（三）加强培训，优化提升教师队伍

以前，我们认为，一个好校长=一所好学校。通过本次培训，我们认识到"一个好校长+一群好老师=一所好学校"。我校的教师构成比较年轻，还有部分代教老师。所以，打造一支一流的教师队伍刻不容缓，因为无论是校园文化建设还是课程体系的构建，没有一直过硬的教师队伍，只能是水中望月。

1. 加强教育，在"铸师德"上下功夫

引导广大教师自觉加强修养，真正成为广大学生的良师益友。以新颁布的《中小学教师职业道德规范》为标准，做到依法执教、爱岗敬业、热爱学生、严谨治学、团结协作、尊重家长、廉洁从教、为人师表；不得进行有违职业道德的教学活动，不得以任何借口、任何方式惩罚学生，不得从事有偿补习活动。坚定不移地实行师德考核"一票否决制"，对违反师德规范的行为予以严肃查处。

2. 细化措施，在"强师能"上求突破

强化名师引领、读书培训、校本教研、岗位练兵，不断提高教师队伍的整体素质。这学期，学校组织开展了"教学节""教师基本功技能竞赛""作业批改检查评比""高效课堂研讨""校际交流"等活动，不断提升教师的专业素养。

3. 狠抓常规，在"树形象"上建新风

学校进一步加强教学常规的管理，多形式地开展集体备课、同课异构、推门听课、教研组活动等教研活动，丰富形式，加强量化考核管理，和年终教师考核密切挂钩。学校充分发挥名师、学科带头人、骨干教师的作用，给他们安排业务讲座、示范课、观摩教学等活动。

4. 课题驱动，在"求提升"上做努力

关注青年教师成长，继续加强青蓝工程，为他们的成长搭建平台，提供发展机会。要求全体教师积极参与到课题研究之中，加强课题过程性管理，研训相结合，形成课题成果，并予以推广。

5. 关爱教师，在"求和谐"上有作为

修改完善《洋县城南学校教师年度考核及积分方案》，增加激励措施。关注教师的工作、生活、身体、心理状况，做好教师思想工作，重视提升教师职业幸福指数，营造和谐校园。

（四）追赶超越，强化管理提升效能

1. 完善各项制度

与管理机构配套，学校必须尽快完善行政管理、教学管理、教育管理、总务管理制度，体育卫生制度，各处室主任、副主任职责，年级组长、教研组长、班主任、任课教师和职工的工作职责。完善这些制度，对已有的制度进行修订，赏罚分明，用制度管人。使学校各管理层次的工作有"法"可依，有章可循，形成规范，保证学校整体工作的正常运行。

2. 加强班子建设

追赶超越，强化管理，首先要从班子领导抓起。加强领导班子管理，严审例会制度。首先要求领导班子加强学习，不断提高自身修养和管理能力；其次，要求领导深入教学第一线，从校长做起，制订领导听评课要求及考核；再次，深入学校德育管理，落实全员育人目标；最后，加强领导值周、值日制度，严查违纪，履行岗位职责，落实管理细节，不留空当，不徇私情，不敷衍渎职。

3. 强化民主管理

教职工是学校行政管理的对象，也是学校管理的主体，因此要强调"人"的重要性，全心全意地依靠他们，充分调动他们的积极性、创造性。定期召开教职工代表大会，遇重大问题及时征求教职工意见；学校建立了家长委员会，广泛听取家长意见；召开学生干部和学生代表会，及时反馈信息，改进工作。

　　申城学习取真经。因地制宜谋发展。总之，本次上海培训之行，给我们带来很多的思考和收获。我们以"他山之石可以攻玉"的心态虚心学习。面对教育的地域差距，不妄自菲薄，不故步自封，在今后的工作中，结合校情学以致用、融会贯通，不断以新思想武装头脑，以新方法大胆尝试，不断推进城南学校建设步伐。

学思行，南通取经三部曲

金秋十月，丹桂飘香，洋县教育系统第二批管理者跟岗学习走进了美丽的南通如皋市，半月有余，收获颇丰。都说江苏教育看南通，南通教育看如皋。我们带着取"经"的虔诚，怀揣着挖"宝"的决心，心怀向往地踏上南下之路，奏响婉转飞扬的研学之歌。

第一部曲　学：回顾学习之旅
——走进如皋访名校　菁菁校园勤求教

10月10日，学研团队召开了赴如皋跟岗学习行前培训会，明确了学习任务、岗位分配和纪律要求。带队老师在会议上强调：要抓住学习机会，深入研究，沟通交流，学有所成，特别强调了"取真经，寻珍宝"的学习目的，为本次跟岗学习树立了目标。学员们鼓足了干劲。

10月14日，学习团队十二人抵达如皋，如皋市教育局热情迎接，并召开了热烈而简单的工作对接会，根据各自的实际情况和学习诉求，我们被分配到如皋市教育局、如皋初级中学、如皋经济开发区实验小学、高新技术产业开发区实验小学、如皋市安定小学、如皋高新区实验幼儿园、如皋师范学校附属小学幼儿园等园校跟岗研学。10月15日清晨，阳光灿烂，秋色宜人。大家带着各自的期望，走进了五彩缤纷的校园，也走进了如皋富有特色、异彩纷呈的教育世界。

我被分配到如皋市经济开发区实验小学。10月15日至26日，我和陈漫弥、王小超两位校长进驻学校，办公地点设在学校的教师发展中心。通过工作对接、听课研讨、档案查询、跟岗巡查、参与活动、校际交流、聆听报告等方式，了解了学校基本管理模式、教师考核、教学教研、质量提升、队伍建设、班级管理、德育框架、课程开发、社团建设等方面的基本运行情况。

10月18日，与广东省考察团一起在经开区实验小学开展听课评议活动；19日前往如皋市第一中学参加阳光体育运动会开幕式，同时参观了如皋市港城实验学校（九年制）；10月23日、24日前往海门市参加了南通市精品课题研讨会，参观了江苏省文明校园海门市东洲小学；25日观摩了如皋市"共建好家风"主题活动；26日参加了如皋市教师阅读展示活动，参观了百年老校如皋师范学校附属小学幼儿园；27日召开了总结分享会并向如皋经济开发区实验小学赠送学生手绘朱鹮；28日依依惜别，在如皋市教育局的组织下顺利返回洋县。

第二部曲　思：总结头脑风暴
——教育不厌百回读　熟读精思子自知

短暂的两周，我们感受着视觉的冲击，也经历着头脑的风暴。校校有特色见一校一品，天天有收获记一言一行，人人有感触抒一思一得。感受学校管理的扎实高效，校园文化的五彩缤纷，课程构建的独树一帜，课堂改革的如沐春风。思绪如歌，让人耳聪目明，领悟与学习同在，思考与灵感齐飞。

（一）校园文化，课程化的内涵建设——以校为本

课程文化之思：经济开发区实验小学以"游戏育人，和谐发展"为核心，打造游戏课程成为学校的特色。学校的办学理念、校园文化、景观设置、课堂导向、研学旅行、特色活动都是围绕这一核心在设计运行的。目前学校的游戏课程已经形成了基本成熟的框架，设置了"激发学习动机，转变教学方式，培育游戏精神，提升核心素养，促进和谐发展"五大课程目标；课程内容包括学科游戏、综合游戏，德育主题、学科整合、研学旅行等；课程形式为文本、电子教材、校园游戏文化、游戏场馆等。

在这种明确的课程主题要求下，走到校园里，你看到的风景是游戏的乐趣；深入课堂，你体会到的氛围是游戏的轻松；翻看书本，你看到的校本教材是游戏创意；接触师生，你感受的快乐是游戏精神。

今年暑假在洋县听到李继东校长的报告时，学校儿童剧院前"守护童年"四个大字包含着多少内涵和意蕴。这让我们不禁思考：除了国家课程，我们的校园需要怎样的学校特色课程构建；如何定位，又如何与办学理念、校园文化、地域校情、师生面貌等结合起来。

（二）社团活动，专业化的金牌项目——以人为本

一校一品之思：如皋市教育局局长张俊说："我们大力推进学校社团建设的目的就是要让每一只鸟儿都放声歌唱，让每一个精灵都自由翱翔。丰富多彩的社团活动让孩子们的心灵更加坚强、人格更加健全、体格更加强健、素质更加全面。"

关于如皋的社团品牌建设，我早有耳闻。在如皋市阳光体育运动会的开幕式上，我深深地感受到精彩背后巨大的付出和坚持不懈的努力。叩问"金牌是怎样炼成的？"看着眼前十余所学校各自异彩纷呈的表演：白蒲小学的跳绳、安静小学的轮滑、如皋经济开发实验小学的排舞，如皋师范学校附属小学幼儿园附小的平衡车，奚斜小学的空竹社团……目不暇接，手下是掌声，眼里是赞叹，心中是佩服。

据了解，在如皋每个学校都有自己的特色社团和金牌项目。合唱、舞蹈、啦啦操，踢毽球、抖空竹、打腰鼓，海模、航模、无人机……如皋学子的魅力，只有你想不到，没有你赏不到！传统民俗，他们来传承发扬，香包、剪纸、书画；现代艺术，他们的青春灵动张扬，合唱、舞蹈、啦啦操；科技创新，人家耍得有模有样；天上航模、水上海模、地上车模，天文望远镜、3D打印，散发着现代教育的炫酷。在这座城市里，无论是城区学校还是偏远山村小学，孩子们的每一张笑脸、每一个绝活，都能让你感受到他们的活力四射、自信阳光。

如皋市经济开发区实验小学社团活动极富特色，每周星期五选出半天时间全部用来开展社团活动，人人参与，班班出彩。学校的金牌项目啦啦操排舞也是走出校门，奖牌满钵。

我们不由思考：全员的参与，精英的项目。这些看似不能实现的事情，夺得全国甚至是走出国门的奖项他们是怎么做到？反思自己，该如何跳出学生底子薄、家长不支持的怪圈？如何走出做做样子，应付检查的表面形式主义？怎样让我们的孩子真正享受缤纷的社团乐趣，收获成功的喜悦？

（三）习惯养成，生活化的德育培养——以德为本

立德树人之思：在如皋，"生活德育"是一张名片。美德是习惯的结果，习惯是规训的结果，也是濡染的结果，还是引领的结果。在"过有道德的快乐生活"的理念指导下，将学生良好习惯，道德的培养与每月主题活动有机结合，以"做"为中心，在活动过程中去经历、去感悟、去建构自己的道德体系，改造落后的生活方式和生活观念，让好习惯在活动中体现，并回归学生生活，转化为学生的行动。生活德育在如皋经济开发区实验小学是从以下几方面体现的。

一是在生活中养成良好行为习惯。学校的学生发展中心（德育处）主要落实，每天从入校、晨读、课间、午餐、三操、放学等全面检查。就拿"用餐"一项来说，每班餐桌固定、餐位固定、人员固定，在班级学生到达之前，先由小组长到达餐厅进行分饭，做好准备，再由老师带领学生排队，有序进入餐厅，德育处文明执勤及工作人员每天会对各班的用餐秩序、珍惜粮食、文明就餐等方面进行打分公布。

二是在主题活动中养成良好的道德习惯。每月一主题，是他们的工作亮点，比如九月"传统"、十月"爱国"，十一月"感恩"，十二月"健康"等，按照序列形成德育教育活动梯次，并与学生生活实际、学校课程相融合，思路清楚，体系规范。

三是在游学旅行中养成良好社会习惯。这里的"游学"，就是我们说的"研学"，之所以谓之"游学"是与学校的游戏课程密切结合，也是对"研学"的创新延展和个性化使用。他们通过走出校门，走进公园、景区、社区、训练基地等，增长学生见识，培养团队意识，也培训了学生的社会公民品格。

（四）教研意识，高效化的课堂教学——以生为本

课堂改革之思：质量是学校的生命线，质量提升也是我们的工作要务。我跟岗期间在实验小学听过随堂课、公开课、示范课、观摩课等十余节。他们的课堂有以下特点：从课堂设计讲——简单朴实，目标明确，重点凸出；从教师风格讲——语言简练，态度亲和，敢于放手；从学生角度讲——自由探究、善于合作、敢于表达。课堂上没有烦琐的教学环节、绚丽的表现形式和教师的自我展示；比较尊重学生的学习现状，为学生自由探究留足了时间，耐心聆听，关注学情，巧妙点拨，适当总结。

来如皋之前，对如皋的导学单教学早有耳闻。导学单作为如皋课堂改革的特色项目，也成为我们本次学习的重点观测点。从2008年开始，导学单教学模式逐渐在如皋市各学校的课堂上生根，目前该市一万多位教师、十余万名学生都投身其中，每位教师、每位学生都成了这项改革的主体。

以前，我想象中的导学单就是学生人手一个单子，单子上的操练内容由教师集体的智慧研发，学生根据导学单指向自主学习并完成任务。在我所见到的小学课堂上，纸质导学单被弱化——有时由PPT代替出示，有时由板块活动设计代替，有时由小组学习代替。在和专家们的交流中，我也深深体会到，"导学单"不是一张单子几道习题的"外在形式"，而更珍贵是尊重学生、自主学习、实践探究的教学理念，大胆地把学习的任务交给学生，鼓励他们小组探究，给足时间，不要用教师讲解代替学生思辨，这就是"导学"，这就是一个教师在课堂上应该有的"姿态和定位"，而是否有着一张精心设计的"单子"，是否将课桌摆放成"小组"的样子已经不重要。让"小课堂演绎大精彩"的不是一张导学单，而是被"我的学习我做主"唤醒的学生自主的意识。

我在思考：目前我们还在纠结如何去开发导学单，制作并印发导学单是否会面临大量人力、物力的浪费，如何实验探究出一份导学单作为"课堂范式"。我们需要改变我们的教学理念，从以生为本、小组组建、合作探究做起，改变课堂，优化学习方式才是我们的校情。因为"内在理念"远比"内在形式"更重要。

（五）专业成长，梯度化的培养体系——以师为本

教师队伍之思：一个好校长+一群好老师=一所好学校。如皋经济开发区实验小学领导管理团队非常年轻化，校长李继东是特级教师、南通市教师培养体系第一梯队的学科带头人，2016年度江苏省优秀教育工作者。他自己就是从一名年轻教师，通过专业培养、专家引领、同伴互助等走上自我专业发展之路。所以，在他担任校长的这所学校更加重视教师队伍的专业化培养。

他们的方法措施有：①竞赛促进，提升内功。②研课并进，增效提质。实行"四课制"：每学年一次"行政引领课"展示、每学期一次"骨干示范课"展示、每月一次"学科创新课"展示、每周一次"教师研究课"展示。③活动推进，练就素质。鼓励教师参加各种展示活动：基本功大赛、读书风采大赛、才艺大赛等。④拓宽途径、学习培训。通过出国考察、专家讲座、联盟交流、教师讲堂、课堂观察以及暑期培训等方式，聚焦课改热点，开展深度学习。⑤课题研究，提升素养。学校申报的江苏省基础教育前瞻性教学改革实验项目"小学游戏课程的开发与实施"获得省级精品课题，就是很好的证明。⑥鼓励读写，积累成果。激励教师"悦读"写作，出版校内教师刊物《开演之路》，鼓励教师投稿参赛出专著。⑦制度规范，考核激励。实施动态监控并每月公示，全体中层人人有项目、工作有目标，不少项目摘金夺银。教师年终评先评优按实绩排序，充分体现公正性、公开性。

那么，我们学校因为新建，教师多为选聘和新入职教师，省市能手只占少数。如何对他们做好培训，促使新教师的成长？如何把来自五湖四海的老师们凝聚成一颗星，激发出一把火的工作热情？我认为要想成为一所好学校，打造一支好教师团队是迫在眉睫的工作。

第三部曲　行：展望实践方向

——纸上得来终觉浅　绝知此事要躬行

所见很多，所学很满，所感很深。我思故我在，我们学到了什么很重要，我们回来之后要怎么做更重要。如何把所学所思转化为内在动力，不断改进我们的工作，我开始构建青年路小学"和美"文化下的发展之路。

（一）提出背景

洋县是朱鹮的故乡，人与鸟的和谐相处才使世界上濒危的鸟类在此生存，加之学校背后就是万亩梨园，油菜花海，景美、人美，山水相依，构成了一幅幅美丽的画卷。学校以此为校园文化背景色，以"和"为文化基调，打造学校文化体系，努力创设学校管理和顺、教师竞争和勉、师生关系和爱、校园氛围和谐、学生和而不同的文化之境；坚持以"和美育人，多彩发展"为核心，致

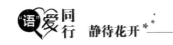

力于打造"和相应，美相随"的校园文化。

（二）字面解读

"和"有"和睦、和谐"之意；2008年北京奥运会开幕式数百位演员组成方阵，展现了汉字"和"的演变过程，惊艳了全世界。在浩瀚如烟的汉字中，"和"字虽然结构简单，却有着丰富的内涵和深远的意境。自古以来，"和"就被看作是每个中国人不可或缺的品质；和而不同，保持和谐友善的态度，这是孔子对君子的要求；教人使人之时，最好能"色尚和善"，人与人之间若想相处融洽，就必须以和为贵。

"和"不仅是每个人的精神追求，也体现在人与人，人与自然的关系中。庄子在《庄子·天道》中说："与人和者，谓之人乐；与天和者，谓之天乐。"这句话的意思是顺应民心，用平等的态度对待人，就会得到"人乐"，明白天地之德，不违背自然之道，与大自然保持和谐，会得到"天乐"。"人和"，把"小我"熔铸进"大我"之中；"天和"即是顺应自然，让人类回归到自然之中。

"美"有美丽、美好、完美之意。我们常讲五讲四美。哪四美？那就是心灵美、语言美、行为美、环境美。在一所学校，就是美言、美行、美心、美智、美景、美德、美誉。

学校取"和美"二字，亦是经过深思熟虑的。"和"指教育的追求，"美"指教育的品质。我们认为"和美"就是把和谐而美、美而和谐的教育思想贯穿于教育的全过程，优化育人环境，陶冶孩子的情感和心灵，造就全面自由、和谐发展的现代社会所需要的一代新人。

（三）文化框架

1. 理念文化，凝聚一个"和"字

"和"为美之本，"美"为和之求，以建设和顺的同事关系，和谐的家校关系，和悦的师生关系为总体目标。校训：向上！向上！天天向上；校风：向真、向善、向美；教风：厚德、博学、笃行；学风：乐学上进、美己美人。

2. 管理文化，构建一个"正"字

发挥团队精神，齐心协力，彰显人文，构建和谐校园，党建工作在全省

受到表彰，特别是党员的"双培养"，更加体现了管理团队风清气正的合作精神；整理了四线六制的工作经验，被全县推广。

3. 课程文化，注重一个"全"字

我校的"和美课程"框架分为三大课程体系：底色课程、润色课程、亮色课程。底色课程也就是我们必须要规范落实的国家课程；润色课程就是我校体艺教育及社团课程，比如柔力球社团、版画社团、皮影社团、轮滑社团、足球、乒乓球等30个各具特色的学生社团；亮色课程就是我们打造的"特色课程"，如我们本学期要推行的班本课程，以及教学上要做的学科教学节等特色项目。

4. 教师文化，凸出一个"德"字

以"学高为师，身正为范"为标准，以爱育爱，争当和美教师，制订具体的和美教师评选标准，每年在开学典礼上进行表彰奖励。同时会开展教师综合能力提升工程，除了课堂的业务能力，开设教师社团活动，让教师在琴棋书画诗酒茶当中，从内而外的美，多才多艺、全能发展的美。

5. 学生文化，体现一个"爱"字

通过文明礼仪教育、"三字经""弟子规""二十四孝""诸子家训"等经典文化诵读活动，弘扬传承中华民族的优良传统；使学生知孝道、懂感恩、会报德；培养充满爱、会审美、懂感恩、有自信的和美少年。

6. 课堂文化，体现一个"专"字

构建和谐、尚美的和美校园整体文化，以打造"和美课堂"为中心，落实课改理念，提升教学质量，构建课堂模式，从而使全体教师工作和谐、人生美丽，使全体学生成长和谐，发展美丽。

7. 行为文化，凸出一个"雅"字

培养学生自尊、自强、自觉、自信的良好行为。落实了四礼六节，坚持把"阳光和美"的文化管理模式贯穿于教育教学的全过程，在学校营造了一个"和美"共生的文化磁场，为师生架起一座通向共同成长的心灵桥梁。

8. 环境文化，体现一个"美"字

以"播撒书香"，实现精神和美，实施校园美化、绿化、净化工程，精心营造阳光、健康、积极、和谐的校园环境；墙壁文化、过道文化、楼梯文化、水池文化、地面文化、班级文化都恰到好处地展示了"和美"文化建设的目标。

（四）成果彰显

以"和美"文化为核心，我希望我们的——

管理核心词：政通人和、各美其美。

教师核心词：和爱润生、艺精德美。

学生核心词：和乐共进、求真尚美。

团队核心词：和衷共济、美美与共。

以和美治校、和美明德、和美健体、和美益智为核心，让我与和美一起走，与中华民族最深厚的文化底蕴和人文积淀一起成长。身为人师，以"和"为贵：为天地立心，为生民立命，为往圣继绝学，为万世开太平。青年路小学的发展，也必将走上"和和美美，越来越美"发展之路。让我们一起努力，构建和美校园、打造和美课堂、共追和美梦想，成就和美人生。

半月跟岗，满载而归！我们在不断吸纳新知，提升理念的同时，更要思考我们的教育现状，因为地域经济文化等多方面因素的影响，我们看到了差距，但也看到了我们洋县教育的特色和发展空间。坚定扬帆起航，树立教育自信，虚心求教，但不妄自菲薄，称赞佩服，但不自我否定，可以适度借鉴，但不能全盘拿来。他山之石虽好，若要攻玉需要自我打磨。因为，只有适合的，才是最好的。

学思行，如皋取经三部曲，余音绕梁，珠落玉盘，取经归来，路在何方，路在脚下！让我们扎根鹮乡，一路高歌一路行。

只为途中与你相见——藏行记

不是所有的人都会来这里

但所有来过这里的人都不会忘记

西藏这颗种子已经深埋心底

我想有一天

我会站在西藏的风景里

不用说话　　就已很美

只为途中　　与你相见

一、坐着火车去拉萨

西藏在我的印象里，绝对是一个令人神往的地方。想象中广袤的疆野，藏蓝的天空，洁白的云雪，虔诚的藏民，热辣的情诗，没有被世俗染指的灵魂圣地……

都说，人生至少要有两次冲动：一次奋不顾身的爱情，一次说走就走的旅行。对于披星戴月、三点一线、定制模式的教师群体，每到假期，这样的冲动就会被燃起——一顿串串，一打啤酒，一群90后的姑娘。一拍即合——西藏，走起！

于是，在她们的感染下，多年未成形的泡汤计划终于郑重写进了我的假期计划中。想象着一路欢歌，一路朝圣，便生出了前所未有的期盼。想象着又会多些跋山涉水，安逸后吹牛侃山的经历，我堂而皇之抛夫别子，和姑娘们背起行囊，看列车远去，将家乡的稻花香一路抛撒在盛夏的空气里，向着荒山、黄沙、烈日、戈壁的未知之地狂奔而去。

坐着火车去拉萨。这是必需的。

为了避免高原反应，我们提前一周就像用一日三餐一样吞服红景天。在青海停留休整，又辗转踏上了西宁至拉萨的火车。上车已是深夜时分，仓促躺进卧铺，几个丫头激动得有点睡不着，眼巴巴地看着列车一点点开动，告别灯光璀璨的城市，驶入一片茫茫的夜色当中。

一夜未停的车轮飞速旋转，我们看不到车窗外的风景、是原野、是荒漠、是村庄，只是在半醒半睡的梦中推测，这是到哪呢？哈德令，可可西里，格尔木，沱沱河，唐古拉山口，那曲，当雄……那么多深深浅浅的地名，在梦中堆砌和周折着，那一夜完美地占据了我大脑的内存。

N种进藏的方式，每种方式背后你都会收获不一样的奇迹。我羡慕他们可以走川藏线，自驾有一个长途的完美冒险旅行；我也向往他们可以背包穷游一路，搭车走走停停。火车的好处就在于你不会错过窗外的风景，你可能会遇到有趣的朋友，你还可以适应高原反应的侵袭。一群姑娘，其中有一个还是第一次出远门，第一次坐卧铺的小可爱。在火车挑战了手撕火龙果、美味小泡面、分钟大美妆、三步跨上铺等一系列高难度动作之后，慢慢地喜欢上火车慢生活。

时而雨，时而晴，时而晴空万里，时而黑云压顶。全程2000多公里，经历了阴晴雨雪到春夏秋冬。此时的青藏线，空旷而安静，若遇到阳光，这种美会更彻底一些。行走在世界上海拔最高的青藏铁路上，听着火车里那首《坐上火车去拉萨》的配曲，放眼窗外，令人心仪。那莽莽逶迤的昆仑，浩瀚无边的可可西里，奔跑的藏羚羊。雪山、冰川、干枯的树木，盛开的油菜花，大片的青稞，似乎能感受到窗外炙热的阳光，会让你訇然震撼，心旌摇荡，有一种自然升腾而又超越自我的梦幻感。这些无法复制的美景，却真真实实地汇聚在这条线路上，猝不及防地走进你的视线里，瞳孔中，镜头内。

当火车翻越唐古拉山（垭口海拔5150米）和念青唐古拉山时，列车员会让你在火车上吸入准备好的氧气，还会发张健康登记表，要填写。这一下让一些旅客心里产生了压力，仿佛高原反应已经来袭。其实，这款高原型列车，是全封闭式车厢，提高车内氧气含量至23.5%，每个床位上都有吸氧口，供乘客使用。

强壮如我，并没有所谓的高原反应。以前看过一个纪录片，里面有句台词说：

我有一种宿命的偏见，凡是那些适应不了高原气候的人，都是意志绵软精神缺位的俗人。他们登不上去通往西藏圣地的阶梯。高高在上的冷峻之美需要的不只是脚力，还要足够的毅力和心力。领悟西藏之美，量力而行是最好的选择。

也许西藏真的眷顾我吧，让我一路轻松、心无旁骛。

虽然是20多个小时的火车，但我并未感觉到乏味，而是一路基本没有合眼，生怕错过了完美的风景。在下车的那一刻，又是另一个黑夜，我们在灯火通明、大雨瓢泼中看到——拉萨站。果然，七八月真是拉萨的雨季。我突然记起我们来之前的一段对话：

人问：哎呀，天气预报，拉萨最近一个月全是雨，怎么办呀？

齐答：风雨无阻。

从列车上下来，我心跳在加速，踏上这片土地的脚步是轻飘飘的，仿佛不属于自己。跟着不同服饰、不同民族、不同肤色的人流走到出站口：安检、身份证、车票，还有特警、武警……

这座城，确实和我以前去过的所有地方不太一样。

拉萨，风雨无阻，与你相见。

二、布达拉宫——离天最近的雪域圣殿

拉萨是佛的国度，布达拉宫却是佛的紫禁城。

来拉萨，我们第一眼想要相见的，便是布达拉宫。

就算大雨让这座城市颠倒，我会给你怀抱。建平老师家的军医已经打着伞在出站口张望多时。一阵乡音的寒暄，很是亲切。我问："去宾馆的路上会经过布达拉宫吗？"他说，"不会，但没关系，我们绕过去。"我们在车里一阵欢呼，夜晚的布达拉宫，等我。

华灯初上，车窗外大雨瓢泼，拉萨的街头很宁静，没有高楼大厦，也没有

人群的熙熙攘攘，隔着雨幕，似乎都能闻到酥油的浓香。

拉萨河，拉萨大桥，西藏电视台，白塔……看，前面就是布达拉宫了！我们屏息凝神，仿佛要等来一阵特殊的召见。一座红白的宫殿坐落在高高的山顶上，夜色霓虹和屋顶上的金色交相辉映，璀璨夺目地散发着不可侵犯的神圣之光。车速已经降到最低，我们不断擦拭着被雨幕冲花的车窗，相机、手机和眼睛一样，目不暇接……

这是我们第一次见到布达拉宫，那一夜，临睡前激动地发了朋友圈，将这个伟大的消息大声告诉了全世界。

第二天，我们便迫不及待地来到了布达拉宫。

雨过天晴，晴空万里，蓝天白云。一言不合就下雨的拉萨，却为我们了却心愿，说晴就晴。布达拉宫依山而筑，宫宇叠砌，巍峨耸峙，气势磅礴，在蓝天的衬托之下更让人肃然起敬。这座初建在七世纪的宫殿，坐落在拉萨的红山之上，是当年松赞干布为迎娶文成公主而建，取梵音名布达拉，意为观音慈航普渡并居住之所。外观十三层，内设九层，最高处为海拔3700米，为世上最高海拔的宫殿群，也是拉萨古城最高的建筑，有雄踞全城之势，有俯瞰天下之气。

宫殿分为红宫、白宫。在空间组合上，院落重叠，回廊曲槛，上下错落，前后参差，富有返璞归真之灵境。白宫，因外墙色彩为白色而得名，分散在宫殿两侧，达赖喇嘛生活起居和举行政治活动的地方；红宫居中耸立，供奉了历代喇嘛的灵塔和各类佛像。

风雨飘摇，我们眼前这座圣殿的经历也见证着人世的沧桑巨变。数千年来，因为政治和教派间的尔虞我诈，也带来了纷争不息的人性丑恶。布达拉宫和其他古建筑一样毁了建，建了修，而最近的一次大修缮则是在1994年竣工。清晨，朝霞仿佛是播撒在天空的万道佛光。布达拉宫身后的雪山与对面的金山遥相呼应，布达拉宫的金顶更是熠熠生辉。如果选对角度，倒影与湖面上的布达拉更显示出其奇妙玄幻的圣洁之美。

布达拉宫，是藏民心中的圣地。在布达拉宫的周围，随处可见转着经筒，磕着长头的教众，提着酥油前去礼佛的藏人。沿着布达拉宫的外墙，布置了一圈转经筒，我们跟随人群走着，转着，用指尖触摸着这光滑的经筒，抬头望着参天耸立的宫殿，心无杂念。指尖传递的是温暖，是福气，是神赐，是圣洁。同行的藏族阿妈告诉我，朝圣布达拉宫是每个藏民一次生命的犒赏和恩赐。绕殿一圈，我们心中静默，无须再想做什么，也没有许下什么心愿，怕破坏了这份纯粹，只是这样简单地走下去。

在布达拉，做一只晒太阳的猫，也是蛮好的。

关于布达拉，不得不说的两件事：一是布达拉印在人民币的50元的钞面上，药王山观景台是最佳拍摄点；二是，布达拉供奉了历代达赖的灵塔，每座灵塔均由黄金制成，装饰着西藏稀有的天珠、红珊瑚、绿松石等宝物。在布达拉宫内，唯一一位没有灵塔的是六世达赖。

而这神秘的"无"里，更隐藏着一段悲伤而破碎的故事。

三、我的家乡在日喀则

我的家乡在日喀则，那里有条美丽的河，阿妈拉说牛羊满山坡，那是因为菩萨保佑的。

出行的工具是大巴。从拉萨到日喀则正常行驶需要三四个小时，因为下雨塌方，车子出发后师傅告诉我们，要绕行羊湖，这样行程多出三个小时，车费加了20元。沿途又见羊卓雍错，还看了卡若拉冰川、江孜的宗山古堡，虽是车游，也不枉费多走三小时翻山越岭的辛苦。

我们也曾做过攻略：日喀则建城至今已有600多年的历史，是西藏的第二大城市，也是历代班禅的驻锡之地。美丽旖旎的自然风光，独具特色的后藏生活，日喀则被誉为"最如意美好的庄园"，日喀则境内有"世界第一高峰"——珠穆朗玛峰，接界尼泊尔。

在班车上摇晃一整天，下午时分我们到达了日喀则市。我们有点傻眼：全无我们想象中西藏第二大城市的样子，没有高楼大厦，没有灯红酒绿，没有钢筋水泥，建筑高不过五层，多为藏家民居。就像一个小县城，或者充满藏族风味的民族小镇。

虽是旅游城市，却并未得到开发。没有滴滴打车，也没有导游在车站拉客，没有大幅宣传广告，也没有旅行小卡片沿街塞到你手中，连出租车小哥也在我们询问可否"包车旅行"时淡定地说，没听说过可以"包车"，也不知道怎么收费。好吧，这个城市依然这么原生态，单纯的生活态度，单纯的交易方式，这里，适合喂马、劈柴、晒太阳、发呆。

金顶之下，绛红涌动——这里便是扎什伦布寺，日喀则的旅行秘境，也是几百万朝圣者心中的圣地。

在寺庙的入口处，便看到壮观的殿宇群落。大门的影子斜向东侧，落在白墙上的阳光非常灿烂，背景是一大片没有任何污染的湛蓝，暗黑色的门框支撑着寺庙门面，异常庄严。穿着绛红僧袍的僧人从大门进进出出，神情肃穆，低头，背手，疾走。连查验门票、负责安检的工作人员也是身着红袍的年轻喇嘛，我们合手点头回礼。门外看这座寺庙，不显山不露水，样子普通，但穿过门洞到达广场，是一种扑面的震撼。尼玛日山上经幡纵横，墙沿山势蜿蜒而下，环绕数千米。殿堂叠耸，金碧辉煌，晒佛台巍峨挺拔，气势磅礴。

六座带有金顶的佛殿自西到东一字排开，蔚为壮观。这个地方曾经是后藏所有的辉煌；这里，也始终是后藏人民的精神寄托。寺内行走有如转经，我们从左往右顺时针绕圈而行。时时有僧人与我们擦肩，许多还是少年，看样子有的是从外面购物而回，扛着一个纸箱；或者手上拎着青菜、土豆、水桶什么的。

导游说，来这里的孩子必须自愿，且经过父母同意入寺后，寺院方面才会根据孩子们的健康条件、年龄、学习基础等进行挑选。孩子们在这里不仅要学习佛经、藏文，还要学习汉语、数学和英语。平日里，家长可以来寺庙探望孩子们，藏历新年期间也允许回家一趟。可以说，寺院其实是一个教育中心，这些孩子们要在寺院里完成规定的课程，受圆戒，才能成为一位正式的比丘僧。僧人在寺院需要守戒，戒律与汉传佛教大同小异，衣、食、住、行都有严格的规定。

沿阶而上，两边大多是僧舍。在扎寺，红色墙的是寺庙，白色墙的是僧舍。僧舍，游客是不能随便进入的。墙面整洁，白色式微，偶然看到一扇半掩的舍门，我们都极为好奇地张望，院落整洁，也有一些花草树木的装点，既神秘又安静。

再往上走，一棵粗大繁茂的灯芯树（藏名卓瓦树）横过整个路面，树冠抵在路对面的墙上，树下是大片的阴凉。白塔，便在这灯芯树的掩映之下。三座白塔并肩而立，代表着蓝天下人们最美好的祈愿。此刻，白塔和它的金色尖顶抵着蓝色的天空，天地用各自最纯净与尊贵的一面示于午后的高原，有两个少年正在给白塔刷新颜色。

穹窿之下，灯芯树依偎着白塔，一个藏族阿妈伏在地上转塔磕着长头。我站在她身边，静静看她一个人在那里不停地磕着，苍老的身体里装着沉重的愿望，瘦弱的膝盖和手掌击着石头，发出骨和肉的声响。

一队藏民信徒手摇着小转经筒，一手转动白塔下大转经筒，口诵经文。他们有的行走千里而来，有的背着小孩，有的背着破旧的行囊，满脸沧桑，眼含笑意。无论老幼，这些高原上的人，一生一世有念不完的经，磕不完的头。

通往大殿途中经过一个门槛，木质的，被脚底板磨得发光且深深地凹下去。可以想象这么多年，有多少人从这里摩挲而过，信念可以把时光刻得多深。走过很多个门，总是油光乌亮的墙，红通通的门，铜门环上一个五彩的金刚结，触手之处，似处处有神灵保佑。

扎什伦布寺金殿有强巴佛殿、措钦大殿、四世班禅灵塔殿、五至九世班禅灵塔殿和十世班禅灵塔殿"释颂南捷"。大殿里禁止拍照，我便没拍，只是静心瞻仰佛容。每一个大殿内有铜钟，壁绘和三个木梯（左上右下中间通道为活佛专用），墙绘1000个释迦牟尼像，庄严肃穆，尽善尽美的境界。佛像高高在上，双目智慧而又慈悲地俯视着众生，散发出无边无际的光明。每座佛身都金光闪闪，每座殿内都珠宝无数。这些大多来自于藏民的供奉。西藏寺庙无数，佛像无数，藏民世世代代在对神的崇拜中保持着自身的一无所有，直至死后选择天葬，连肉身都要喂给神鹰。

对这样的信仰，我始终保持着敬畏。

去掉了帽子墨镜，收起了照相机，闭上双目，双手合十，默念着六字真言，但我们仍然觉得自己是匆匆过客，心中不禁充满了阵阵的负罪感，不敢在佛前许下任何过度的心愿。

四、不可辜负的八廓街及逛吃模式

拉萨八廓街，从早上转寺开始，一直到晚上，随处可见大大小小的店铺和从四面八方纷至沓来、熙熙攘攘的人流，而在它的东南角，隐藏着一座不太起眼的三层小楼，和周围的建筑相仿，一样的藏式土木结构，一样的简单拙朴，貌不惊人。如果说它有什么不同之处，恐怕应该是它的外饰颜色，围绕八廓街走一圈，你会发现，只有它的墙体被涂成了土黄色。这座看似普通的三层小楼，就是传说中六世达赖仓央嘉措与情人玛吉阿米幽会的地方。

白天，他是布达拉宫的王；晚上，他脱僧衣摇身变成俊美多情的翩翩情郎。这种角色的互换，会不会带来精神的分裂。没有人知道那个犬马声色，醉生梦死的少年，竟然就是雪域最大的王。而小黄楼，成为他们放肆爱情的见证，成为他们悲剧命运的天葬台，也成为八廓街上最美丽多情的一角。

现在，到这儿来的，可以谈爱情，也可以谈美食。

如今小楼已被改为集中国西藏、中国其他地区、印度和尼泊尔风味的餐厅，并以玛吉阿米的名字命名。但其内部装潢依然是浓郁的藏式风格，色泽陈旧、样式古朴。厚重的木桌和木椅仿佛积淀着传说中的故事，空中飘荡着洋酒和改良快餐的味道。

为仓央嘉措而来到玛吉阿米消费的多为年轻人，带着一种情怀而来。可惜，店面不大，顾客很多，消费很高。我们三人进入玛吉阿米，需要排队等餐，沾了一身玛吉阿米甜茶的奶香，氤氲升腾，而因等不及并没有喝到。

八廓街，因为读音原因，也有人把它叫"八角街"。围绕大昭寺的转经道，藏族人称为"圣路"。我们多次沿着圣道顺时针走着，街道由手工打磨的石块铺成，旁边保留有老式藏房建筑。街心有一个巨型香炉，昼夜烟火弥漫。有人说，八廓街走一圈，即朝了佛又可以买到许多东西，走过这神话与现实交织的两公里长的"八廓"，就等于走过整个西藏。

在这里，我们也遇到了很多西藏的美食：酥油茶、青稞酒、小香猪、藏糌粑、藏面、藏式糕点等等。在那个叫邦达仓的藏餐馆，我们受到了一位帅哥的特别接待，他冒着艳阳，顶着翘班的危险，给我们带来了美味、祥和、难忘藏餐。

这里的商品很多，灵芝、藏红花、冬虫草、藏羚羊角、雪莲花、藏医秘方等，西藏的地毯、唐卡、佛像、藏刀、卡垫、围裙、民族服装、民族鞋帽、金银珠宝及各种传统手工艺品，具有浓厚的地方风格。我们如同商贾贩客一般留恋在大小商场及特色小店中。格调小店、酒吧、餐厅、书店、手工作坊等可能会在某一个不经意的时候，突然从街角进入人的视线。就这样慢慢地走，慢慢地看，看虔诚的藏民在烈日下磕长头，看信徒们在大昭寺门后静坐燃灯，看藏家老人在圣路两边的长椅上漫谈休憩，看原住藏民提着珠宝、手串、老物件用藏语和手势进行神秘交易，看穿着时髦的游客尽情地摆着各种造型，看背着单反的摄影师孤独地对着金顶上的鸽子拍照。

这里，有最原始质朴的生活方式，有最特立独行的时尚达人。古老与现代，庄严与随性，贫穷与奢靡。

这就是，充满爱与哀愁的八廓街！

五、解密藏地密码

心中的圣湖：一错再错犯的错

圣湖有三——纳木错、羊卓雍措、玛旁雍错。我们初次在旅行社的海报上看到一条线路，名字叫"一错再错"，很是吸引眼球。原来，这是一条圣湖专用路线，才知道在西藏湖不叫湖，叫"错"。

该如何描绘西藏的错？"错上加错""一错再错""西藏九大错""今天你错了吗""这是我的错"等等。大的，小的，知名的，不知名的，高原的错多到了数也数不清的程度，让人稍不留神就把名字叫错。在这里，每一个错都有一段故事，每一个错都有各自的美丽。纳木错，被称为天湖；羊卓雍措之美在于美景交织的人间烟火；玛旁雍错，与神山冈仁波齐水山相依；拉姆拉错则是寻找转世灵童的圣境，能看到自己的前世今生。我们去的地方叫——羊卓雍措，简称羊湖，藏语意为碧玉湖。

湖光山色之美，冠绝藏南。扎西德勒！羊卓雍措，"羊"，上面；"卓"，牧场；"雍"，碧玉；"措"，湖。连起来就是"牧场上面的碧玉之湖"。它的身躯蜿蜒在群山中达130多千米，只有在地图或是高空你才能惊喜地发现它犹如耳坠，镶嵌在山的耳轮之上。不同时刻阳光的照射，它会显现出层次极其丰富的蓝色，好似梦幻一般。据说，虔诚的佛教徒每年都要绕湖一圈，骑马需要一个月左右。这等于他们到拉萨朝圣一次。

这些神山圣湖，大多数被赋予形而上的意义，它们不再是大自然的造物，而是万物有灵的情感寄托。据说，每年有络绎不绝的朝圣队伍从印度、不丹、尼泊尔以及我国的各大藏区，不远千里、跋山涉水前来。转山转湖就是朝圣者最常采取的方式，信徒们相信围绕神山圣湖转圈诵经便可消除罪恶，其福无量。

磕长头：只为六道众生离苦得乐

在拉萨，第一次看到磕长头是在大昭寺的门口。

清晨，晨雾尚未散尽，大昭寺门口香火缭绕。数以百计的信徒在寺庙门口顶礼膜拜。寺庙的青石地板被他们的身躯摩擦得像镜子一样光滑。我既惊讶又震撼。

首先以立正姿势，口中念念有词，多为六字真言"啊嘛呢叭咪哞"。等身长头，五体投地匍匐，双手前直伸。每伏身一次，以手划地为记号，起身后前行到记号处再匍匐，如此周而复始。在拉萨的大道上，到处可见磕长头的信徒，他们从遥远的故乡开始，手戴护具，膝着护膝，前身挂一毛皮衣物，尘灰覆面，沿着道路，不惧千难万苦，三步一磕，直至拉萨朝佛。

在布达拉宫的药王山观景台上，我遇到一个从阿里磕长头而来的年轻信徒。他会讲普通话，当我要让些座位给他时，他说了声谢谢并摆手，指指自己的衣物，大抵意思说身上脏不愿同坐。我便起身让座，他才肯坐下，并和我合影交流起来，从阿里到拉萨，他耗时九个月。我打量着他，只有敬意。他们俯仰于天地之间，用身长丈量着到圣城的距离，他们尘灰覆面，脸上沟壑纵横，额头磨出了灰黑色茧子。当你注意看他们的表情时，丝毫不见痛楚，也没有特别的喜悦，只有平和，只有淡然。正如电影《可可西里》那句台词："你见过磕长头的人吗？他们的手和脸脏得很，可他们的心灵特别干净。"

磕长头的信徒绝不会用偷懒的办法来减轻劳累，遇河流，须涉水、渡船，则先于岸边磕足河宽，再行过河。人生的十万个长头，是他们坚实而唯一的信仰。他们认为自己从阿妈肚子里一出世就是佛的人，佛国无边，哪有红尘，所以把金银珠宝都献给寺庙，把最聪明的孩子送去侍奉佛。一路磕长头到拉萨再到冈仁波齐朝圣，头磕破了会长疤，只要身体还活着，血也没流完就要诵经磕头。这，都是上天最好的安排。

虔诚之至，千里不遥，坚石为穿，令人感叹。

玛尼石：比石头还坚硬的信仰

在西藏，到处都会见到堆起来的石堆。当地人经常会告诫我们，圣湖里不可洗手，堆起来的石头只能添加不可去掉。这些石头，就是玛尼石。它们经常出现在路边、渡口、荒野、尤其是那些寒风凛冽，可以远观八方的山口。

世界上本来没有路，走的人多了也就成了路。高原上原本没有玛尼堆和玛尼墙，但添得人多了，这些石头由少到多，由寡到众，在经过漫长的时光之后拔地而起。在没有加入玛尼堆之前，它只一块平凡的石头；融入玛尼堆后，每一块石子都凝结着堆放者的祈愿，凡人之所至随处可见。它是藏族刻在石头上的追求、理想、感情和希望。

许多转经的善男信女，当经过这些玛尼堆时，一定会停下脚步，弯腰从路边拾起一块石子，轻轻安放。这样周而复始，无休止的堆石行动就根本停不下来。最初堆成的玛尼堆规模可能不会太大，但高原上的人们路过玛尼堆时他们会口中念念有词，并围绕玛尼堆转一圈，再添上一块石头。即使没有石头，也会添上动物头颅，或角，或羊毛，甚至自己头发之类的东西。这样，经过长期来往于此的人们不断添加，玛尼堆的规模会越来越大。

也许，不能把它们称为奇迹，因为它们像一通预言，以石头的方式暗示我们。信仰的重量如此强大，只有它，才能抵挡那些所向披靡的逝水流年。

经幡——是沟通凡间与灵界的秘密通道

如同玛尼石遍布西藏一样，与它几乎如影随形的则是经幡，也叫风马旗。

在西藏绝大多数山口、路口、河边、寺庙、普通民居或者半山腰，以及自然界的树枝上，都可以看到五颜六色的旗子。

藏民认为，风马旗是沟通凡间与灵界的秘密通道。让风吹动，就能把人间的愿望准确而及时地传递给神灵，你中有我，我中有你。在藏区，人们无论是喜庆生辰或是逢年过节，都要插上五彩风马旗，以示天地人畜的和谐吉祥。在草原上，那些逐水而聚的牧民每迁徙一次，在搭完帐篷后的第一件事就是挂上风马旗；朝圣者结伴而行跋涉荒野，也一定扛上一面醒目的风马旗；江畔边插遍风马旗，以示对水神的供奉；深山里高悬风马旗，那是对山神的虔诚；天葬台附近挂风马旗，那是用来超度亡灵、寄托哀思的。

五块幡条的颜色排列及它们所象征的意义是这样的。最顶端为蓝色幡条，它象征蓝天；下面是白色幡条，象征白云；接着是红色幡条，象征火焰；红色幡条下面是绿色幡条，象征绿水；最下面的幡条是黄色，象征黄土，或者大地。五种颜色的排列形式正是客观大自然物质存在的立体排列形式，因此，像大自然中天地不容颠倒一样，这五种颜色也不容错位。

西藏多凌厉劲风。这些风马旗猎猎作响时，你能感觉到，这不仅是一种深入民间的信仰，更是一条通往灵魂秘境的捷径。

唐卡——随身携带的庙宇

第一次见到唐卡，我以为那只是一种装饰用的壁画。其实也没错，唐卡本就是一种独具特色的绘画艺术形式。

在八廓街的一家唐卡手工店，我看到关于唐卡的介绍，才了解这种艺术与宗教密不可分。在藏区，游牧生活还是许多地区的主要生活方式，仅靠固定的寺庙，无法满足众多迁徙不定信徒的宗教生活需要。于是将佛像及宗教生活收入画中，唐卡就出现了。装藏、开光，并请喇嘛念经加持等，满足了信徒的宗教生活需要，成为他们可以随身携带的崇拜物。

这样，唐卡和寺庙里供奉的佛像成为了一样。马背上的民族逐水草而居，不管走到哪里，只要有一张唐卡系在帐篷里，哪怕是一根树枝上，宗教的光芒便会使艰辛的日子熠熠生辉。

在唐卡绘制中，有许多相传的规矩需要遵守。在今天看来，唐卡是一门神秘炫目的艺术，而它的秘境在于因循守旧，要求严苛、程序复杂。全部采用金、银、珍珠、玛瑙、珊瑚、松石、孔雀石、朱砂等珍贵的矿物宝石和藏红花、大黄、蓝靛等植物为颜料，以示其神圣。这些天然原料保证了所绘制的唐卡色泽鲜艳，璀璨夺目，虽经几百年的岁月，仍是色泽艳丽明亮。一代代画师以严格遵循的度量经的造像尺寸为前提，必须按照经书中的仪轨及上师的要求进行，才能在绘画中将个人才华和创意完全融入创作。制作一幅唐卡用时较长，短则半年完成，长则需要十余年。

现在，唐卡被列入国家级非物质文化遗产名录。在扎什伦布寺的晒佛台上，据说雪顿节这一天会有一幅最大的唐卡供信徒朝拜。

可惜，我们擦肩而过，无缘仰望。只是这些密码，在西藏、在心中，逐渐明朗又逐渐模糊；似乎唾手可得，又永远高悬在遥不可及的天边。

六、彩色的西藏

一个又一个民间思想者在破译着藏地密码，我只是一个走马观花的匆匆过客，不敢妄言。只是说说我眼中看到的色彩缤纷的西藏。

蓝——很多时候，蓝这个词是滥用的。我们的孩子写作文，就是从"蓝蓝的天空飘着朵朵白云"开始学会了写景。西藏的天空是湛蓝色。这蓝比平时看的要更深、更匀、更静、更清。蓝色，是西藏的底色。这样的蓝，是毫无瑕疵、纯净清透的蓝，有它做底色，云更白了，天更低了，人更渺小了，心胸更开阔了。走在西藏摄人心魄的蓝色天空下，人们通常会忘记自己，眼中的风景夺走了人们所有的心思，经它渲染的山水无不闪烁着纯净明快的美。

在雨季去西藏，我们的运气无疑是很好的。天是蓝色的，湖是蓝色的，河是蓝色的。这些蓝，在夜雨之后显得更加圣洁无染；空气清爽，大口大口地呼吸，爽朗得让人走进了幽蓝的梦里，忘记归期。

红——红色在西藏是耀眼而神圣的，无论是僧人穿的绛红色的袈裟或是用圣柳垒成的寺庙红墙，还是藏族少女们以红色为主的藏袍，总让人感到有一种凝固的美，总也挥之不去。我们去过很多寺庙和藏家建筑，置身在雄伟、宁静、祥和院落内，脚踏着红色的木地板，手扶着红色的层层扶梯，满眼红色的仪仗，还有不灭的酥油灯。你会被这红色包裹着，耳边萦绕着如红色一样浑厚悦耳的梵音。西藏的红，是数不尽的幸福，饱不完的眼福。玛尼石红、红玛瑙、红珊瑚，红屋顶，还有脸蛋上的高原红，令人拍手叫绝。

这些红，渗透到了每一寸土地，以及这些土壤里的一草一木。红，像火焰把生命的热情在雪域高原尽情地燃烧。

黄——圣地拉萨离天很近，很近。仿佛伸开双手就可以盛住来自天国那一缕真纯的时光之书。于是，拉萨才有了日光城的美誉，金色阳光照在金顶上，是西藏最圣洁的风景。在西藏，每一座寺庙都可以看到雄伟的金顶，每一个大殿里都供奉着活佛的金身。金顶是藏族宫殿、寺院、佛塔建筑的重要组成部分和高级建筑装饰，加盖金瓦屋顶，让主体建筑凸出群殿和城镇建筑群之上，富丽堂皇，气势宏伟。金黄色在西藏就是佛的色彩，它是神圣而不可侵犯的。

金色是一种敬意，也是一种寄托，更是一种光芒，这种光芒可以普照大地，可以普渡众生。

白——雪山之上的岩石裸露在高原的阳光下，阳光给冷峻的冰川镀上了一层金属般的光泽。西藏是一面古老的牛皮鼓。巍巍雪山，一面是宗教，一面是阳光。草地上开放着一朵朵牛蹄、羊蹄和马蹄的印记。在西藏，雪山是人们崇拜的神，很多雪山都有美丽的传奇故事，白色是雪山的颜色，是最圣洁的色彩。藏族人自古就有崇尚白文化的传统，认为洁白无瑕最能表达和象征人的真诚、纯净的心愿，所以哈达一般都是白色的。在山间、在佛堂、在千年的老树身上、在藏族人家的房前屋后，我们都能看到洁白的哈达，缭绕着大地，也飘舞在天空。

黑——藏族人居住的房屋，窗子几乎都是黑色的边框，它们就像是一个个相框。大街上人来人往，但是藏民和游客是非常容易区分的。对了，就是看肤色。看一眼他们黝黑的脸庞，浓密的头发，深邃的眼神，哪怕他和我们一样穿着汉化的服装，但仍然显而易见。这就是西藏的颜色，不一样的烟火。对于西藏，最不好描述的和难以抗拒的，就是它的阳光。野外，当我被晒得发红，晒得发黑，晒得完全睁不开眼的时候，我觉得这阳光是那么刚烈，那么威猛。而西藏，就在这片离天最近的地方，将黑色凝固成民族的主色调。

湛蓝的天空洗涤着你的双眸；鲜红的宫墙炙烤你的灵魂，金色的阳光指引着迷茫的脚步，洁白的哈达传递着人性的和善。透明的蓝，圣洁的白，活力的红，神圣的黄，沉默的黑……就像是一味神奇的药，那些苍白虚弱的灵魂，那些阴暗狭隘的思想，那些龌龊卑微的邪念，都在它的照耀下，变得黝黑和强壮，变得明净与辉煌，得到虚无的救赎，找到宁静的安放。

这就是，彩色的西藏，治愈系的西藏。

西藏古老又神秘，令人着迷，我努力留下这些零碎的文字，妄图在岁末记住发生在2018年夏天的这个旅行故事。还有我们的一段同行的缘分。

去之前，西藏一直神圣着、庄严着、神秘着；去之后，西藏也将继续神圣着、庄严着、神秘着……

今生种花，来世漂亮

忘了是哪一天，我偶然看到这一句话。

那时，我正卧在花丛里的躺椅上，洗了头，化了妆，煮了茶，切了果，摆了书。一下子喜欢上了这句话，那是一见钟情的喜欢。这么好的句子，可不能浪费了。

于是，它成为我这本书后记的题目。

一、种家里的花，心安

很多女生梦想拥有一家花店，最好带院子，每天听着悠闲的小曲，修剪花枝，清新而浪漫，文艺而自然。

为此，我早在十几年前就开过一个很小的花店。体验过坐着火车硬座去花市进货，半夜起来扎花车和广告牌的生活。后来，花店交给了别人。我还是渴望一个带花园的房子，种花、养草、喝茶、发呆，就像儿时乡村老家院子的那种。

我是打心底里爱花的。把花装在枕头里，摆在书桌上，画在本子里，还把花种在令它们最舒适的地方。这样，素朴的生活会因此花枝招展，幸福指数会随着花开而饱满，忘记生活的平淡琐碎和不愉快，一下子就撵上了春天。

我家的楼顶是个无人问津的地方。除了旁边的洗衣房的工人，他们会偶然上来洗晒衣服，大概90%的脚印都是我留下的。没有刻意打造，就是栏杆当花架，裸露的墙面，滴水的瓦顶，盆、罐、缸、桶也基本上是旧物利用。最陈旧的花盆，还是十年前搬家就带过来的，花没有扛过岁月的摧残，但结实的陶瓷盆依然如新，年年岁岁花不同。

一方破旧的楼顶如何能称作花房？那些有大玻璃房的人必然也会暗暗地笑我太过于矫情。我种了很多花：百合、玫瑰、玛格丽特、向日葵、海棠、栀子花、荷花、吊兰、香雪兰……鸢尾花是最长情了，从我搬来这里便在楼顶自生自长，数十年地盘相争，已经子孙满堂，傲视群芳；攀上墙的是爬山虎，秋天叶子就会变红；爬满栏杆的是蔷薇，一年四季争奇斗艳的开花机器；一株荷花已经种了三年，只长叶子不开花，但我依然视为珍宝，种它的大缸是从一个小妹家里讨来的；中间偶然会乱扔一些小青菜、蒜苗、辣椒、小草莓或者芫荽，竟然也能长成菜园子。

不同花期的它们，不分季节，把十几年的时间打乱，与谁赌气似的总是花事不定，自顾自地枯荣开谢。而我这个种花人，繁忙的工作之余，最喜欢的就是去到它们中间，打理它们。或者把书本和电脑放在它们之中，相互陪伴，不言不语，阳光微风，人如花开，"骨"色生香。

这让我想到了川端康成有一次凌晨四点钟醒来，看到海棠花未眠。是呀，当你满身疲惫，不想与人一较短长，不想被时事纷扰的时候，所幸，我还有这方楼顶，这片花园，雅兴而至，披衣而起，因为欢喜，所以即使是夜深露重，也不能阻碍我欣赏这不一样的美景，随性而为，甚是可爱。

每一场花事之前，一定有不可说的小心事被深藏。而这么多年，我又与它们说了多少知心话呢？嘘，替我保密。

二、种语文的花，诗意

爱花的人，连生活都透着香气。

教语文的人，每一天都充满着香气。

说到养花，我不由地想起了语文课本中的语言艺术大师——老舍先生。犹记得我上小学六年级时，语文课本上便有一篇他写的《养花》，开篇就是"我爱花，所以也爱养花"，只一句，让我瞬间觉得自己和老舍先生心灵相通。后来，我当了语文老师，从读者变成这篇课文的教者，更深入地解读和理解了养花的乐趣。

也是在老舍先生的文章里，我知道了有一种晚上开的花叫"昙花"，并第一次知道了"秉烛夜游"这个成语。在洋县池南中学读初中时，乡下的学校里，大瓦房的教室和宿舍楼前，就是各班开辟的小花园，里面种满了淡黄的、奶白的夜来香。那些香味伴随着我的少年，那无数个秉烛夜读的夜晚，那迷茫懵懂的青春，那单纯上进的求学时光。

转眼很多年过去了，闭上眼睛，我似乎依然能嗅到夜来香那股甜甜的香气。那是，奋斗的味道，故乡的味道，母校的味道，人生的味道——再穷、再苦、再累，回想夜来香有点甜。

后来，我如愿以偿成了一名语文教师。

我教语文，也在语文中闻香寻花。

每一场花事之前，一定有一座清冷的小镇被深藏。那时，那些买胭脂的年月还在酒意中沉睡，远在大宋的风雨里，李清照卷帘试问"知否知否，应是绿肥红瘦"；听风打落着海棠的聪慧过人女词人，如何在黄昏无限中凝愁入病，叹息"人比黄花瘦"。

透过南宋的窗，看"位卑未敢忘忧国"的陆游，看着百合在吟诵："尔丛香百合，一架粉长春。堪笑龟堂老，欢然不记贫。""水晶帘动微风起，满架蔷薇一院香"你说它是蔷薇之路也好，你说它是荆棘之路也好，都得走下去，还不如尽享花期与这山亭夏日。人生没有回头路，生当如夏花，细碎美好，干净纯粹。

或者再往前看看，到了东晋的南山下，你也许能看见草盛豆苗稀，还有荷锄归的清闲诗人在东篱之下采摘菊花，悠然自得。在昌盛繁荣的大唐，一个诗人问着家乡的来人，"寒梅著花未"，你知晓他离家日久，念妻及深，只能以一株梅花来诉说思念。

在语文里，一年四季都有花。"夜来风雨声，花落知多少"是早春的信使；"接天莲叶无穷碧，映日荷花别样红"是肆意的盛开激荡剩下的爱莲之说；"桂子月中落，天香云外飘"丛桂怒放，三五知己，把酒赏月闻桂香，绝对是一件畅快淋漓的雅事；“梅雪争春未肯降，骚人阁笔费评章。梅须逊雪三分白，雪却输梅一段香。”迎雪吐艳，凌寒飘香，冰心玉骨，花魁之名，当之无愧。与花作伴的每一天都是美好而浪漫的，在书本里读到的花开花谢，篇篇是好文，岁岁是好年。

如小王子独一无二的玫瑰，自然是不能用三言两语敷衍了事的。对于语文，我便有了种花、等花、赏花的心态。许多时候都像个女词人那样绾着优柔的鬓发，坐在花影里缓缓地与一只蝴蝶相会。在长久的教语文生涯中，我将看见艰难执着种植的花一一绽放，芬芳流淌，像一场幽深的月色。

到时候应当有一段琴声御风而来，捎来一段绿肥红瘦的旧事。

三、种教育的花，美好

做教育的人，听到最多的一句职业评价就是，孩子是祖国的花朵，老师是辛勤的园丁。

你看，教育人，就是种花人。

老舍写道：“我只把养花当做生活中的一种乐趣，花开得大小好坏都不计较，只要开花，我就高兴。”这种全然没有功利心的，对待花花草草的态度，才真是只顾耕耘，不问收获。我要求更低，不开花，只是绿油油长势很好，我都开心。

用在教育学生上，我们叫静等花开，那是最恰当不过的心态。

二十余年，我教过十几所学校的学生，当班主任十八年，教过的学生也早已数以万计。地域从山区、教学点、乡镇、到城区；跨度从幼儿园、小学、到中学。学校环境相差迥异，学生也是千差万别。如果用植物的生长来比喻人的成长，每个人最初都是一粒种子，人在环境中成长，不同的环境给予的养分不一样，人的成熟时间和开花的时间也就不同。作为一名老师，我们无法改变孩子们生长的最初环境，我们能做的是走近他们，了解他们的特质；用心灌溉，让他们在阳光下健康成长；相信他们，等待他们花期的到来。

“如果我能帮助一只晕厥的知更鸟重新回到巢中，我就不虚此生。”老师的洞察力让我们在和孩子们相处的过程中，看到他们表象之外的种种，越来越理解他们，并知道他们的需求和问题。我们能做的就是尽自己所能，给予他们所需的帮助，既使他们成为最美好的样子，也能够抵得住生活和社会的风雨。

所以，前面我写了很多关于学校，关于学生的故事。那就是数十年如一日种桃种李种春风的所见所感。植物的成长教会我们最大的道理就是学会等待。每个孩子的个性都不相同，内向或外向，安静或吵闹，懂事早晚等，这个时候更需要我们耐心等待，并且在等待的过程中，如同"种花人"一样去呵护。

林清玄先生写的《桃花心木》也在小学语文课本中，先生设疑为什么桃花心木会枯萎，再设疑是不是种树人太懒了没有浇水，最后通过种树人解疑并释怀。他是这样写的——

种树的人笑了，他说："种树不是种菜或种稻子，种树是百年的基业，不像青菜几个星期就可以收成。所以，树木自己要学会在土里找水源。我浇水只是模仿老天下雨，老天下雨是算不准的，它几天下一次？上午或下午？一次下多少？如果无法在这种不确定中汲水生长，树苗自然就枯萎了。但是，在不确定中找到水源、拼命扎根的树，长成百年的大树就不成问题了。"

种树人语重心长地说："如果我每天都来浇水，每天定时浇一定的量，树苗就会养成依赖的心，根就会浮在地表上，无法深入地下，一旦我停止浇水，树苗会枯萎得更多。幸而存活的树苗，遇到狂风暴雨，也会一吹就倒。"

我们至少可以从两个角度去看：一是借物喻人，把人的成长过程比喻成树，当人不能独立自主时，就像枯萎的桃花心木；启示是在成长过程中不能过于依赖他人或他物，要在不确定的环境里适应。二是借事喻理，启示教育者不能让孩子像温室里的花朵，要锻炼出一颗独立自主的心，学会把很少的养分转化为巨大的能量，努力生长。

文章最后写道：

现在，窗前的桃花心木苗已经长得与屋顶一般高，是那么优雅自在，显示出勃勃生机。种树人不再来了，桃花心木也不会枯萎了。

是啊，教书育人正是这样。等孩子们走出校园，我们这些种树人不再来了的时候，他们也不会枯萎，而是长成茁壮的模样。

这，何尝不是教育的真谛。

四、种人生的花，美好

经常看到邻居，一手拎着刚买的新鲜蔬菜，一手抱着一束鲜花缓缓归来，我笑着打招呼："又买花了？"她亦微笑点头："今天的栀子花特别好，忍不住买了几枝。"并递上一把。

邻居和我并不熟，只知道她孩子读初中，知道她喜欢花，我也是喜欢花的人，所以不由地觉得亲近，便愿意在路上偶遇时，并肩一起聊天回家，说说花或聊聊孩子的教育。因为一直以来，我都觉得喜欢花的人，都是热爱生活，阳光向上的人。

我是一个喜欢旅行的人，每去一处我们都会事先做好吃、住、行、玩的攻略，喜欢选择那些种满花的小民宿。有一次，我们去云南，住的旅馆条件很好，也很干净，可一进门总觉得缺了点什么，到底是哪里不对呢？后来恍然大悟，因为旅馆里的植物竟全是塑料的。大概店主是个懒人，不愿意伺候花花草草，所以斥巨资到处放上仿真植物。虽然和真的差异难辨，但顿时觉得失去了生机。的确，没了植物生长，会让人觉得荒凉寂寞，了无生趣，而花草繁茂之地，却让人心旷神怡。

我的人生，也不断地从花的身上汲取力量。在我的屋顶，有一大簇紫色的鸢尾花，是我十年前搬家时候带过来的，当时长在一个破花盆里，我随手丢弃在水塔后面的角落，然而每年三四月份，看似枯萎干瘪的它又会如期冒出地面，叶片翠绿硕大，紫的鸢尾像蝴蝶一样，在一夜之间欣然怒放。

十年如一日，从未缺席。

于是，我看到了它，关注到了它。大自然的阳光雨露少得可怜，泥土滋养了它不屈不畏的生命，让它生存下来，并且蔓延成一个小花海。这颗花，成为我的励志榜样。

名师推荐选拔，淘汰。

教学能手赛教，落榜。

特级教师评选，失利。

……

这些最艰难的时候，我面临着继续前进或者急流勇退的选择。我都会到楼顶与花说说心里话，我想静静，静静地闻闻花香，静静地看看那些在土壤里的幼芽，然后浇水、拔草、施肥。

温柔的晚风，会带来花香跟好运。

从黄昏时候起，就可以慢慢期待了。

于是，我就这样又走过了人生的很多年。那些未达成的心愿，也在慢慢地实现；那些期待的未来，能永远保持热爱，但不再是放不下的执念。

更积极了，追云卷云舒。

更豁达了，看花开花落。

在心里种花，人生才不会荒芜。可是，难免有人在心里种的是抱怨、不满、自私、妒忌的种子，甚至是仇恨、邪恶、狭隘的种子。种瓜得瓜，不应该怪罪他人，只能不断自省自律。这样的心态，也让我的生活多了乐趣，相夫教子，抚琴喝茶，习字作画，游山玩水，呼朋唤友。这才是完整的、丰富的教育人生。

汪曾祺在《人间草木》曾写道："如果你来访我，我不在，请和我门外的花坐一会儿，它们很温暖。"我只记花开不记人，你在花里，如花在风中。

那么，请合上书，跟我的花坐一会。

五、致谢

文末搁笔，思绪繁杂。

这本书，写到这里就要结束了。我希望有人能翻到它，从序言看到最后一页，从这些琐碎的叙事里看到自己的影子。我只记花开不记人，也不知道此时此刻翻到这一页的会是谁？但我相信，您已经在我吹过的晚风里，这就算是相拥。

世界上最浪漫的事，就是把你写进带着花香的致谢里。

人生天地之间，闲云潭影，物转星移，白驹过隙，忽然而已。恩赐机遇，情何以堪：得学校细心栽培，幸导师谆谆教诲，遇同门细心帮助，谢自己永不言弃。父母之恩，孝之；师长之谆，敬之；贵人之助，惜之；友人之见，纳之。桃李不言，下自成蹊；不敢言报，磬折长揖。

朝花夕拾，言笑晏晏，万物皆流，唯情旦旦。感谢生命里出现过的每一个"你"，也许出现在本书的某一行文字里，也许患难与共陪伴在真实的生活里，也许存在于柏拉图式素未谋面的神交里……我想此刻，你正好在，并且一直在以某种方式带领我、启示我、温暖我。伴我寒窗，容我任性，照我理想，许我安稳，乃吾铠甲，亦吾软肋，路遥遥，情绵绵，愿良辰美景，有君携行，荡尽不平，理想长鸣。

　　　　　此去经年，春种冬藏。
　　　　　花开花落，人来人往。
　　　　　为师赤诚，澄明坦荡。
　　　　　今生种花，来世漂亮。

　　　　　　　　　　　　　　　　　　　　　　　邓爱华
　　　　　　　　　　　　　　　　　2022 年 1 月于沫沫小筑